互联网金融知识系列丛书

中国互联网金融协会
National Internet Finance Association of China

中国区块链金融应用与发展

中国互联网金融协会区块链研究工作组 ◎ 编著

中国金融出版社

责任编辑：黄海清
责任校对：潘　洁
责任印制：张也男

图书在版编目（CIP）数据

中国区块链金融应用与发展／中国互联网金融协会区块链研究
工作组编著. —北京：中国金融出版社，2021.3
　（互联网金融知识系列丛书）

　ISBN 978-7-5220-0793-9

　Ⅰ.①中…　Ⅱ.①中…　Ⅲ.①区块链技术—应用—金融—研
究报告—中国—2020　Ⅳ.①F832.29

中国版本图书馆CIP数据核字（2020）第171576号

中国区块链金融应用与发展
ZHONGGUO QUKUAILIAN JINRONG YINGYONG YU FAZHAN

出版
发行　**中国金融出版社**

社址　北京市丰台区益泽路2号
市场开发部　（010）66024766，63805472，63439533（传真）
网 上 书 店　www.cfph.cn
　　　　　　　（010）66024766，63372837（传真）
读者服务部　（010）66070833，62568380
邮编　100071
经销　新华书店
印刷　北京市松源印刷有限公司
尺寸　169毫米×239毫米
印张　15.25
字数　198千
版次　2021年3月第1版
印次　2021年3月第1次印刷
定价　58.00元
ISBN 978-7-5220-0793-9
如出现印装错误本社负责调换　联系电话（010）63263947

《中国区块链金融应用与发展》
主要参与者

指导委员会

主 任 委 员：李东荣

副主任委员：李礼辉

委　　　员：陆书春　杨　农　朱　勇　程晓阳　何红滢

编写组负责人

　　　　　肖　翔

编写组成员

　　　周钰博　杨海盟　王　威　靳亚茹　陈　佳　丁洋洋

　　　吕钰涛　王　平　胡一鸣　郝　琳　刘志刚　李增局

　　　李　根　王澍轩　陈　艳　陈　鑫

撰写支持单位

互联网金融标准研究院、国家应用软件产品质量监督检验中心、北京大学区块链研究中心、平安区块链研究院

案例支持单位（以单位名称拼音为序）

博雅正链（北京）科技有限公司、度小满科技（北京）有限公司、杭州趣链科技有限公司、江苏银行股份有限公司、交通银行股份有限公司、京东数字科技控股有限公司、联动优势科技有限公司、区块链服务网络发展联盟、上海陆家嘴国际金融资产交易市场股份有限公司、上海万向区块链股份公司、深圳前海微众银行股份有限公司、深圳市腾讯计算机系统有限公司、深圳壹账通智能科技有限公司、招商银行股份有限公司、浙江蚂蚁小微金融服务集团股份有限公司、众安信息技术服务有限公司、中钞信用卡产业发展有限公司杭州区块链技术研究院、中国民生银行股份有限公司、中国银行股份有限公司、中国银联股份有限公司、中国邮政储蓄银行股份有限公司

序一　更好发挥区块链在现代金融体系建设中的作用

　　习近平总书记在主持中共中央政治局第十八次集体学习时深刻指出，区块链技术的集成应用在新的技术革新和产业变革中起着重要作用，要加快推动区块链技术和产业创新发展，积极推进区块链和经济社会融合发展。这为区块链技术在金融领域的应用指明了方向，提出了要求。当前，区块链技术正处在加速演进成熟过程中，中国在区块链领域拥有良好基础，技术研发、标准研制、生态培育、行业管理等工作有序推进，区块链技术在金融领域应用探索逐步深入，落地场景和实践案例不断丰富。同时我们也要清醒地看到，当前区块链与金融的融合发展仍处于相对初步的阶段，在技术成熟度、自主创新度、场景契合度以及制度规则完备程度等方面还面临一些实际挑战，迫切需要金融业界坚持科学态度和工匠精神，扎实做好各项基础工作，使区块链技术创新优势和经济社会价值得到充分彰显。

　　一是坚持服务实体经济。紧紧围绕现代金融体系建设和经济高质量发展要求，发挥区块链在促进数据共享、优化业务流程、降低运营成本、提高协同效率、建设可信体系等方面的优势，精准务实地解决普惠金融服务难、金融风险防控难、穿透式监管实施难、金融消费者保护难等问题。同时，对虚拟货币交易场所和代币发行融资活动保持高度警惕，依法严厉打击打着区块链旗号进行投机炒作、金融欺诈、非法集资等违法违规活动。

二是找准适用业务场景。区块链作为一种技术集成创新，当前更多应用于供应链金融、贸易融资、资产证券化等存在多方交易且信任基础较弱的特定场景。同时我们也要认识到，区块链各组件技术的成熟度存在差异，不同金融场景对区块链安全、性能、功能等要求也不尽相同，并不是所有业务都要用区块链，也不是所有数据都要上区块链。因此，金融业应用区块链技术不能"高空作业"，必须沉下心、抓场景、接地气、服水土。

三是夯实基础保障支撑。注重完善财政、金融、社会资本等多层次资源投入机制，积极支持区块链基础研究和公共基础设施建设。推进自主区块链底层平台和开源社区建设，着力突破加密算法、智能合约、分布式系统等关键核心技术，打造一批可复制、可推广的典型区块链金融应用案例。加快区块链相关学科建设和产学研协同的人才培养认证体系建设，为金融业应用区块链技术提供坚实的智力支撑。

四是抓好长效综合治理。坚持"凡是金融活动都应纳入监管"的原则，严格落实区块链管理和金融监管相关规定，运用区块链等信息技术加强监管科技能力建设，实现制度无死角、风险全覆盖、监管零盲区。切实加强行业自律，做好统计监测、信息披露、标准研制、检测认证等工作，引导行业建立安全可控、先进高效的区块链金融应用体系。积极开展区块链知识普及和金融教育，提高公众风险意识和参与社会监督的能力。

中国互联网金融协会作为国家级行业自律组织，早在2016年协会成立之初就组建了以中国银行原行长李礼辉同志为组长的区块链研究工作组，凝聚行业力量扎实开展课题研究、专业培训和标准研制，并探索将区块链技术应用于互联网金融登记披露、金融APP备案管理、供应链金融数字信息服务等行业自律工作。我相信，通过政府、市场和行业协会等多方面的共同努力，区块链与金融能够更好地融合发展，助力建设具有高度适应性、竞争力、普惠性的现代金融体系。

中国互联网金融协会会长　李東榮

序二 解读区块链

一、区块链技术架构

区块链是各参与方基于共识机制建立数字信任的分布式共享账本，是多种技术的集成创新：基于时间戳的链式区块结构，上链数据难以篡改；基于共识算法的实时运行系统，指定数据可以共享；基于智能合约的自规则，技术性信任可以认证；基于加密算法的端对端网络，交易对手可以互选。按照不同的技术架构，区块链可以分为公有区块链、私有区块链和联盟区块链。

公有区块链架构的基本特征是，采用开放读写及交易权限的去中心分布式账本，采用共识算法及加密算法的去中介数字信任机制，实行工作贡献证明及权益证明的虚拟货币激励机制。比特币的技术平台就属于第一代公有区块链。公有区块链架构的技术性缺陷是硬件需求高，交易速度低。由于一是海量数据存储需要巨大的空间，二是数据同步需要高速的网络，三是各个节点的运行能力需要达标和均衡，四是频繁计算需要消耗巨大的电能，因而无法适应规模化、高速度的应用场景。在这种"去中心化"的架构下，形形色色的币圈社

1

区，无论是比特币，还是以太坊，至今都无法解决交易效率问题。

私有区块链架构的特点是，分布式账本是有中心的，读写及交易权限必须得到"中心"的许可并接受"中心"的约束和限制，私有链的数字信任机制并不强调"去中介"。私有区块链具有传统信息技术架构的"中心化"特征，但采用了分布式账本、智能合约、加密算法等区块链技术，区块链平台与现有信息技术平台容易集成，可以建立局域性的多维度交互架构，提高数据处理速度和品质。一些专家认为，私有区块链不是真正的区块链。

联盟区块链一般意义上可以看作私有区块链的集合，采用分布式、多中心、有中介的架构，其基本特征是开源式、多中心的分布式账本，有限许可、有限授权的读写及交易权限，不强调去中介的数字信任机制。区别于传统的大中心数据架构，联盟链的"中心"地位可以不是行政指定的，而在很大程度上取决于技术先进性、服务友好性的竞争结果；"信任"可以来自中介、依托传统信用模式，也可以是去中介的技术性信任。联盟区块链的技术架构，提供了规模化应用的可能性，比较适合金融交易场景特定的需求。

我国关于区块链金融的研发，包括数字票据、金融交易、供应链金融、资产托管、支付结算、物权存证、审计监督、数据共享等场景，大多采用了多中心联盟的分布式共享账本架构。区块链技术研发和应用的实践，证明在规模化的商业应用中，联盟区块链最有可能成为主流架构。

二、数字信任

我们正在进入一个万物互联的时代，广泛、高速的数字链接需要可靠、高效的数字信任。

新一代的物联网将全面连接生产工具和交通物流工具，全面连接生活设施和医疗养老设施，全面连接人和物。物联网连接的速率将呈几何级提升。5G通信网络具有高速率、广连接、低时延特点，峰值下行速率可达20Gbps，每平方公里连接设备可达100万个，时延可低于1毫秒。未来的6G势必更高速更广域。万物互联世界中的诸多链接具有控制功能或交易功能。这就需要对管理、指挥、调节的权力进行认证，需要对物权关系、信任关系进行认证。广域、高速的物联网所需的这类认证，是传统的认证体系和商业信用体系无法达成的。

传统的权力认证和物权认证体系是中心化的，环节多，效率低，覆盖面窄。而在传统的商业信用模式中，信任需要积累，建立信用需要较长的周期；信任需要中央节点，日常经济行为难以成为社会信用记录；商业信用可及范围小，信用成本高。因而，传统的认证工具和信用模式难以渗透数字化的物联网。

大数据、人工智能、区块链等数字技术的应用可以建立全新的数字信任机制。

第一，区块链技术通过数学方法解决信任问题。区块链可以建立一种"技术背书"的信任机制，通过数学方法解决信任问题，以算法程序表达规则，只要信任共同的算法程序就可以建立互信。进一步分析，区块链通过"共识协议"和编程化的"智能合约"，可以嵌入相应的编程脚本。第二，大数据技术通过数据挖掘发现信用。阿里巴巴最早应用大数据技术挖掘小微企业的信用，发展小微金融业务。2016年，蚂蚁金服和网商银行就为500多万户小微企业累计发放贷款8000多亿元，这些贷款流向实体经济的底层。此后，越来越多的科技平台、金融机构推出了基于大数据技术的信用服务。这里的关键是，运用大数据技术发现信用，创造信用，发掘普罗大众的信用价值，推进信用普及，解决小微企业融资难的问题。第三，应用数字技术进行身份认证和物权认证。集成应用大数据、人工智能、区块链等数字技术，可以对人或物进行特征识别和时空定位。可以认证身份，确认点对点、端对端的控制、指挥、调节的权力；也可以认证资产，确认物权的价值和归属。数字信任的价值在于可以在信任未知或信任薄弱的环境中形成可信任的纽带，节约信用形成所需的时间和成本，在一定范围、一定程度加持商业信用；可以在广域、高速的网络中建立零时差、零距离的认证工具，提高物联网的实际效率和运行可靠性。进一步分析，数字信任的主要优势是高效率、低成本的普惠性。

三、区块链金融

目前，区块链技术应用已延伸到数字金融、物联网、智能制造、供应链管理、数字资产交易等多个领域。

区块链技术在多方交易且信任基础较弱的金融场景中具有特定优势。

第一，链式区块数据结构、共识机制、时间戳和密钥等技术，有助于防止原始数据篡改，控制数据泄露风险，保护隐私和数据安全。第二，分布式架构、端对端网络有助于信息并行传递，管控并行交叉，提升业务处理效率。第三，智能合约有助于实现交易规则的差异化和可信度，实现业务流程自动化执行，保证交易时效，避免虚假交易、重复交易，可在一定程度上降低道德风险和操作风险。

在供应链金融场景中，可以解决多方协作业务结构中的信息不对称问题，将核心企业信用传导至更多层级；可以将商业约定纳入智能合约，实现交易自动化，防止出现资金挪用、恶意违约等问题。

在库存融资场景中，结合物联网技术，可以进行质押物的实地实时监控，实现出入库记录和质押记录的安全存储和可信共享，避免库管人员的道德风险和操作风险，防止融资方、仓储方可能出现的欺诈、舞弊风险。

在跨境支付结算场景中，可以建立付款方、转账服务商、银行、收款方等参与主体的多方互信，可在执行反洗钱与合规检查的过程中实现信息共享和监控同步，从而优化流程，提高效率，降低资金占用成本。

在数字资产存证场景中，可以对数字化资产进行数据信息固化、存证和溯源管理，认证物权归属，有助于保护物权和知识产权，便于进行数字资产交易。

在保险核保理赔场景中，可以对保险资产信息进行连续性、真实性管理，在保护隐私的前提下实现投保方、保险方、监管方的信息共享，提高业务效率，维护各方权益。

在资产证券化场景中，可以提供底层资产的完整信息，真实记录资产转让过程，并保持信息同步，便于各参与方监测和确认底层资产价值和状态，追踪资产所有权，避免"一笔多卖"。

在监管科技场景中，可以为监管机构提供直接的监管信息通道，提供实时可信的交易数据记录，提供风险预警信号，改进金融数据报送流程，提升监管效率，降低监管成本和被监管成本。

区块链技术金融应用已初见成效。目前，IBM、Ripple推出基于区块链技术的跨境支付服务；香港金管局、汇丰银行、中国银行、东亚银行、恒生银行、渣打银行和德勤联合建立区块链贸易融资平台；美国纳斯达克交易所基于区块链的证券交易系统Linq已提供私募股权发行交易服务；世界银行发行基于区块链技术的债券bond-i，在区块链上执行债券的创建、转让、管理流程，记录二级市场交易行为；摩根大通推出基于区块链的JPM Coin，用作Interbank Information Net（IIN）的支付清算工具，IIN计划连接400家银行，意图替代SWIFT系统。

微众银行建设的"金链盟"开源社区可以应用于金融服务、供应链管理、社会管理、共享经济、物权保护、慈善公益等领域。蚂蚁金服建设"双链通"的区块链平台，建立数据标准、认证标准和合规标准，建立智能合约共同审核机制，形成能够容纳众多参与方，能够保护数据安全的联盟网络。万向应用区块链技术建设汽车物流和石化物流管理和融资平台，实现对货运卡车、仓储设施、货物的规格、数量识别和实时定位，可以提供T+0的供应链金融服务。

四、数字经济国家战略

如何评价区块链技术和产业发展的现状？我的看法是：区块链底层技术尚未成熟，规模化可靠应用的技术瓶颈有待突破，我们处在区块链技术和产业创新发展的重大机遇期。作为一种技术集成创新，区块链的数据库、P2P对等网络、密码学算法等基础组件技术相对成熟，但必须进一步达到集成应用的新要求；共识机制、智能合约等新技术有待完善。技术咨询公司高德纳（Gartner）认为区块链技术发展成熟还需5～10年。

目前，各个国家均未实现区块链技术的大规模应用。我国的区块链技术研发致力于突破规模化可靠应用瓶颈。一是隐私计算技术。在区块链共识机制下，如何有效屏蔽敏感信息，完善签名技术、安全计算技术、加密技术、可信执行技术等，确保数据安全和数字链接可靠性。二是真实性监督机制。如何保证上链前数据的真实性和完整性，在将区块链技术用于各类资产溯源时，真正形成闭环，避免信息失真，防止投机。三是智能合约技术。如何避免智能合约的技术漏洞，同时实现可控的业务逻辑修正和合约升级。四是密钥技术。密钥安全是区块链可信的基石。在私钥唯一性的技术结构中，如何有效防止私钥被窃取或被恶意删除，并且能够对私钥丢失、被窃予以补救。五是多元化技术平台集成。如何优化多维度并行交互架构，实现更多参与方之间的高效链接；如何提高数据处理的品质和速率，达到超大规模、高可靠性、高安全性要求。

最近习近平总书记明确指出，要把区块链作为核心技术自主创新的重要突破口，明确主攻方向，加大投入力度，着力攻克一批关键核心技术，加快推动区块链技术和产业创新发展。习近平总书记的讲话，从数字经济国家战略的高度，指明了区块链技术和产业创新发展的主攻方向、关键路径和基本原则。

实施数字经济国家战略，应该特别关注技术自主、数字安全和制度创新。

第一，掌握自主可控技术。我国在区块链的共识机制、智能合约等底层技术上目前缺乏自主产权。大部分应用项目采用开源区块链底层平台，进行适应性调整开发，从并发用户数、吞吐量、响应时间、可用性、安全性等方面进行优化，以适应业务需求，实现身份认证、隐私保护、节点管理等功能。对国外开源程序的广泛应用可能导致技术依赖风险，而且必须遵守开源平台注册地的司法管辖和法律约束，潜藏地缘性政治风险。比如，开源程序GitHub的使用条款明确规定，使用GitHub不得违反美国或其他适用司法辖区的出口管制或制裁法律。应该大力支持技术创新，力争掌握数字技术主导权。明确数字技术、数字产业政策，对数字技术研发企业和专业人才给予税费优惠，鼓励数字技术研发和应用，"国家队+民营队"，中资加外资，大中加小微，在数字技术的关键领域掌握自主可控知识产权，在数字经济、数字金融的关键领域发挥全球性竞争优势。应该加紧研发下一代计算架构，确保数学算法的公正性和正确性，确保数据的隐私性和可靠性，确保数据的全流程全周期安全，同时，确保数学算法的速度和效率。

第二，维护数字社会安全。我们迫切需要更新安全定义、安全技术、安全制度，构建一个全新的数字安全体系。在数字链接的经济社会中，人与人之间、人与物之间、物与物之间的空间距离和时间距离将趋近于零。这将提供更加广泛的便捷性，也将带来更加直接的危险性，构成重大的安全挑战。物联网任何一个应用系统、任何一个节点潜在的缺陷或疏漏，既可能直接导致事故，也可能成为黑客恶意攻击的缺口；由于物联网的高速率和广覆盖，既可能出现单一的突发事故，也可能出现系统性的网络战。过去成功运用于传统架构的安全技术和安全制度，包括应用于4G的网络管理技术和制度，未必能够适应超规模、超高速的数字世界。

第三，加快数字制度创新。我国的区块链金融标准化建设和制度建设刚刚起步。关于区块链金融的技术标准、安全规范和认证审核制度，还不够完善；关于区块链金融的法律法规，还不够明确。国际标准化组织ISO设立区块链和分布式账本技术委员会，在研标准11项，主要涉及术语、参考架构、隐私和个人信息保护、安全风险和漏洞等方面。国际电信联盟ITU设立分布式账本技术安全相关问题组，在研标准10项，主要涉及安全保障、安全威胁、安全框架等方面。电气电子工程师学会IEEE的标准研制主要围绕区块链在物联网数据管理、数字资产管理、政府部门应用以及加密货币等领域。具体来说，应在下面三个方面着手。一是应该加快数字金融制度建设，抓紧建立数字信任机制，抓紧制定区块链金融监管、数字资产市场监管、数字货币监管、法定数字货币发行等数字金融制度。二是应该抓紧完善关于区块链金融的技术标准、安全规范和认证审核制度。明确数字资产的法律定义，明确智能合约的合同性质及其有效性，明确分布式架构下的责任主体及其行为规范和监管标准。三是数字金融势必进一步强化金融的全球化。在数字金融全球制度建设中，我国应该积极参与并努力争取话语权。应该加强国际监管协调，促进达成监管共识，建立数字金融国际监管统一标准。

中国互联网金融协会区块链研究工作组组长

中国银行原行长

前 言 PREFACE

习近平总书记在主持中共中央政治局第十八次集体学习时指出，要加快推动区块链技术和产业创新发展，积极推进区块链和经济社会融合发展。这为区块链技术在金融领域的应用指明了方向，提出了要求。在此背景下，中国互联网金融协会区块链研究工作组在李礼辉组长的带领下，在梳理分析区块链技术发展趋势及其在全球金融领域应用实践情况的基础上，深入调研我国47家从业机构及其112项金融领域区块链应用项目，总结区块链在我国金融领域应用的典型场景和基本逻辑，分析有关应用探索的潜在价值及面临的风险挑战，提出稳健发展的对策建议，并精选部分区块链实践案例进行编录，旨在为政产学研用各界提供研究资料和实践参考，引导区块链技术在金融领域合规安全应用，更好地服务实体经济和促进金融风险防控。

报告撰写得到了李东荣会长等协会领导以及有关金融管理部门的悉心指导，也得到了广大金融机构、金融科技公司等在案例写作等方面的大力支持。在此，对有关各方的支持和帮助一并表示感谢。由于时间所限，书中难免出现疏漏和不足之处，敬请各位读者批评指正。

中国互联网金融协会区块链研究工作组

目 录 CONTENTS

综 述

1

应用场景篇

底层平台篇

重大事件篇

附录

中国互联网金融协会
National Internet Finance Association of China

综 述

一、研究背景和意义

当前，区块链日益成为全球关注的热点前沿技术。2019年10月24日，习近平总书记在主持中共中央政治局第十八次集体学习时指出，区块链技术应用已延伸到数字金融、物联网、智能制造、供应链管理、数字资产交易等多个领域。目前，全球主要国家都在加快布局区块链技术发展。我国在区块链领域拥有良好基础，要加快推动区块链技术和产业创新发展，积极推进区块链和经济社会融合发展。近年来，各主要经济体的政府部门、金融管理部门、行业组织以及国际组织都对区块链技术予以高度关注，及时跟进研究区块链技术及其应用最新发展情况，积极推进全球范围内区块链技术的安全稳健应用。美国证券交易委员会创新和金融科技战略中心、英国加密资产工作组、欧盟区块链观察站与论坛、世界银行区块链实验室、国际货币基金组织金融科技高级顾问小组等，都是在此背景下成立的专门组织。同时，在区块链技术应用探索方面也初步形成了较为广泛的国际合作。比如，2018年4月，欧盟委员会发起《区块链共同宣言》（截至2020年10月已有30个国家签署加入）。同年7月，金砖国家领导人共同签署了《在数字经济发展背景下开展分布式记账技术和区块链技术联合研究的谅解备忘录》。

我国高度重视并积极布局区块链技术领域。提前布局区块链等战略性前沿技术，已成为推动我国信息化水平提升的重大任务之一。2016年12月，国务院发布《"十三五"国家信息化规划》（国发〔2016〕73号），提出加强区块链等新技术基础研发和前沿布局，构筑新赛场先发主导优势。2017年，国务院《新一代人工智能发展规划》《关于进一步扩大和升级信息消费持续释放内需潜力的指导意见》《关于积极推进供应链创新与应用的指导意见》《关于深化"互联网+先进制造业"发展工业互联网的指导意见》等多份文件提及区块链，包括促进区块链与人工智能融合，开展基于区块链技术的试点应用，研究利用区块链等新兴技术建立基于供应链的信用评价机制，促进区块链等新兴前沿技术在工业互联网中的应用研究与探索等内容。2018年，北京市、上海市、浙江省、江苏省、贵州省、福建省以及深圳市、广州市等30余个省级市级政府共相继出台40余项政策措施，扶持包括区块链在内的新兴技术产业。2019年1月，国家互联网信息办公室发布《区块链信息服务管理规定》，规定要求区块链信息服务提供者应当在提供服务之日起十个工作日内通过国家互联网信息办公室区块链信息服务备案管理系统履行备案手续。2019年10月24日，中共中央政治局就区块链技术发展现状和趋势进行第十八次集体学习，习近平总书记在主持学习时强调，区块链技术的集成应用在新的技术革新和产业变革中起着重要作用。我们要把区块链作为技术自主创新的重要突破口，明确主攻方向，加大投入力度，着力攻克一批关键核心技术，加快推动区块链技术和产业创新发展。

金融已是区块链技术应用探索的重点领域。一方面，区块链技术优化金融服务的潜力已得到广泛认可。区块链和分布式账本技术已成为金融稳定理事会评估主要金融技术创新领域的一部分。《二十国集团数字普惠金融高级原则》建议各国在防范风险和保障安全的前提下，探索分布式账本技术在提高金融基础设施透明度、有效性、安全性和可得性方面的潜力。世界银行和国际货币基金组织也认为，分布式账本技术可以创新数据记录和共享的模式，从而减少信息不对称。另一方面，区块链技术在金融领域应用探索的力度较大。据国际数据公司测算，2020年全球区块链应用支出预计为41亿美元，同比增长超50%，同时2024年全球区块链支出金额将达179亿美元，并在2019—2024年预测期内实现46.4%的年复合增长率。其中，银行业将引领预测期内全球区块链支出，占比约30%。

鉴于此，本报告在梳理分析区块链技术发展趋势及其在全球金融领域应用实践情况的基础上，深入调研我国47家从业机构及其112项金融领域区块链应用项目，总结区块链在我国金融领域应用的典型场景和基本逻辑，分析有关应用探索的潜在价值及面临的风险挑战，提出稳健发展的对策建议，并对部分区块链实践案例进行编录，旨在为政产学研用各界提供研究资料和实践参考，引导区块链技术在金融领域合规安全应用，更好地服务实体经济和促进金融风险防控。

二、全球区块链技术发展趋势与金融应用分析

（一）区块链技术正加速演进成熟

技术加速演进成熟且适用条件日趋清晰。区块链技术作为一种技术集成创新，功能架构已趋于稳定，其数据库、P2P网络、密码学算法等部分基础组件技术已较为成熟，但集成应用对账本、共识等提出了存储、可扩展等方面的新要求，同时其安全性、隐私保护、互操作性、链上存储可扩展性等技术仍处于发展探索中。国际知名技术咨询公司高德纳（Gartner）在《2019年区块链技术成熟度曲线》中指出，分布式账本将在2年内达到生产成熟期（Plateau of Productivity），区块链、共识机制、智能合约等还需2~5年，零知识证明、区块链互操作性等则还需5~10年。同时，在大量实践探索的基础上，部分对区块链技术适用条件的研究结论日渐清晰（见图1）。

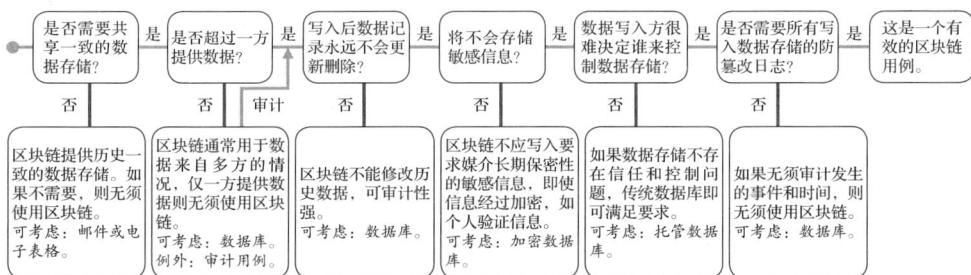

图1　美国国土安全部区块链适用性分析流程[1]

---

[1] National Institute of Standards and Technology.Blockchain Technology Overview[R].2018-10.

技术总体发展态势向好。一是资本支持力度持续加大。全球区块链产业风投融资金额逐年上升，中国信息通信研究院研究数据[②]显示，截至2019年8月底，2019年区块链投融资交易规模达20.28亿美元，美国、中国、韩国、瑞士、加拿大是全球区块链投融资金额最高的5个国家。二是应用探索范围趋于广泛。从物流、能源、农业、医疗、娱乐、零售到教育等社会经济各领域，都涌现出许多区块链技术应用探索项目。经济合作与发展组织工作论文《区块链技术及其在公共领域的应用》显示，仅就公共领域而言，截至2018年3月末，全球已有40多个国家和地区开展相关研究探索和试点应用（见表1）。三是技术研究进程不断提速。据中国信息通信研究院统计，截至2019年7月，全球公开区块链专利的申请数量达1.8万。其中，中国在专利申请方面占比超过半数，是美国专利申请数量的三倍，但大多处于审查阶段，授权专利多为实用型、边缘性技术的专利，底层技术创新仍待提升。同时，全球区块链技术论文数量也快速增加。2018年，Web of Science中与"Blockchain"主题相关的核心论文数量共1014篇，较2017年增长94.6%，其中，中国以240篇位居世界首位。四是相关标准化工作持续推进。国际标准化组织（ISO）设立了区块链和分布式记账技术委员会（ISO/TC 307），已发布智能合约概述及其交互相关标准1项，另有在研标准10项，涉及术语、用例、参考架构、隐私和个人可识别信息保护、安全风险和漏洞等。国际电信联盟标准化部门（ITU-T）成立了分布式账本焦点组（FGDLT）、数据处理与管理焦点组（FGDPM）以及法定数字货币焦点组（FGDFC）三个焦点组，开展区块链相关标准化工作，其中分布式账本技术的安全威胁标准（ITU-T X.1401）等标准研制工作有序推进。我国也积极参与相关国际标准的研制工作，如关于分类和本体（Taxonomy and ontology）、参考架构（Reference architecture）的2项ISO标准以及关于参考架构、技术评估

[②] 中国信息通信研究院. 区块链白皮书 [R].2019-11.

表1 全球主要国家和地区公共领域应用区块链项目情况（截至2018年3月末）

国家和地区	阶段			总计	国家和地区	阶段			总计
	一	二	三			一	二	三	
荷兰	7	24	1	32	阿根廷	1	1	0	2
美国	15	5	7	27	挪威	1	0	1	2
英国	6	3	4	13	法国	1	1	0	2
澳大利亚	9	3	1	13	卢森堡	0	1	1	2
俄罗斯	5	2	6	13	马耳他	2	0	0	2
中国	4	4	0	8	奥地利	1	0	0	1
加拿大	2	2	4	8	突尼斯	0	0	1	1
阿联酋	3	2	3	8	墨西哥	1	0	0	1
印度	3	2	2	7	智利	0	0	1	1
爱沙尼亚	1	0	4	5	委内瑞拉	1	0	0	1
新加坡	0	2	3	5	南非	1	0	0	1
瑞士	2	1	2	5	毛里求斯	1	0	0	1
中国香港	1	3	0	4	加纳	0	0	1	1
乌克兰	3	0	1	4	塞内加尔	0	0	1	1
日本	2	2	0	4	比利时	0	1	0	1
韩国	2	0	1	3	芬兰	0	0	1	1
丹麦	3	0	0	3	德国	1	0	0	1
瑞典	0	1	2	3	格鲁吉亚	0	0	1	1
泰国	2	0	0	2	哈萨克斯坦	0	0	1	1
柬埔寨	0	2	0	2	以色列	1	0	0	1
肯尼亚	0	0	2	2	巴布亚新几内亚	1	0	0	1
巴西	0	2	0	2					

注：表中阶段一为探索、研究和规划阶段，阶段二为概念验证、原型开发和孵化阶段，阶段三为开发或运行阶段。

准则等的6项ITU标准，同时还立项了多项国家标准、行业标准、团体标准。比如，在金融领域，中国人民银行已正式发布《金融分布式账本技术安全规范》（JR/T 0184—2020）和《区块链技术金融应用 评估规则》（JR/T 0193—2020），《金融分布式账本技术应用 技术参考架构》《金融分布式账本技术应用 评价规范》《分布式账本贸易金融规范》等其他由全国金融标准化技术委员会归口管理的标准正在积极研制中，中国互联网金融协会也正在研究推进金融领域区块链应用系统通用评价规范、区块链跨链协议、区块链开源软件测评和区块链供应链金融应用规范等团体标准研制工作。

（二）金融领域的应用探索日渐增多

区块链技术在支付及清结算、贸易金融、证券交易等金融场景中的应用日渐增多，部分应用项目已开始从概念验证迈向生产实践。具体实践方面，IBM、Ripple推出基于区块链技术的跨境支付服务；美国存管信托和结算公司探索通过区块链解决方案改善回购市场清算流程；巴克莱银行、汇丰银行探索了区块链技术在信用证方面的应用；香港金管局、汇丰银行、中国银行、东亚银行、恒生银行和渣打银行及德勤联合建立了区块链贸易融资平台；IBM与多国银行合作开发了区块链贸易融资平台Batavia；美国纳斯达克交易所基于区块链的证券交易系统Linq已提供私募股权发行交易服务；澳大利亚证券交易所开发了基于区块链技术的登记结算系统；日本交易所集团正推进区块链技术在资本市场基础设施领域的概念验证测试；世界银行发行了创建、转让、管理等流程均基于区块链技术的债券bond-i，且已实现将其二级市场交易行为记录于区块链上；摩根大通推出名为JPM Coin的区块链支付结算工具，提供给白名单企业客户用于财资管理、证券结算等；Facebook发布了基于区块链的加密货币天秤币（Libra[③]）的白皮书，称Libra的使命是建立一套简单的、无国界的货币以及为数十亿人服务的金融基础设施；富国银行宣布试点锚定美元的稳定币"富国银行数字现金"（Wells Fargo Digital Cash）。

（三）金融管理部门态度积极而理性

主要国家金融管理部门对区块链技术在金融领域应用持相对积极的态

[③] 2020 年 12 月 1 日，Facebook 倡导的稳定币项目管理方 Libra Association 宣布，Libra 正式更名为 Diem。

度。对于区块链技术在金融领域的探索应用，美国、英国、加拿大、新加坡等国家的金融管理部门态度相对积极，着力推动其在金融监管、证券结算、跨境支付等方面应用的研究或试验。比如，美国波士顿联邦储备银行已测试基于以太坊和Fabric等开源平台开发的交易对账服务，下一步计划开展基于区块链的监管节点测试项目；英国金融行为监管局监管沙箱计划第五阶段中，近30%的项目涉及区块链和分布式账本技术；英格兰银行推动实时结算系统升级与区块链技术兼容，借助区块链技术实现系统扩展和数据安全；加拿大中央银行等共同发起的Jasper项目陆续测试了基于以太坊和Corda等开源平台开发的区块链跨行支付结算服务，目前开展的第三阶段将测试基于区块链的证券清结算服务；新加坡金融管理局宣布与摩根大通等合作开发了一款用于跨境支付的区块链原型。

国际上对首次代币发行（Initial Coin Offering，ICO）的监管态度不一，但风险提示或监管强化是较为普遍的做法。当前，中国、韩国等国家明令禁止ICO行为，美国、加拿大、俄罗斯、澳大利亚、法国等国家依据ICO性质将部分业务纳入证券相关监管范畴，欧盟正在探讨是否将ICO纳入众筹监管框架，英国、德国、瑞士、瑞典等国家积极关注并对ICO进行风险提示。总体来说，通过风险提示或强化监管，加强金融消费者保护，防范欺诈、洗钱和恐怖融资等风险已成主流趋势（见表2）。

表2 各国政府对ICO的态度（截至2018年末）[④]

反对或禁止	已提示风险		已纳入监管	
中国	英国	沙特阿拉伯	美国	日本
韩国	阿根廷	德国	澳大利亚	法国
印度	意大利	南非	巴西	俄罗斯
印度尼西亚	墨西哥	土耳其	加拿大	欧盟

---

④参见 https://www.iosco.org/publications/?subsection=ico-statements。

同时，各金融管理部门密切关注区块链及加密货币可能带来的资金违规跨境流动、洗钱、恐怖融资、逃税、隐私泄露等重点、热点问题，并出台了一系列监管办法。比如，瑞士金融市场监督管理局发布一系列指引以严厉打击区块链洗钱活动并保护消费者；欧盟委员会正在审查欧盟立法以评估Libra在金融稳定、货币政策、数据隐私、洗钱、消费者保护等方面的风险；英国金融行为监管局发布《加密资产指南》，明确其加密货币监管范围等。

三、区块链技术在中国金融领域的应用情况调查

（一）区块链技术适用的金融场景环节与应用逻辑已较为明晰

从当前的实际应用情况看，区块链在金融领域的非币应用主要用于实现三类功能：一是金融相关信息的存证、溯源、共享、核对等信息存储传输类功能；二是积分及其系统内通兑通换等附带一定价值传递的功能；三是基于可被多方形式验证的智能合约自动执行功能。同时，金融相关的探索实践也主要分为三类：一是不面向具体业务，而是侧重于实现区块链某种功能的应用探索，如金融合同存证、积分等；二是紧密结合业务，以满足具体业务需求为导向的应用探索，如供应链金融、贸易金融等；三是对区块链底层技术平台的应用探索，以及基于底层平台开展的生态探索。总体来看，区块链技术比较适用于存在多方交易且信任基础较弱的特定金融场景（见图2），其分布式架构、块链式结构、共识机制、时间戳等技术安排有助于提升链上信息的篡改难度和可追溯性、缓解信息不对称现象，与加密技术的结合有助于提升隐私保护力度、降低数据泄露风险，而P2P网络的运用有助于在分布式环境下实现高效协同，智能合约的引入则有助于实现复杂业务流程的自动执行，可用于融资、保险科技、跨境支付、资产证券化、金融监管等场景，增加信息可信度、缓解重复交易、提高相关参与方信息交流积极性和业务处理效率，且能在一定程度上降低

道德风险和操作风险。

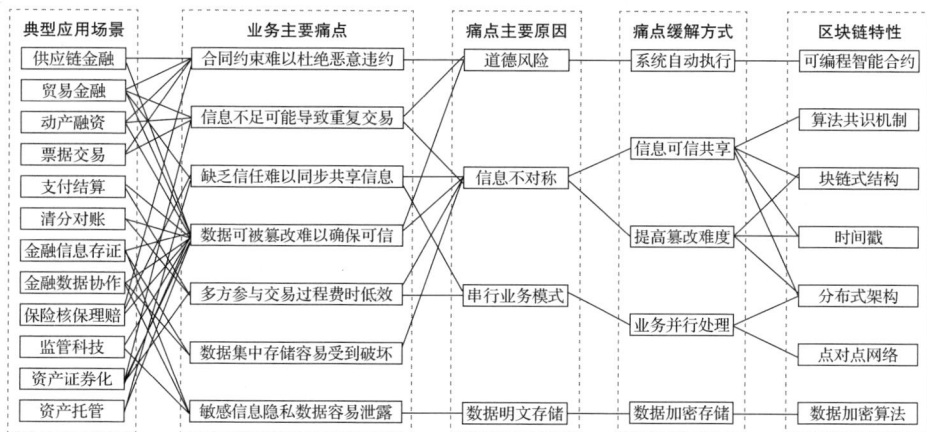

图2　部分金融场景环节的区块链应用逻辑

此外，区块链一般不单独作为从业机构解决现实问题的最终方案，而更多的是与其他技术集成融合纳入其数字化转型战略的一部分。其中，将区块链与云计算、大数据、人工智能、物联网等新兴技术结合，开展综合技术应用探索已较为普遍。比如，区块链和云计算的技术组合，能减少区块链系统的部署成本和管理难度，可以提高技术可得性和可用性。区块链和人工智能的技术组合，能改善训练深度学习系统所使用的数据集质量，可以优化人工智能分析决策的准确性和可信性。区块链和物联网的技术组合，能强化物联网分布式数据存储和计算能力，可以拓展物联网的安全边界和应用范围。

（二）金融应用探索逐步深入，落地场景和实践案例不断丰富

当前，区块链在我国金融领域应用已初具条件，部分概念验证应用已催生一定规模的商用产品，在供应链金融、贸易金融、保险科技、跨境支付、资产证券化等场景中已形成了部分落地案例。比如，人民银行数字货币研究所和人民银行深圳市中心支行牵头发起、建设了基于区块链技术的贸易金融平台，截至2019年8月，已有近30家银行500余家网点业务上链运行，业务量超过500亿元人民币，有效提高了贸易融资效率；国家外汇管理局应用区块链技术建设了跨境金融区块链服务平台，探索解决中小企业跨境贸易融资困难，截至2019年10月底，已累计完成应收账款融资6370笔，放款金额超过400亿元，服务企业共计1262家，其中中小企业占比约70%。

目前，我国区块链在金融领域的应用探索呈现出底层技术研发力度有所加强且普遍关注信息安全和性能突破创新、应用探索较多且多数与业务需求结合紧密、参与主体多元且探索路径有所差异等特点。

一是底层技术研发力度有所加强且普遍关注信息安全和性能突破创新。在参与中国互联网金融协会区块链研究工作组专题调研的47家机构中，近40%的机构明确表示采用了自主研究的底层平台。采用第三方开源平台的机构也多选择进行适应性调整开发或深度再开发，从并发用户数、吞吐量、响应时间、可用性、安全性等方面进行优化，以适应业务需求，实现身份认证、隐私保护、节点管理等功能。目前，运用较多的底层平台有IBM的Hyperledger Fabric等国外开源平台和金链盟FISCO BCOS、京东JDChain、万向PlatONE、众安Annchain等国内开源平台，以及腾讯TrustSQL、蚂蚁区块链BaaS平台、度小满金融区块链BaaS平台、壹账链FiMAX、趣链Hyperchain、中钞Brochain、博雅正链RegChain等其他国内平台。同时，调研机构普遍关注数据隐私安全保护机制，在网络、交易、应用等多个层面，通过隔离、加密等多种手段保护数据安全。部分调研机构为提高系统可扩展性和交易吞吐量，积极探索多链、侧链、分片等技术。比如，通过采用多链架构，实现账本数据隔离，提高隐私保护能力；数据按链标识分开存储，且只在授权节点中传输，提高数据读写安全性；被攻击节点数据被盗不影响其他业务数据，提升系统容错能力；同构多链并行执行，提高业务并发处理能力；异构多链灵活组合，适应更多复杂业务场景。

二是应用探索较多且多数与业务需求结合紧密。全部调研机构合计已开展至少112项区块链在金融领域应用项目，平均每家约为2.4项（有9家已至少开展3项）。其中，79.5%的项目侧重于运用区块链满足具体业务需求，10.7%侧重于实现信息存证、溯源、共享、核对等功能，9.8%侧重于探索区块链底层技术平台以及基于底层平台的生态构建。在侧重于满足具体业务需求的应用项目中，主要涉及供应链金融、贸易金融、保险科技、跨境支付、资产证券化等场景，分别占比32.6%、11.2%、11.2%、7.9%和6.7%（见图3）。同时，在国家互联网信息办公室区块链信息服务备案的服务中，涉及金融的数量占比超过38%。其中，多数应用项目的区块链类型为联盟链，应用场景主要包括供应链金融、贸易金融、支付及清结算、金融数据共享等。选择联盟链的主要原因包括：其一是当前金融场景主要集中在供应链金融、贸易金融、支付及清结算、金融数据共享等B2B场景，需提供具备准入访问机制的区块链服务，比较适合使用联盟链；其二是公有链不设权限访问控制，需要高级别的安全机制保证系统鲁棒性和稳定性，由于受到系统吞吐量的制约，难以满足实际应用需求。此外，调研机构应用项目在共识机制的选择上有所分化。比如，部分调研机构选择采用并行共识、混合共识等方法对经典实用拜占庭容错（PBFT）进行定制开发和适当优化，从而更加契合现实业务场景需要。

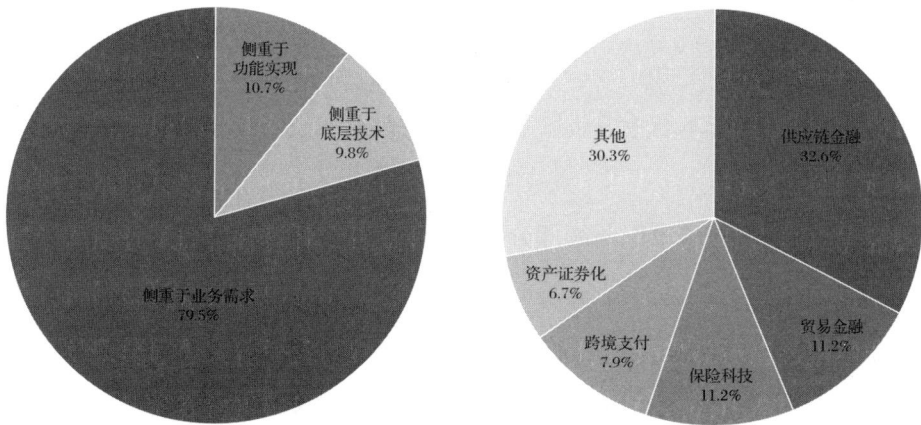

图3 调研项目区块链探索实践分布

三是参与主体多元且探索路径有所差异。47家调研机构中，包括15家传统金融机构、30家互联网金融和金融科技公司、1家研究机构、1家产业联盟。而国家互联网信息办公室区块链信息服务备案情况显示，备案服务涉及金融的主体数量占比超过40%，类型涉及金融科技服务商、银行、基金公司、保险公司、小额贷款公司、商业保理、地方金融交易场所、企业征信公司、第三方支付机构、政府部门等，同样呈现出较为明显的多元化特征。从项目落地模式看，传统金融机构主要是通过自主研发或合作方式，运用区块链技术对已有业务进行改造，其优点主要表现为：其一是易于实施，不需要多方共同协商，可有效降低项目实施复杂程度；其二是可快速落地试点，项目整体进度更容易控制；其三是风险可控，基于对自身业务和IT设施情况的熟悉，项目实施方可更好地进行风险管理，降低项目实施风险。互联网金融和金融科技公司主要是依托自身区块链技术实力，输出区块链技术解决方案，实现技术赋能，其优点主要表现为：其一是实现技术与场景的优势互补、深度合作，共同推进系统和应用的升级优化；其二是推进技术快速演进，通过真实的商业环境对系统可用性、可维护性、可扩展性等指标进行完备测试；其三是拓宽试点业务领域，在多个行业进行业务验证和测试，有助于快速收集行业实践经验，培育基于区块链的新商业模式。

四、区块链技术在金融领域应用的风险挑战

（一）技术层面尚难以兼顾部分金融场景对安全、功能和性能的要求

一是区块链技术通过大量的冗余数据和复杂的共识算法提升安全可信水平，金融业务需求的增加将导致系统处理量更大幅度的增加，并加剧参与节点在信息存储、同步等方面的负担，在现有技术环境下可能导致系统性能和运行效率下降。二是搭载智能合约可能带来一些新的风险，尤其是将

其用于实现复杂业务功能时，需要深入的业务逻辑理解能力和较强的程序设计能力，否则可能导致交易执行错误或程序代码漏洞，影响金融业务运转和区块链系统运行。比如，新加坡国立大学和伦敦大学的研究人员通过对以太坊上约97万份智能合约的评估研究发现，有约34万份合约存在程序漏洞。三是密钥安全仍存在一定隐患。比如，私钥遗失或被盗等情况会危害私钥所有者的权益，且私钥的唯一性使得上述损失难以补救。四是区块链底层技术架构与现有技术体系的融合集成还存在一定困难，主要体现在开发效率慢、可扩展性差、数据结构化程度低、网络结构复杂、升级维护不灵活等问题上。五是区块链技术架构仍需要更好地匹配金融系统对可用性与业务持续性的高要求，且信任机制、数据保存方式等仍待获得传统金融机构的接受和认可。

（二）治理层面需进一步完善监管、标准、人才等有关安排

一是链上资产和智能合约等方面的法律有效性界定不清晰，发生纠纷时难以寻求法律救济，且分布式体系进一步提高了责任主体认定难度。二是部分区块链体系高度自治且数据加密，在缺少必要权限的情况下，违规开展金融业务的行为和潜在风险对金融管理部门等外部者而言相对隐蔽。三是对国外开源程序的广泛应用可能导致技术依赖风险，且代码托管平台等开源服务相关方也需遵守注册地等相关司法辖区的法律法规要求，在贸易保护主义抬头背景下存在不容忽视的政策风险。比如，GitHub在其使用条款中明确规定不得使用GitHub违反美国或其他适用司法辖区的出口管制或制裁法律。四是有关标准规范有待建立健全，存在一定程度的"各自为链"情况，可能造成不同区块链间信息交互和融合的困难。五是区块链需要跨学科综合，包括分布式、存储、密码学、网络通信、芯片技术、经济学等，导致学习成本高、实施难度大，人才培养和实践经验积累周期长。

（三）业务层面尚存模糊地带且应用创新缺少权威第三方评估

一是部分依托区块链平台开展的数字凭证拆分、积分通兑等环节尚存在一定的模糊地带，相关政策有待进一步明确。二是在区块链共识机制下，部分敏感信息缺乏隐私性，而组合环签名、零知识证明、同态加密等密码学新技术尚不成熟，将其用于隐私保护反而可能导致数据膨胀、性能低下等问题。三是由于无法保证数据上链前的真实性和完整性，难以真正形成闭环以降低风险，反而可能因信息失真或扭曲而造成潜在损失。四是部分区块链应用创新未经严密论证，且缺少权威的第三方评估意见作为参考，一些应用甚至难以达到传统数据库技术的效率水平，不仅导致资源浪费，还可能对自身持续经营造成不利影响。

五、区块链技术在金融领域应用的对策建议

（一）政策监管层面：加强研究跟踪，立规制促合规

一是加强对区块链安全风险的研究和分析，密切跟踪发展动态，积极探索发展规律，坚持"凡是金融活动都应纳入监管"的原则，严格落实国家互联网信息办公室《区块链信息服务管理规定》等现有监管规定，引导、规范金融机构和技术企业共同推动区块链技术在金融领域的可靠、可控、可信应用，促进区块链技术与金融的深度融合。二是充分利用包括区块链技术在内的监管科技加强监管能力建设，提升监管效能，同时加强地方政府及金融管理部门人员运用与管理区块链技术的知识能力，逐步建立起与区块链技术发展水平相适应的监管体系。三是密切关注加密货币等应用在跨境资金流动、恐怖融资、洗钱和逃税等方面可能带来的问题和挑战，持续跟踪国际监管动态，积极参与相关跨境监管规则与标准的研究和制定。四是对于有违技术发展规律和损害金融秩序的不法行为和乱象，应保持高压态势，持续采取措施重拳打击，坚决遏制歪风

邪气，并切实引导将区块链技术发展与此类乱象进行有效切割。

（二）行业组织层面：搭建平台桥梁，研标准聚合力

一是搭建汇聚政产学研用各界资源的有效平台，开展热点难点问题研究，持续关注国际发展动态和金融应用成果，探索对区块链在金融领域应用及相关责任主体开展服务实体经济价值、合法合规性、安全规范性、运营稳健性等方面的评议评估，推动成果经验应用推广。二是做好各方的桥梁纽带，对于政府和市场之间，客观反映问题诉求，正确解读监管政策，评估监管措施效果，及时传递市场反映，促进双向良性互动。对于市场主体之间，积极推动交流合作，扬长避短，实现互补共赢，形成区块链技术在金融领域应用的良好发展环境。三是按照"共性先立、急用先行"原则，围绕技术发展和业务场景关键环节，以技术安全、业务合规和金融消费者权益保护为重点，推动完善区块链技术在金融领域应用的基础术语、安全规范、应用评估等标准规范，逐步完善区块链技术和应用标准体系，促进各方对区块链技术达成共识。四是强化基础设施建设，发挥行业自律作用，聚焦于区块链技术在供应链金融、签约存证等具体场景中的应用痛点，探索建立满足信息跨链共享、存证权威可信等行业需求的信息基础设施。五是切实加强公众教育，使公众能够正确认识和客观理解区块链技术，对缺乏理性、跟风炒作现象适时进行风险提示，不断强化公众的风险意识和自我保护观念，引导其远离各类打着区块链技术创新旗号的非法金融活动。

（三）从业机构层面：探索核心技术，抓应用推场景

一是强化基础研究，扎实练好内功，结合自身技术基础与发展定位，深入研究区块链应用及底层技术，推进区块链底层平台的持续优化，加大区块链人才培养力度，加快形成自主创新体系，不断实现区块链核心技术的突破，提升原始创新能力。二是充分考量金融业务场景适用性，建立合理的激励机制和商业模型，做好产品技术验证和项目推广，逐步走出实验室测试和内部试点，在依法合规前提下探索推动区块链技术在金融领域应用的商业落地，更好地发挥区块链技术在促进数据共享、优化业务流程、降低运营成本、提升协同效率、建设可信体系等方面的作用。三是稳步提高技术自主可控能力，综合运用产业支持政策、税收优惠政策等措施，促进金融领域关键信息基础设施持续优化，切实提高技术可靠性，加强"链上"金融业务风险抵御能力。四是充分考虑监管要求和法律适用问题，结合业务和技术发展实际，开展合规审慎经营，持续提升风险防范的意识和能力，做到风险管控安排与产品服务创新同步规划、同步实施。

中国互联网金融协会
National Internet Finance Association of China

应用场景篇

一、供应链金融

（一）供应链金融领域区块链应用概述

供应链金融参与主体多元，不同主体对于供应链金融概念的界定也存在一定差异，但包括金融机构在内的各参与方均高度重视其供应链金融业务的发展。《中国银保监会办公厅关于推动供应链金融服务实体经济的指导意见》（以下简称《指导意见》）指出，银行保险机构应依托供应链核心企业，基于核心企业与上下游链条企业之间的真实交易，整合物流、信息流、资金流等各类信息，为供应链上下游链条企业提供融资、结算、现金管理等一揽子综合金融服务。《指导意见》还指出，鼓励银行业金融机构在依法合规、信息交互充分、风险管控有效的基础上，运用互联网、物联网、区块链、生物识别、人工智能等技术，与核心企业等合作搭建服务上下游链条企业的供应链金融服务平台，完善风控技术和模型，创新发展在线金融产品和服务，实施在线审批和放款，更好地满足企业融资需求。总体来看，目前区块链在我国供应链金融领域已有较多应用探索，在信息互联互通、交易真实性证明、信用多级流转和合约自动执行等业务环节具有一定应用价值，但同时也存在业务、技术、法律等方面的风险和挑战。

1. 供应链金融领域区块链应用现状

我国区块链技术在供应链金融领域探索较多，且应用较为集中。在中国互联网金融协会调研的112个项目中，有29个项目涉及供应链金融场景，占比25.9%，而根据国家互联网信息办公室区块链信息服务备案数据，服务类型涉及供应链金融的共有71个，占金融领域备案数的32.3%。从业务上看，在供应链金融三种主流业务模式中，区块链主要运用于应收账款融资模式，而在预付账款融资模式和存货融资模式中实践运用较少。对国家互联网信息办公室备案数据的分析显示，应收账款模式在供应链金融服务备案中占比约79%，其他两种模式各占约7%，另有少数未能基于公开信息判断出具体业务模式。技术上看，区块链在供应链金融中的运用以联盟链为主，因其效率相对较高、安全性和可扩展性好且易于监管。

区块链技术有助于提升供应链金融各方信息互联互通、交易真实性证明、信用多级流转与合约执行的效能。区块链P2P网络和分布式记账等技术特性，将供应链金融业务用作信息广播共识，实现众多参与方之间的信息互联互通，相比原有企业资源管理系统两两间建立接口交互信息成本更低。区块链可追溯、难以篡改的技术特征将供应链交易过程中产生的订单、关单、税单、运单、发票等关于物流、信息流和资金流的关键证据，结合时间戳以交易逻辑串联起来，并经多方确认，形成链式证据流以实现交易真实性证明。在辅助信用多级流转方面，一级供应商通过区块链将核心企业的应付账款形成数字化债权凭证，可拆分转让予二级供应商进行债务抵销或转让予资金方融资，降低了其应收账款占比。二级供应商则获得核心企业高信用等级的流动资产，可拆分流转至多级供应商或资金方，有助于缓解融资难、融资贵的问题。作为一种特殊协议，智能合约可封装预设规则、触发条件及情景应对方案等金融合同各要件，有助于促进交易多方更好地履行约定义务，降低人工操作的风险。

区块链在解决供应链金融部分业务环节痛点方面具有探索应用价值，但其作用的充分发挥有赖于制度和其他技术的结合。区块链的应用虽然在一定程度上有助于供应链金融发展，但面对上链信息造假、参与方利益协调等深层问题作用仍相对有限。比如，对于链上信息上链各环节的真实性审核，主要通过多方数据联动及信息交叉核验，而区块链并非唯一的解决方案，还需要结合其他技术或制度设计予以保障。此外，核心企业参与意愿是开展供应链金融业务的重要前提，涉及链上各参与方及核心企业的利益平衡，单靠区块链技术难以有效解决。因此，探索区块链与其他数字技术在供应链金融领域的融合应用以发挥技术协同效应，逐渐成为一种重要趋势。比如，部分机构将物联网终端采集到的动产位置、轮廓、重量等数据上链，促进物流、信息流、资金流"三流合一"，推进动产融资业务线上化、数字化；部分机构将物联网采集到的已融资小微企业的设备使用情况、电力消耗数据等生产经营信息上链，同步到资金提供方，提高贷后监测能力；部分机构通过运用安全多方计算、零知识证明等技术，在保护各参与方之间数据隐私的同时获得加密数据分析结果，促进机构间的信息互联互通，缓解多头融资问题。此外，还有部分机构通过引入大数据、人工智能等技术，提高识别、分析链上信息的准确性和效率。

2. 供应链金融领域区块链应用面临的问题与挑战

业务层面，一是如果对应收账款的数字凭证监管不严，可能存在核心企业超发风险。二是市场上呈现众多机构"各自为链"的局面，部分机构间的竞争转移到链与链之间的竞争，可能形成新的数据孤岛，且重复建设将导致资源的浪费。三是由技术服务商主导的供应链金融服务系统中，部分科技公司缺乏展开背景调查的能力，难以保证链下资产和链上数据的真实性与一致性。

技术层面，一是目前区块链技术的工作量证明、实用拜占庭容错算法等共识机制与中心化模式相比，效率仍有待提高。二是区块链在多个节点间共享数据的模式对数据隐私保护工作提出了新的挑战。此外，上链信息的真实性及资产状况的验证尚需传统手段进行配合，而链上数据的法律效力虽在部分案例中得到认可，但仍有待相关司法实践活动的持续验证。特别是供应链金融业务涉及多个主体与环节，若产生纠纷则取证与验证存在较大困难。三是目前跨链技术尚未成熟，各链间信息内容与格式尚无统一标准，要实现广域、高频、复杂的连接面临较大挑战，且各机构间存在商业利益和隐私保护等方面的顾虑，跨链交互难以深入推进。

法律层面，一是区块链数字凭证拆分转让的合法性问题。部分观点认为数字凭证应认定为票据，其拆分转让违反《票据法》，另有部分观点则认为其为债权确权凭证，适用《合同法》"债权人可以将合同的权利全部或者部分转让给第三人"的规定。此外，数字凭证交易流转如被认定为支付结算业务，可能符合《中国人民银行办公厅关于进一步加强无证经营支付业务整治工作的通知》对无证经营支付业务的认定标准，缺乏相应资质可能会导致合规风险。二是根据国家互联网信息办公室《个人信息和重要数据出境安全评估办法》要求，境内网络服务提供商运营中收集和产生的个人信息与重要数据应当在境内存储。但由于缺乏对"重要数据"的清晰界定，部分从业机构在面对境外电商保理、国际贸易保理等跨境业务时，为规避潜在的数据外流风险而不得不放弃相关业务。

（二）案例解析[①]：全线上化物联网动产质押融资业务系统

1.建设背景

在传统的动产质押融资业务模式中，银行往往面临欠缺质押物实时仓储数据、缺乏对质押物有效的监管手段等困境，也容易因担心遭受重大损失而退出

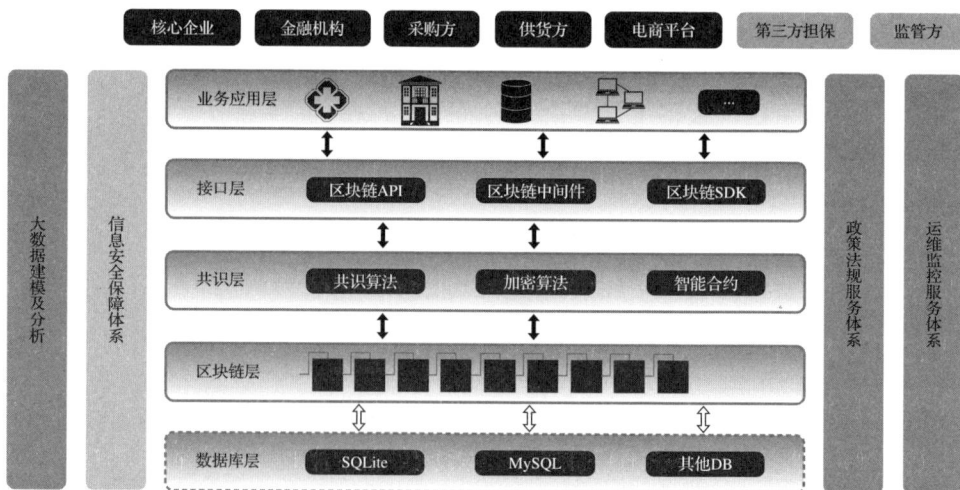

图4　全线上化物联网动产质押融资业务系统应用架构体系

---

① 排名不分先后，以案例支持单位正式名称全拼为序。下同。

此类市场。针对这一情况，江苏银行与无锡某物联网公司合作设计完成基于物联网的动产质押监控系统，旨在实现质押物动态监控以及质押物仓储数据实时同步到银行，同时结合该行现有网贷、供应链、区块链等系统功能，实现了动产质押融资业务的全线上化操作。

首先，通过互联网打通了该物联网公司上线的钢材买卖交易电商平台（以下简称电商平台）与银行端的信息同步通道，使客户能从电商平台发起授信申请。该物联网公司上线了用于撮合钢材生产厂商和购买商的电商平台，在线促成钢材买卖交易的完成，并通过为每件仓储商品（主要商品为不同型号钢材）赋予（在产品或包装上使用标签或数码喷印）一个相当于其身份信息的随机码信息（信息追溯码），将商品在仓库中的位置信息、出入库信息等状态转化为数字信息用于实时监控。江苏银行通过与上述物联网公司合作，利用其对仓库质押物的监控技术，实现对质押物的实时线上监管。

其次，银行端通过行内研发的网贷平台系统，整合了银行内部的信贷风控类系统、押品管理类系统、影像系统、核算平台、区块链等各专业系统的功能模块输出至网银端，完成客户自助借还款、质押物出入库的全流程操作。当客户在电商平台进行钢材交易且需要融资时，可在平台上发起申请融资，平台将交易及融资申请信息推送给江苏银行，由银行完成额度审批，客户可在审批完成后自助通过江苏银行企业网银发起借还款和押品出库等操作。在此过程中，银行不直接将用于购买钢材的贷款支付给客户，而是划转至电商平台开立在该行的账户上，再由电商平台根据采购合同将款项划转给对应的生产厂商。而电商平台从钢厂购得的钢材会以质押方式存储在部署了物联网监控技术的仓库中，进行实时监管。由物联网监控采集的数据会保存到银行部署在物联网公司的区块链节点中，并同步至银行节点。银行端通过网贷系统一方面从物联网获取仓储质押数据，另一方面整合行内各系统的功能模块，打造了融合额度管理、合同管理、影像管理、电子验签、贷款管理、核算管理、押品管理、贷后管理的完整线上化互联网金融平台。同时，客户也能够通过网上银行渠道实现用信申请、放款、还款、质押、解押等环节的全线上化操作。

最后，通过"苏银链"系统同步电商平台传来的仓储信息，并进行数据分析，完成对额度、借还款的风险管控。为提高监管数据透明度与客观性，增强风险管理能力，江苏银行利用区块链技术的隐私保护、难以篡改、可追溯等特性，将动产质押业务贷前贷后管理与区块链结合。通过该项目的实施，确保了从物联网感知设备生成的监测数据到仓库节点服务器产生动产监管事件数据的过程可信，将物流各环节采集的信息，上传到江苏银行利用开源技术研发搭建的区块链平台"苏银链"节点进行上链记录，通过区块链技术难以篡改、可追溯等特性进行安全可信传输，实现质物与贷款一对一对应。

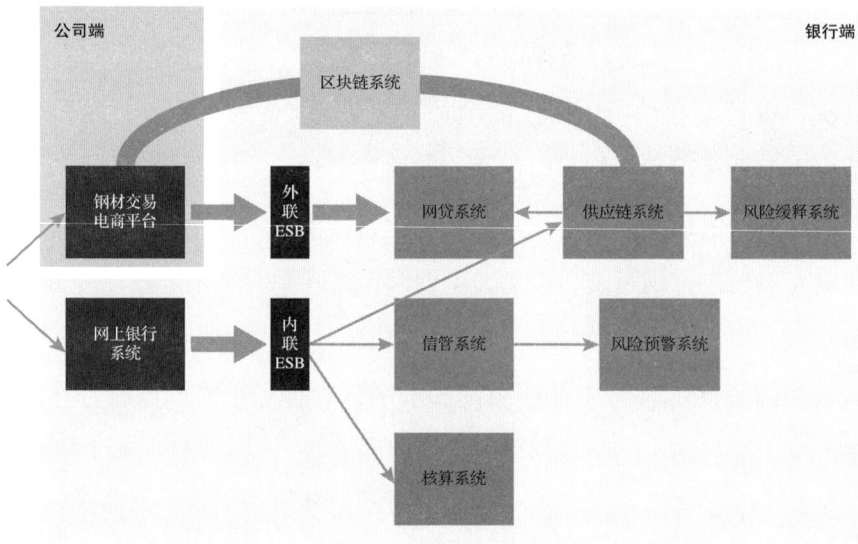

图5　全线上化物联网动产质押融资业务系统应用架构

2. 技术方案

该系统的物理架构分为物联网公司端和银行端两部分，中间通过互联网相连。物联网公司端包括物联网仓储监控数据库和应用层电商平台，主要由物联网公司开发和维护。银行端则分为两部分：一是网银部分，主要负责为客户提供服务前端页面，使客户能够自助办理借款、还款、押品出库、额度查询等业务。二是行内网贷、信管、供应链等系统，负责银行端信贷额度审批，并为网银上客户发起的放款、还款、押品出库、额度计算、风险控制等提供线上化业务。其中，对银行内部主要整合了信管系统、核算系统实现额度管控和贷款管理功能；整合了供应链融资系统、风险缓释系统实现动产押品管理功能；整合影像平台、电子签章实现非结构化数据资料存储和安全认证功能；整合风险预警系统、短信平台实现贷后管理和预警功能。

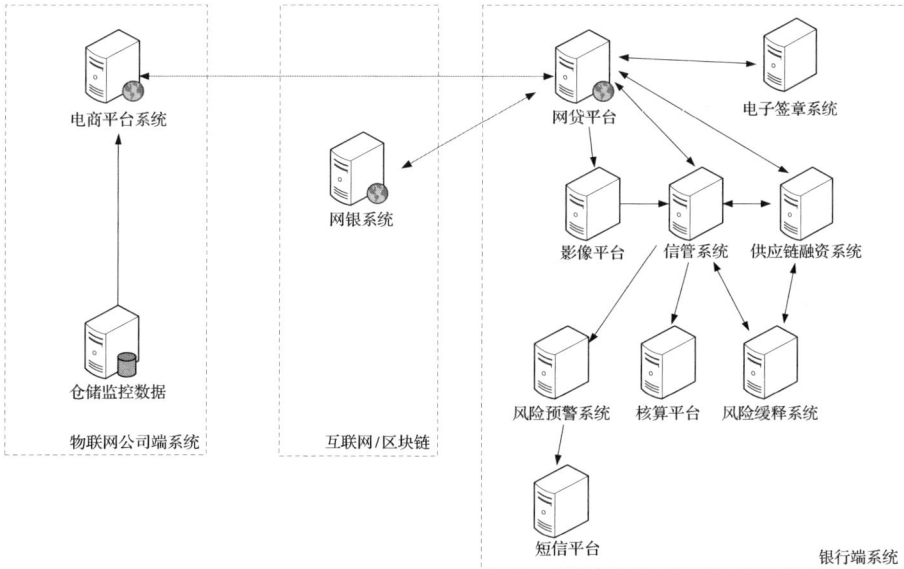

图6 全线上化物联网动产质押融资业务系统物理架构

贷后预警方面，江苏银行与物联网公司均部署了相应的"苏银链"节点。这些节点共同组成区块链共识账簿的基础平台，各合作方的系统通过节点上的服务受理程序接入"苏银链"。其中，江苏银行部署的节点为背书节点（org1peer）和排序节点集群（Kafka集群），合作方部署背书节点（org2peer）。物联网公司将质押物仓库的监控数据通过相关接口实时写入自身"苏银链"节点中，而底层区块链技术会将数据同步到所有链上节点。当江苏银行监控到本地节点数据变化时，会通过接口形成通知发送给行内供应链、信管等系统。比如，当质押物出库时，江苏银行节点会监控到质押物出库信息，并将信息发送给供应链系统，由供应链系统立即对质押物状态进行校验。如果此质押物仍处于质押状态，则会产生告警通知客户经理，从而实现远程监控质押物状态，降低融资业务风险。

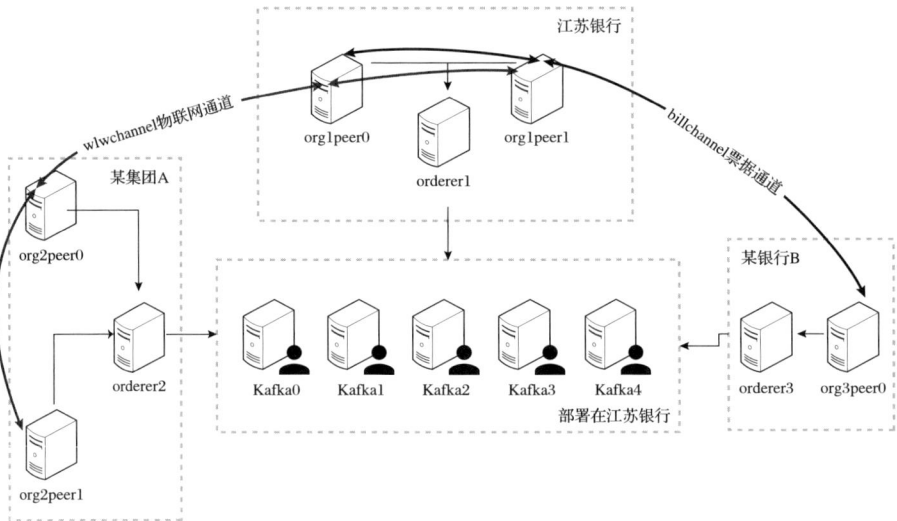

图7　区块链贷后预警功能物理架构

具体而言，贷后预警功能的一般流程为：电商平台使用物联网感知仓库实时监测仓储钢材出入库状态；监测信息传入中央控制系统，形成结构化数据并将出入库信息发送至"苏银链"；银行内部通过网贷调度系统实时从"苏银链"同步质押物出入库状态，并将监测数据发送至后台信贷管理体系类系统和押品管理体系类系统；信贷管理体系类系统通过对贷款余额、状态和质押物数量、状态的比对分析，确定质押物出入库活动是否正常；如发现风险立即通知风险预警系统；风险预警系统根据风险类型生成不同等级的信号，以短信形式通知相关责任人。

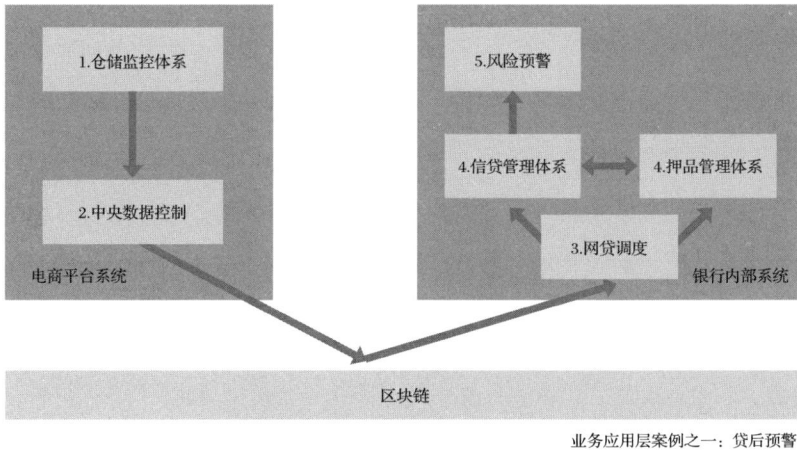

业务应用层案例之一：贷后预警

图8 贷后预警功能应用架构

在开发部署中，江苏银行研究并部署实现了Fabric的多链和多通道技术，将合作物联网公司的数据与其他通道的数据进行隔离，保证了逻辑结构的清晰，维护了不同用户之间数据的保密性。此外，江苏银行还开发了对接外部系统的专用服务API，可用于与该物联网公司的系统进行交互。

3. 实施保障

江苏银行重点关注先进性、安全性、可靠性、成熟化、平台化和可视化等原则，着力提升项目的技术安全。一是先进性原则。紧跟区块链领域技术发展趋势，结合在P2P网络、分布式数据库、密码算法、共识机制等领域的研究成果，系统设计和实现应保持与国内外最新密码技术和软件技术的同步，在安全体系结构设计、软件架构、网络设计以及安全运维等方面均取得了一定成果。二是安全性原则。系统设计考虑可追溯、可审计原则，确保账本登记不可否认；采用访问控制机制，实现登记信息有序开放；采用加密技术和脱敏技术，实现链上敏感信息加密存储或脱敏存储。三是可靠性原则。通过地理上分布的节点实现数据分布存储，保障存储可靠；执行严格的性能测试和稳定性测试，保障系统长时间稳定运行。四是成熟化原则。尽可能地选用已经经过验证、可产品化的技术，保证方案技术可行性，以及最终系统的成熟性，力求在追求先进性的同时，兼顾技术成熟度。五是平台化原则。区块链平台采用模块化设计，基础构成部件可重用、可替换，密码算法、智能合约和数据库存储等关键模块能够实现即插即用，支持应用相关代码能够在平台版本迭代更新后继续重用。同时，平台在应用场景和节点数量上具有可扩展性。六是可视化原则。通过Web UI实现区块链区块和交易信息的可视化展现，实现成员服务、节点服务、智能合约的状态监控。

4. 应用效果

该项目探索了金融与物联网技术结合打造客观信用体系的理念，"动产+物联网"的结合助力实现客观，区块链助力实现可信，全线上化流程助力实现"让数据多跑路，群众少跑腿"的倡议以及更好地服务实体经济的目的。

一是有助于降低实体经济融资成本。该项目针对动产融资费时费力、高成本以及金融业信息不对称、高风险等痛点，将物联网技术与银行金融业务实践相结合，创新物联网金融新业态，研发并成功推出全流程线上化的物联网动产融资产品，帮助客户在线上"一站式"完成借款、提款、还款、质押、解押等全部流程，实现7×24小时随借随还，全流程最快仅需2分钟。其中，银行可通过物联网实时获取企业质押物信息，帮助企业凭借生产、流通中的动产实物获取授信资金，提供灵活多样的贷款方案；企业可以全线上办理信贷业务，实现随借随还，解决生产经营的资金周转需要，降低融资成本。随着采用物联网技术的产品逐步向整个生产流程渗透，银行等金融机构将能够更好地为企业提供全方位的金融服务，有力支持实体经济发展，提升动产金融的商业价值和社会价值。

二是实现质物与贷款一对一对应，较大限度地缓解了传统质物池化的权属风险和质物信息不能及时真实传递的问题。基于多通道"苏银链"平台，江苏银行在现有区块链系统中，使用具有保证的"发布—订阅"模式消息传输通道。利用区块链技术的隐私保护、难以篡改、实时一致等特性，将物联网感知设备生成的监测数据和物流各处理系统版本信息上传到"苏银链"上链记录。当质押物在仓库中的位置发生变化时，物联网会实时将变化信息记录在链，江苏银行通过监控自身节点的区块变化，及时获得质押物出入库信息，并与系统中的质押物贷款信息进行比对，从而实现质押物与贷款一一对应，降低贷后风险。目前，江苏银行正积极推进在其他合作银行部署相应的区块链节点。

（案例提供单位：江苏银行）

（三）案例解析：基于区块链的跨境保理融资授信管理平台

1. 建设背景

随着电子商务的兴起和"一带一路"倡议的推进，大量中小微企业和个体供应商抓住契机，加强与"一带一路"沿线各国的经济技术合作与贸易往来，开拓国际市场，扩大贸易范围。然而，由于跨境电商贸易货运时间长、消费者确认收货时间长，往往导致电商平台的境内供应商通常要承受较长的账期（一般约3个月），给其资金流动性造成较大压力。同时，境内供应商由于营收规模小、财务数据不完备、自身信用不足、缺乏完善的征信记录等原因，难以从银行等金融机构获得贷款资金支持，保理公司逐渐成为境内供应商获取融资的重要渠道之一。

但是，传统跨境保理融资方式面临着一些突出问题，难以充分满足参与各方的需求。一是融资审核效率低。有信息化系统的保理公司需要与境外电商平台对接，获取供应商的订单信息，而没有信息化系统的保理公司需要采用人工方式获取供应商订单信息，且在获取订单之后，还需要核实订单的真实性，成本高、业务开展效率低。二是资金风险难以控制。供应商可能存在使用同一笔订单向多家保理公司申请融资的行为，而由于各保理公司各自记录融资信息，数据相互隔离，无法全面评估供应商信用，难以控制供应商超额融资和多头借贷带来资金风险。三是融资方式不够灵活。传统保理融资的授信额度不支持拆分，只能进行单次融资，部分授信额度会被浪费；与此同时，供应商授信额度不能叠加，不能满足较大额度的融资需求，融资方式不够灵活。鉴于此，联动优势联合保理公司、境外电商平台，共同推出了基于区块链的供应链金融解决方案，即跨境保理融资授信管理平台。

2. 技术方案

区块链是P2P网络、数字加密、身份认证、分布式账本等多个领域的融合技术，具有难以篡改、可溯源等特性，较为适用于多方参与的跨境供应链金融业务场景。基于区块链的跨境保理融资授信管理平台（以下简称平台）采用联动优势研发的区块链底层系统（"优链"），利用区块链数据可信特征，为供应商和保理公司提供融资申请全生命周期管理、融资额度管理等服务，并根据供应商交易和资信等信息，更好地对供应商进行信用评级，为供应商定制合理的优惠利率，提供灵活的金融服务。

平台主要提供四个方面的功能：一是供应商融资状态管理，包括多次融资申请、放款、还款等；二是供应商订单状态管理，包括未结汇订单的信息采集、跨境结算等，已结汇订单的还款和支付等；三是供应商授信额度查询，可根据现有订单状态和融资情况，计算融资授信额度；四是供应商信用数据查询，根据历史订单状态和融资情况，评估信用状态。

平台的一般业务流程为：供应商基于在境外电商平台的订单，向保理公司申请融资；保理公司向跨境支付机构申请订单验证；支付机构从电商平台采集订单信息，并将订单状态写入授信平台的区块链账本中；保理公司从授信平台查询授信额度，根据查询结果确定放款额度，同时将放款情况写入授信平台的区块链账本，完成授信额度的更新；电商平台在到期后发起订单结算，由支付机构完成跨境收结汇；支付机构根据授信平台所记录的融资情况，优先支付给保理公司，完成还款；支付机构将剩余的款项支付给供应商，同时更新授信平台中的订单状态。

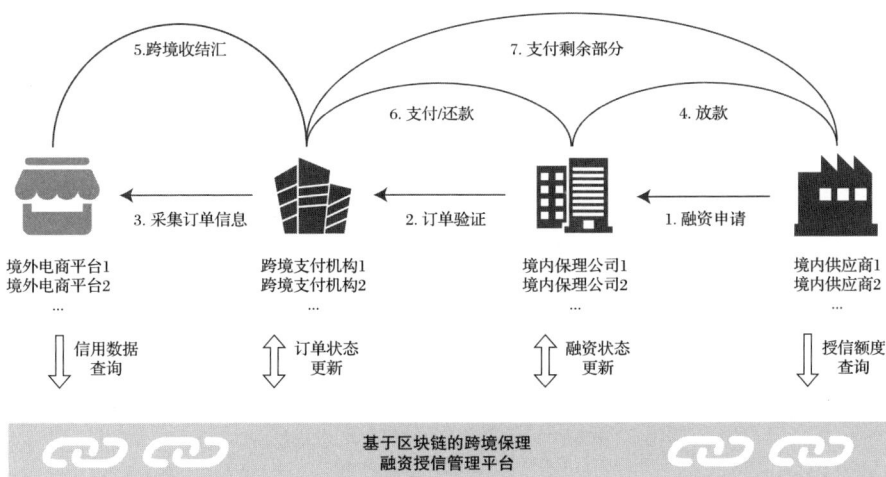

图9 平台业务流程

创新性方面，平台在底层技术、业务模式、服务模式等方面都有所探索。一是引入区块链技术将常规保理业务和跨境支付业务有机地结合，提升数据的真实准确性及可信可靠度。平台基于自主可控的联盟链框架"优链"进行设计开发，通过数字证书进行准入许可，对参与方进行身份认证和授权，确保数据上链前的真实性，并从基于公钥基础设施（PKI）体系、基于区块链的时间证明、基于拜占庭容错共识机制的集体维护等方面，确保数据上链后不被篡改。同时，在数据准确性上，采用"以链上数据为主，以链外数据为辅"的方式，减少了链上、链下的数据不一致的情况，从而降低了业务风险。二是探索更加精确灵活的授信额度控制、调整模式。一方面，授信平台严格控制供应商每次融资额度不超过其总体授信额度。另一方面，授信平台及时根据其订单状态、融资情况、还款情况对授信额度进行精确的调整。例如，当有新订单时，其授信额度自动叠加；当融资完成后，其授信额度自动减少；当还款完成后，其授信额度自动恢复。同时，供应商也可以根据其实际资金需求，进行任意额度的多次融资申请，未使用完的额度可以继续用于下一次融资，确保能充分使用其授信额度；供应商在完成新的订单后，即可获得相应的新增授信额度；供应商在多家电商平台的订单所对应的授信额度还可进行叠加，以满足大额资金需求，融资方式更加灵活。三是重构了保理业务模式和供应商还款模式。对保理公司而言，通过跨境支付公司，可确保订单回款将优先还款给保理公司，有效降低了贷后风险，从而可以为更多的供应商提供融资服务，扩大其放贷业务范围。对供应商而言，通过跨境支付公司，可简化订单回款和融资还款等操作，提高业务效率；通过保理公司，可及时地获得融资服务，提高资金效率。四是提供开放服务平台，通过标准接口对接多家保理公司、支付机构、供应商和电商平台的IT系统。一方面，基于开放标准接口，更容易对接订单和融资的所有相关方，能够更全面地跟踪订单和融资的全生命周期过程，打破了各家公司间的数据孤岛，有效防范供应商利用相同订单进行多头借贷和超额融资，提高了保理公司的风控能力，降低了由于供应商还款能力造成的资金风险。另一方面，在已有数据基础上，提供授信额度查询、信用数据查询等增值服务，帮助供应商能够更方便地使用其授信额度进行融资，帮助境外电商平台更容易地选择良好的供应商。

3. 实施保障

针对应用过程中潜在的风险和问题，平台从金融风险防控、技术安全保障和金融消费者保护三个层面综合布局，预防系统风险和业务风险，确保稳定运行。

金融风险防控方面，一是打通多家保理公司间的数据孤岛，助力防范供应商利用相同订单向多家保理公司申请融资而带来的资金风险。二是依据供应商在多家电商平台的运营数据和多家保理公司的历史融资信息，为参与方提供更加准确和全面的供应商信用评级服务，提高参与方对供应商风险的评估能力。

技术安全保障方面，一是多措并举防范记账节点作恶。采用基于数字证书的准入许可机制防范外部风险。节点需要具有许可的数字证书才能加入区块链网络进行记账，严格界定记账节点范围，防范外部风险；采用基于拜占庭容错共识机制防范内部作恶风险，少数作恶节点难以影响系统共识；采用基于黑名单的节点管理防范节点继续作恶，系统能及时发现作恶的节点并将其加入黑名单，剥夺其记账权限，防止其继续作恶；采用SPoW共识算法防范记账权被垄断的风险，基于数字签名身份认证和基于统计的动态难度调整，有效缓解了现有PoW共识算法面临的"51%算力攻击"和"能耗过高"的问题。二是多管齐下保障数据安全。在数据写入安全方面，"优链"采用联盟链框架，节点需要具有许可的数字证书，经过认证后才能将数据写入区块链。在数据传输安全方面，平台支持对数据进行加密，确保只有交易相关方才能看到具体交易数据；所有对外通信接口，均采用最新的TLS 1.2传输技术，保证数据的安全传输。在数据存储安全方面，区块链的多副本系统使得数据在各个参与方冗余存储，保证了数据的可用性；块链式结构和时间戳特性使得记录的数据难以篡改，保证了数据的真实性；采用多子链结构将账本数据进行隔离，采用脱敏方式将用户信息登记上链，减少隐私数据的传输和泄露。在数据访问安全方面，基于权限最小化原则和可控化原则，对各个级别的数据设置不同的访问权限，以降低数据泄露的风险。三是统筹安排保障网络安全。在避免单点故障方面，区块链是一个分布式系统，记账节点分布在不同的物理环境中，单个记账节点故障不影响整个区块链网络的运行，整体上提升了服务的可用性。在预防异常访问方面，通过前端部署防火墙，将不同安全级别的区域进行划分，并对不同区域的访问进行身份鉴别、访问控制和审计，屏蔽有害流量。在内部网段隔离方面，将核心系统和数据部署在核心网段，与普通业务网段相互隔离，外部系统需要经过授权才能访问，运维人员需要通过堡垒机等网络设备才能对核心系统及数据进行维护。在DDOS攻击防御方面，部署了DDOS攻击防御工具，通过网络服务提供商和防火墙识别异常请求，保证平台服务的正常运行。在监控告警方面，采用可视化的管理监控平台，对区块链所有系统和子模块的运行情况进行一站式图形化监控和及时的多维度告警。

金融消费者保护方面，进行KYC登记，将服务与隐私保护相结合，切实保护金融消费者权益。供应商完成身份登记后才能发起融资申请，避免不法供应商借机实施欺诈等违法行为。供应商信息统一登记在管理平台，关键要素信息脱敏后，登记在区块链上。只有业务相关的各方才能看到融资供应商的信息，非业务相关方可以利用链上的脱敏信息进行验证（仅必要信息），限制节点获取全部交易数据，最大限度地保护供应商隐私。

4. 应用效果

自上线以来，平台已成功帮助各参与方从中受益。一是提高保理公司风险控制效率，降低资金风险。保理公司从授信平台获取供应商的运营数据和订单信息，审核效率提升了3倍，融资审核期限大幅缩短，提高了风控效率。授信平台为保理公司提供了可信的融资额度服务，帮助保理公司获得强有力的风险控制能力，降低了资金风险。自平台运营以来，供应商的还款履约率为100%，保理公司的坏债率维持在最低水平。二是帮助供应商更易获得融资服务，提高业务运营效率。上线后3个月，注册供应商超过3万家，近千家供应商从融资授信管理平台获得融资服务。以供应商A为例，自2019年申请保理融资以来，月均销量由之前的6万美元提高到月均13万美元，增长了116%；订单量由201920单增长到645475单，增长了220%；利润由132.8万元提高到预计447.9万元。三是提高了跨境支付公司的业务规模。供应商贸易的扩展增加了跨境支付的业务规模，一定程度上促进了公司跨境支付业务的发展。四是帮助境外电商加快供应商评估效率，方便其快速拓展供应渠道。随着业务的不断拓展，平台积累了越来越多的信用数据，包括订单数据、收结汇数据、融资数据等，从而可以对供应商企业进行有效的信用评估，帮助电商平台快速筛选相关供应商，拓展其供应渠道，发展跨境贸易业务。目前，平台已经先后接入两家大型境外电子商务平台，帮助其拓展业务渠道，并帮助其优质供应商更好地获得融资服务，促进整个供应链的健康发展，为各参与方业务增长提供了有力支撑。

（案例提供单位：联动优势）

（四）案例解析：基于区块链的供应链金融服务平台

1. 建设背景

作为供应链金融服务末端的中小微企业，已成为我国实体经济发展的重要承载者，但其融资难、融资贵问题仍是经济发展过程中亟待解决的难题。近年来，供应链金融日益被视为中小企业获得融资服务的重要途径之一。同时，区块链、大数据、人工智能等金融科技手段的迅速发展，也为供应链金融发展提供了重要支撑，并在多机构间文件及数据共享、资产准实时清分、有效识别金融欺诈及风险、自动化手段释放人工运营等方面，为供应链金融健康、快速发展提供了可能。

然而，供应链金融在发展的过程中，也面临诸多挑战。一是授信方式局限，中小微企业融资难、融资贵。由于行业基础设施建设不完善，供应链上的中小微企业与银行之间存在信息不对称情况，且中小企业管理不规范、缺少担保抵押物等情况导致银行无法直接对其授信。除了需要核心企业配合外，金融机构提供高质量金融服务的范围通常仅局限于核心企业的一级供应商或经销商，难以触达其二级乃至N级需求，导致供应链上大量中小微企业难以融资。二是融资方式尚不灵活，造成不必要的融资浪费。在真实贸易背景下，中小微企业的融资需求往往碎片化，时常出现紧急融资、小额融资等个性化融资需求，而传统供应链大多是基于整单票据融资，无法满足灵活的融资需求，从而造成融资成本较高。三是产业链信息孤岛，尚无串联打通的有效手段。核心企业与规模小、财务不规范的中小微企业之间，以及企业和银行之间信息不互通。纸质文书在产业实践中占比较高，财务电子化比重偏低，供应链金融自动化程度低。

在此背景下，微众银行研发推出了微众银行供应链金融服务平台。该平台是针对供应链链条各角色作出的设计，以核心企业为中心，以真实贸易背景为基础而设定的应收账款债权融资平台，依托区块链、大数据、云计算、人工智能等新兴金融科技技术与产业经济的深度融合，通过核心企业汇聚1-N层供应商及经销商，引入合作银行等外部金融机构，共同构建及维护完整的线上供应链金融生态圈。

2. 技术方案

微众银行供应链金融服务平台基于供应链上下游真实贸易背景，实现供应链多级链属企业之间应收账款的债权融资，盘活存量资产的同时，缓解链属小微企业融资难、融资贵的窘境。

运行模式方面，微众银行线上供应链金服平台是提供应收账款保理融资和财务管理服务的平台。银行可通过该平台邀请核心企业及供应商，结合线下尽调与线上验证，实现线上关系链创建及维护、线上资产链托收、托付、转让及融资。

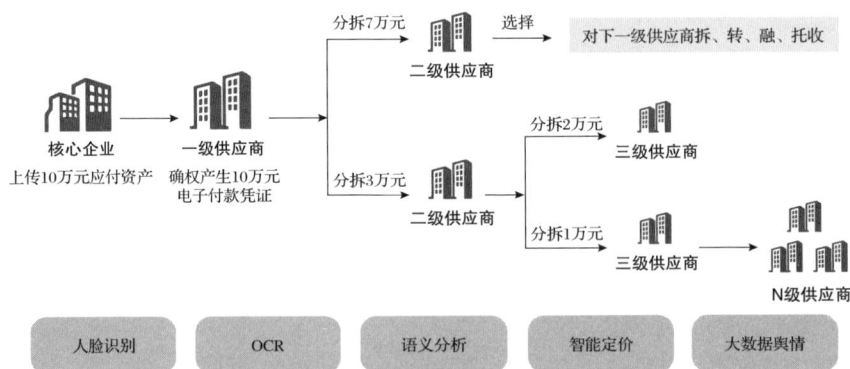

图10 微众银行供应链金融服务平台业务架构

技术方案方面，平台融合了多项金融科技前沿技术，基于FISCO BCOS区块链底层技术打造分布式商业数据共享平台，依托区块链技术防篡改、可追溯、准实时、隐私保护、智能合约等特性，打破多方数据信息孤岛，提升供应链管理效率，实现供应链信息及价值传递，让供应链上各方角色都受益于分布式商业红利。具体而言，平台在区块链技术的基础之上，融合微众银行在人工智能、大数据分析等方面的金融科技优势，提出纯线上供应链金融服务模式；使用区块链技术底层开源平台技术，实现资产准实时清分、尽调信息的保护、跨机构数据的共享；基于活体检测的人脸识别技术，完成企业关键角色在平台线上开户的身份核实；基于大数据分析的智能定价策略模型，有效辅助差异化定价；运用线上大数据舆情技术辅助产品运营及风控，及时甄别企业运营及行业风险，有效辅助风控；通过线上的服务平台与供应链协同电子商务平台、物流仓储管理平台无缝衔接，将供应链企业之间交易所引发的商流、资金流、物流展现在多方共用的网络平台上，实现供应链服务和管理的整体电子化，据此为企业提供全线上、标准、高效、便捷、及时、低运营成本的金融服务；集成成熟的OCR识别及NLP语义分析技术，有效识别贸易背景资料真实性及完整性，降低运营人员工作量。

图11 微众银行供应链金融服务平台价值体现

价值体现方面，平台有助于促进供应链多方互惠共赢。在打造供应链金融服务平台时，微众银行着重解决传统供应链金融核心企业、链属企业（供应商）等各参与方的痛点以及需求。对银行而言，可通过平台连接渠道方以及客户，有效利用其闲置授信额度，而经整合的核心企业和各级供应商信息流可用于降低风险，深度经营核心企业及联合营销其上下游，通过批量获客增强单一客户盈利能力；对核心企业而言，通过平台为其应收账款或应付账款注入流动性，在票据等结算方式之外提供更为简便快捷的结算方式，以改善其财务报表结构，减少财务费用并增加金融收益，提升其参与动力；对供应商等链属企业而言，其通常非常关心应收账款的质量以及账期，尤其是面对强势的核心企业时议价能力更弱，平台可帮助其获取新的按需灵活融资渠道，同时通过纯线上操作获得友好的操作体验。

3. 应用效果

该平台作为金融科技前沿技术助力实现普惠金融创新的探索实践，具有一定的社会效益和经济效益。一是有助于推动金融模式创新。微众银行供应链金融平台改变了以银行为中心的传统金融授信模式，基于区块链技术的供应链金融平台可视为提供应收账款保理融资和财务管理的服务平台。银行通过该平台邀请核心企业及供应商，结合线下尽调与线上验证，实现线上关系链的创建及维护，线上资产链托收、托付、转让及融资。二是有助于推动落实普惠金融，助力中小微企业发展。由于行业基础设施建设有待完善，供应链上的中小微企业与银行之间的信息不对称，且中小微企业的管理不规范、缺少担保抵押物等情况导致银行无法直接对其授信。中小微企业融资难、融资贵的问题一直难以解决。而微众银行供应链金融平台通过引入区块链技术，可基于供应链上下游真实贸易背景，以商业银行保理服务为法律依据，实现了供应链多级链属企业之间应收账款的债权融资，盘活存量资产的同时，解决链属中小微企业融资难题，助力中小微企业快速发展。三是有助于提升企业融资效率，降低融资成本。传统的核心企业与中小微企业之间，以及企业和银行之间信息互通不足，纸质文书在实践中占比较高，财务电子化比重偏低。而且中小微企业的融资需求往往碎片化，时常出现紧急融资、小额融资等个性化需求。传统供应链金融往往是基于整单票据融资，既不能满足中小微企业的快速融资需求，融资成本又较高。通过微众银行供应链金融平台，金融机构可以通过线上关系链的校验，快速获取企业相关凭证信息，快速授信，快速放款，提升企业融资效率，降低企业融资成本。

微众银行供应链金融服务平台将各参与方有机连接，共同打造供应链生态圈，通过区块链技术打通核心企业、渠道方、出资方的信息壁垒，实现多机构间文件实时互传，从而使应收账款的生成、确认和登记的时间从之前的7天缩减为最快1天之内完成。平台正式发布一周内即成功接入400多家供应商，实现近300笔融资，融资放款达2亿元。

（案例提供单位：微众银行）

二、贸易金融

（一）贸易金融领域区块链应用概述

根据《中国银行业贸易金融业务自律规范指引》的定义，贸易金融业务是银行在交易双方债权债务关系的基础上，为国内或跨境的商品和服务贸易提供的贯穿贸易活动全过程的金融服务的总称，其内涵包括贸易结算、贸易融资、信用担保、保值避险等服务。

现阶段，贸易金融与供应链金融存在许多相似之处。比如，二者主要的融资模式都可分为应收账款融资、预付款融资、存货融资三类。与此同时，二者也存在一些较为明显的差异。比如，贸易融资的偶发性较强，主要用于促进缺乏信任关系的交易主体完成交易，而供应链金融涉及的交易主体以具有相对稳定交易关系的供应链上下游企业为主；在贸易金融中，由于交易双方缺乏信任，银行等金融机构往往因可发挥信任中介作用而处于主导地位，而在供应链金融中，对供应链上下游信息掌握能力较强的核心企业则可能处于相对强势的地位。

1. 贸易金融领域区块链应用实践现状

监管部门、商业银行或商业银行组成的联盟在探索贸易金融领域区块链应用方面较为积极。比如，2018年6月，人民银行数字货币研究所和人民银行深圳市中心支行牵头发起、建设了基于区块链技术的贸易金融平台，2019年3月，国家外汇管理局成立了跨境业务区块链服务平台。在中国互联网金融协会调研的112个项目中，有10个项目涉及贸易金融场景，占比8.9%。其中，5个项目的实施主体是银行，另有4个项目由监管部门等政府机构主导（由金融科技公司提供技术支持）。

区块链可在巩固信任关系、促进多方协作、提高业务效率、加强隐私保护、提升监管效能等方面发挥积极作用。一是有助于增强信息可信度。区块链在贸易金融场景中的应用，有助于促进业务信息及材料电子化，缓解传统贸易金融业务过于依赖纸质材料的问题，减少线下材料传递成本，同时其难以篡改的特性可结合数字签名等技术用于信息存证，巩固各参与方间的信任关系，简化材料真实性审核流程。二是有助于促进多方协作。区块链P2P网络、分布式存储、多方共识等技术安排，有助于在一定程度上打破信息孤岛，减少各参与主体间的无效摩擦，促进交易环节一致化，提升参与主体相互协作的意愿和能力。三是有助于提高业务效率。相比于线下方式，区块链可提高信息流转效率，而通过智能合约组件，可预封装业务规则，促进交易自动化执行，缩短交易等待时间。四是有助于加强隐私保护。区块链结合身份认证、权限管理等机制安排，可实现相关信息仅对经授权参与方可见，从而更有效地控制涉密信息传播范围。五是有助于提升监管效能。基于链上信息近实时同步的特性，通过引入监管节点，可提高监管部门获取业务信息的及时性，促进事前事中监管以及事后追溯。

2. 贸易金融领域区块链应用面临的问题与挑战

业务层面，一是业务开展面临信息共享和隐私保护的权衡取舍。当前，许多区块链系统仅允许链上信息对相关参与主体可见，面对不同区块链甚至同一区块链的不同分链，仍需设计必要的信息共享及数据安全融合应用机制，以更好地避免个别参与主体重复融资等问题。二是部分业务核心问题无法单纯依靠区块链解决。区块链仅能实现链上信息难以篡改，对于单证造假、虚假交易等贸易真实性方面的问题仍缺乏有效的解决方案。三是成员管理较为困难。贸易金融业务具有较强的偶发性，导致新的业务参与主体加入、退出具有一定随机性，对区块链成员管理能力提出了更高要求。

技术层面，一是系统建设成本有待进一步降低。当前阶段，区块链系统的许多功能可依托传统中心化系统实现，或存在性价比更高的传统分布式数据库和数字签名技术相结合的替代方案。区块链技术的大规模应用和普及，仍需持续优化技术方案、降低建设成本，减少各参与方转换系统时需要承担的成本。二是标准化程度有待进一步提高。当前，贸易金融领域缺少权威的区块链应用标准，在数据模型、安全要求、业务流程等方面还需进一步引导规范。

法律层面，现行制度仍主要是针对传统的线下交易模式而设计，对信息、交易上链引发的风险处置及其监管依据尚存在一定模糊地带，相关纠纷解决也缺少可供借鉴的先例。此外，基于区块链的贸易金融系统具有一定基础设施属性，其信息安全相关的法律规范也需要重点关注。

（二）案例解析：区块链贸易金融服务平台

1. 建设背景

我国贸易金融业务长期依赖SWIFT体系进行信息交互，面临全英文操作环境难以适应实际业务需求等痛点。同时，跨行国内信用证、福费廷二级市场等业务仍在通过邮寄、电话、邮件等方式进行交互，且业务标准不统一，限制了银行对贸易金融业务的综合管理和风险防控能力。

其中，银行间的国内信用证业务均采用传统的信开和邮寄交单方式，并需要同时发送SWIFT加押电进行确认，效率较低，安全性不高。客户只能查询到开户行内的业务进展情况，无法了解交易对手方银行的处理进度，透明度较差。同时，银行也缺乏足够的手段核实业务的贸易背景真实性，难以防范发票、第三方单据等纸质凭证重复使用、造假的风险。

传统的福费廷二级市场询价、报价业务基本依赖电话、微信、邮件等方式，沟通效率低，缺乏统一的报价渠道，资产买卖达成周期长，容易受地域、时间、客户关系等因素的影响，且交流沟通过程不透明，基础交易背景真实性存在风险，对开证行的贸易背景调查能力要求较高。此外，达成意向后，福费廷转让违约成本低，没有建立有效的信用市场。

2. 技术方案

民生银行联合中国银行、中信银行开发了基于区块链的贸易金融服务平台，将区块链应用于贸易金融领域。平台启动建设前，民生银行、中国银行、中信银行组建了跨机构联合业务开发小组，对区块链在贸易金融领域应用进行了可行性调研分析，并多次与三家机构一线业务人员研讨沟通。研究发现，将区块链技术应用于信用证、福费廷业务，可有效增强信息传输安全性、提高交易效率、降低交易成本。以福费廷二级市场交易为例，区块链技术的作用主要体现在以下四个方面。一是缓解电话、邮件、微信等传统信息发布渠道交易信息失真难题。通过密钥身份认证、资产核心要素验证、智能信用评级等方式，区块链可增强资产信息的真实、唯一和有效性，有利于规范交易、稳定市场价格、便利化操作和节约交易成本。二是缓解价格撮合与资产转让脱节难题。区块链的实时传输特性，可有效缓解意向达成后的交易拖延，从而缩减交易成本、提高融资效率。三是缓解多主体交易标准不统一难题。区块链可通过智能合约、共识机制、分布式数据库等高度一致化核心交易环节，降低多交易主体之间在文本、要素、流程匹配方面的"无效摩擦"。四是缓解交易操作人员工作量繁复且保密成本较高等难题。区块链可通过智能合约技术实现部分业务流程的自动化处理，缓解操作人员工作压力，并依托动态加密等技术安排，更好地控制涉密信息传播范围。

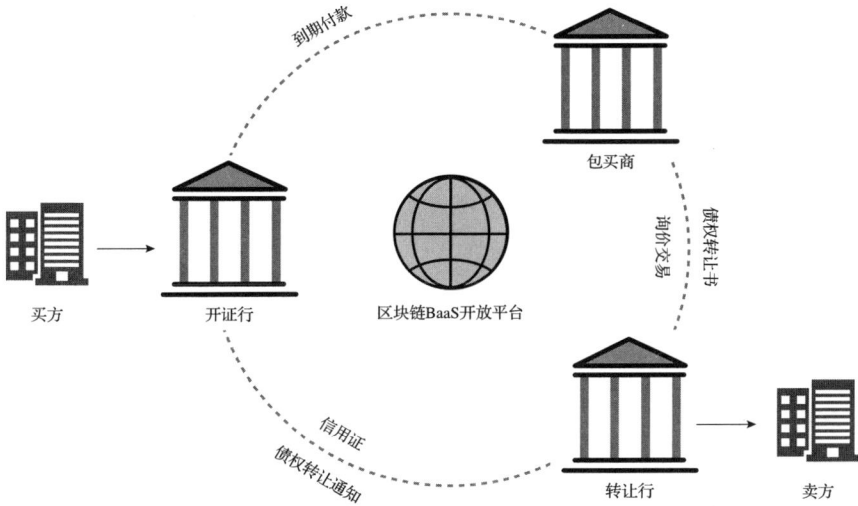

图12　区块链贸易金融服务平台

平台旨在搭建基于区块链的跨机构贸易金融服务平台，通过建立平等、共享、共同合作开发的区块链联盟并将国内信用证相关信息实时传输上链，推动国内信用证电开方式发展，提高结算实时性。同时，通过将银行和买卖方连成网络，使得开证、通知、交单、承兑、付款的过程更加透明、可追踪，尽可能地规避错误和欺诈风险。

具体而言，平台可分为区块链系统应用端、区块链系统前置、区块链平台三个模块。其中，区块链系统应用端模块用于实现统一接入区块链的数据准备，是业务发布、查询、管理入口，采用统一工作流设计，降低沟通成本；区块链系统前置模块用于实现应用端模块与区块链平台的交易链接，具有上链、下链的业务数据加解密、交易缓冲管理、事件监听、事件注册等功能；区块链平台模块则基于超级账本（Hyperledger Fabric）进行定制开发并开放给各合作成员，同时联盟内部保持最底层的通信协议、加密机制等基础环境一致。

该平台主要有三个技术特点。一是安全性方面。节点间采用统一的公钥基础设施（PKI）机制完成加密、验证，缓解成员间的信任和责任问题。同时，节点间的数据通信和数据存储支持国密算法进行强加密，进一步防止数据泄露。二是加密技术方面。为保障业务数据在区块链全共享账本信息中的数据隔离，平台采用交易信息的动态加密技术，保证只有业务参与方才能解密业务信息。三是自主性方面。平台在研发过程中引入了开源技术，具有较高的开放性和标准化程度，并在用户体验方面进行了部分改进，支持中文操作以及根据国内业务特性开展针对性设计，在国内信用证结算和福费廷二级市场交易中可在一定程度上替代SWIFT，构建安全可控的国内信用证交换和福费廷交易信息交换体系。

3. 实施保障

平台建成后，联盟链各机构合作方根据技术发展完善情况，不断采取措施防御计算机病毒、网络入侵和攻击破坏等危害网络安全的事项或行为。平台服务在发生故障期间，将采用本地账本副本及手工线下处理方式保证业务的连续性。

此外，平台项目组还制订了服务中断应急计划，包括对交易情况、网络连接状态的定期检查；建立应急工作小组，如发现服务中断情况，则通过微信群、短信等进行实时通知；安排专职人员24小时值班巡检，在发现服务中断情况时首先按应急处理手册尝试修复，并在不能修复时及时向上一级领导反馈等。

在平台投产演练、生产运维过程中，项目组根据系统运行真实情况建立了系统平稳运行保障方案，撰写了《基于区块链的贸易金融服务平台—系统用户使用手册》《基于区块链的贸易金融服务平台——交易用户使用手册》《基于区块链的贸易金融服务平台——上线操作步骤》等过程文档。

同时，为保障平台的健壮性和稳定性，项目组定期对平台进行安全巡检，查看库表、磁盘等使用空间，并接入行内的日志监控平台、数据库状态监控平台，对异常事件及时报警通知。平台支持日志分级存储，日志按日期、等级分文件存储，方便运维对日志文件进行管理；支持区块归档，能够定时对历史区块进行归档，以压缩不停增长的区块文件，且归档数据仍然可被查询；支持节点动态增加，可以动态增加peer节点，且在扩充联盟成员数量时无须全网停机维护，业务交易不会被打断；支持全局状态展示，提供全局状态查询接口，可展示区块链底层数据库结构。

通过综合采用上述措施，可有力地保障系统的平稳运行。目前，系统运行稳定，性能良好，可提供7×24小时服务，系统可用率99.99%以上，平均TPS为1968，最大交易延迟为8.36秒。

4. 应用效果

2017年7月，基于区块链的国内信用证信息传输系统上线，成为国内银行业信用证结算领域的区块链技术探索性应用，在一定程度上改变了银行传统信用证业务模式。通过该系统实施信用证的开立、通知、交单、承兑、付款等各个环节业务，缩短了信用证及单据传输时间，报文传输效率可达秒级，提高了信用证业务的处理效率。同时，利用区块链的防篡改特性，系统也提高了信用证业务的安全性。截至2019年1月，区块链国内信用证系统已接入民生银行、中信银行等金融机构，链上发生业务量超过70亿元。2018年9月，基于分布式架构的区块链福费廷交易平台上线，并于当日完成首笔跨行资产交易。截至2019年12月，平台已有19家银行加入，累计交易金额近千亿元。

（案例提供单位：民生银行）

（三）案例解析：U链福费廷业务系统

1. 建设背景

近年来，我国银行业大力发展贸易金融业务。其中，福费廷业务获得许多银行的青睐，迅速取代了传统出口押汇和国内信用证卖方押汇/议付的市场地位。一般情况下，在福费廷业务中，卖方银行会在信用证项下买断受益人对开证行的债权，自行持有或在二级市场进行转卖。因为有开证行的承兑或承付，所以对买入福费廷的银行来说属于低风险业务。

但是，随着我国经济增速放缓并进入"三期叠加"阶段，福费廷业务的风险隐患日益显现，特别是在涉及司法纠纷时，其法律适用的不确定性可在一定程度上影响银行资产安全，潜在风险需充分关注。尤其是近年来，企业伪造虚假贸易背景的手段日益隐蔽，不乏部分企业借贸易融资之名骗取银行融资进行投机。近期，我国经济面临一定的下行压力，部分大宗商品价格波动较大，贸易背景真实性风险积聚，部分企业资金链紧绷甚至断裂，加之业务本身存在痛点，福费廷融资的风险转移功能难以完全发挥。一是交易多方互信成本偏高。福费廷业务交易多方各自相互独立且信息不透明，为保证互信需进行多次握手确认，业务流程复杂。二是福费廷的票据审核复杂且需重复审单。在一级市场，开证行会对福费廷相关票据进行审核；在二级市场，对于每次债权的让渡，福费廷包买行都需对相关票据进行重复审核。三是工作效率低下，存在潜在风险。跨部门、跨机构协同目前缺乏有效的协同手段及渠道，更多通过线下沟通、材料投递及审核完成。在此背景下，建设专门的、基于新技术的国内信用证福费廷业务平台尤显迫切而重要。

2. 技术方案

邮储银行以企业级开源区块链平台超级账本（Hyperledger Fabric）为基础，采用Fabric提供的kafaka排序作为共识机制，并结合J2EE应用框架，开发了包括共享账本、智能合约、隐私保护和共识机制在内的U链福费廷业务系统，实现信用证从开具到承兑全流程链上跟踪，并建立了"福费廷区块链系统交易市场"以有效撮合金融机构间的交易。

具体而言，U链福费廷业务系统主要通过区块链技术实现五个方面的功能。一是业务信息及材料的电子化。信用证及福费廷业务涉及诸多单证的开具及审核，其中，信用证相关材料、运输单据、贸易合同、发票等单证目前主要在线下开具后以纸质或者扫描方式完成处理。构建区块链系统，可同步实现票据电子化，减少线下材料邮寄或者交单的成本。二是业务信息的跨机构、跨部门共享。信用证及福费廷业务涉及开证行、通知行、议付行、转卖行、包买行等多个机构，业务开展需进行跨机构协同，而且即使在同一个机构中，不同环节的业务操作（如包买行的审单和放款）往往也需要跨部门合作。基于区块链的共享账本可促进链上各机构以及单个机构内的各部门之间实现信息共享，提升业务协同效率。三是业务的安全及隐私保护。区块链对于信息安全和隐私保护的支持，可确保只有经过授权的机构及用户才能查看账本信息或对账本进行相关操作，账本信息难以篡改、删除和替换，且每个机构及用户的操作可追溯。四是业务"背书"支持。信用证及福费廷业务审单流程较长且存在一定的信用风险，现有业务模式对债权历史交易信息缺乏有效的背书支持，导致每一次债权让渡都需要包买银行重新审单。基于区块链的共享账本存储了交易历史信息，可由参与历史交易的各方提供天然背书支持，同时共识技术使得每次交易都可由业务相关方提供背书支持，从而有效降低业务信用风险，提高业务效率。五是自动化决策支持。基于区块链系统的智能合约组件，可将业务验证规则进行预封装，并在福费廷的业务审批发生时，提供自动化校验结果以支持相应决策（比如，合同、信用证及关联单据、承兑电文的交叉校验及一致性检查支持），提升业务审批准确率和风险预警能力。

3. 实施保障

风险管理及安全机制方面。一是采用用户登录控制。为更好地保护用户密码安全，系统设计了密码错误机制，可分情况冻结账号，防止恶意攻击；对过于简单的密码会强制要求修改，并设置了三个月未修改密码的安全提醒。二是采用角色控制。系统对所有用户进行了统一的角色划分，每种角色都分配了对应其权限的功能组合。每个用户都拥有确定的角色，可根据自身所属角色得到权限范围内的功能菜单，且不同角色的客户权限严格分开。角色的划分以及角色对应功能的分配都可由系统管理员在后台内容管理系统内灵活定制。三是进行数据加密。系统对用户提交的核心业务数据使用RSA非对称加密提交，在服务器端对数据进行解密和校验，防止核心业务数据、敏感数据暴露。四是采用数据防篡改措施。系统对用户提交的核心业务数据做哈希摘要，并将摘要结果提交到服务器端，由服务器端对业务数据和摘要信息进行校验，防止业务数据被篡改。

消费者权益保护方面。邮储银行将遵循平等互利原则与其他使用该系统的机构签订服务协议，明确规定双方的权利、义务以及违约责任，以保障消费者的合法权益。

4. 应用效果

U链福费廷业务系统打通了信用证的一、二级市场，实现从信用证至福费廷业务的信息共享，并利用区块链的身份认证和分布式账本技术特性，经链上交易较多一方的认可为业务提供增信、降低业务风险。此外，该系统还可通过联盟链实现业务回溯、私钥筛选资料可见性、共识机制背书信息安全、线上传输优化流程时效、分布账本提高安全边际等目标。

总体而言，U链福费廷业务系统实现了福费廷业务处理流程的衔接与优化，提高了一级市场的业务审单效率，有助于减少人工误判，为业务提供增信，降低业务风险。该系统已于2018年9月上线。目前，系统已实现信用证从开具到承兑的全流程链上跟踪，并搭建了"福费廷区块链系统交易市场"，使得交易双方无须线下协调即可在线上交易市场发布收证意向及包买意向，便于撮合交易。此外，系统还建立了基于区块链的让渡报文通知模式，与SWIFT让渡报文模式并行。

（案例提供单位：中国邮政储蓄银行）

三、保险科技

（一）保险领域区块链应用概述

在我国保险领域，传统业务模式往往存在以下痛点。一是保险销售、承保、合规、理赔等流程主要依赖人工，保险公司运营成本较高。二是我国保险营销以代理人模式为主，渠道费用居高不下，不仅增加了投保人的负担，还制约了保险公司的盈利能力。三是数据收集和利用效率较低、信息重复输入、机构间信息不透明，而保险公司因对数据掌握有限，只能通过精算针对同一种保险统一定价，产品同质化较为严重，而且难以识别骗保风险。目前，区块链在我国保险科技领域已有部分探索应用，并在优化业务流程、降低运营成本、提升协同效率等方面发挥了积极作用。

1.保险领域区块链应用实践现状和特点

当前，区块链在我国保险领域已有部分探索应用，且仍有较大提升空间。根据国家互联网信息办公室区块链信息服务备案数据，服务类型涉及保险的共有7个，约占金融领域备案数的3%。在中国互联网金融协会调研的112个项目中，有10个项目涉及保险科技场景，约占8.9%。而根据麦肯锡2017年的调查，国外区块链在保险领域的应用约占应用案例的四分之一。

区块链可在缓解保险行业部分业务痛点方面发挥一定积极作用。区块链的分布式结构，有助于保险公司与投保个体实现自主连接，减少中介费用。区块链分布式、多方维护、难以篡改等特点可用于各节点数据多维度交叉验证，结合时间戳形成链式数据，有助于风险识别，缩减对账流程，提高运营效率。通过联通公安、政务等外部数据，打破数据孤岛，区块链可用于联盟链上多机构高效率客户身份识别以及货物所有权和状态验证。区块链的数字签名和可追溯性可提高投保人信息记录可信度，有助于防范保险欺诈和多重索赔风险。智能合约可实现合同规则代码化，有助于促进保险合同承保和赔付等流程的自动化处理，降低运营成本和出错概率。区块链信息分布式存储和非对称加密等技术安排可在保护隐私的前提下，提高信息共享程度，以可控方式使数据为再保险公司或其他主体使用，进而释放更大的数据价值。

区块链在保险领域的应用仍处于早期探索阶段，主要聚焦于借助其难以篡改性发挥存证作用。从中国互联网金融协会的调研情况看，70%的区块链保险领域应用案例主要侧重于发挥区块链信息存证溯源等作用，用于减少信息重复录入及反复沟通确认，从而提高业务效率。而麦肯锡相关研究显示，区块链可用于保险行业产品设计、销售渠道、理赔、反欺诈等多个环节。未来，区块链有望在我国保险领域的新保险产品开发、服务延伸、提高业务透明度、降低成本等方面发挥更大作用。

2. 保险领域区块链应用面临的问题与挑战

业务层面，一是区块链难以解决保险行业固有的"道德风险"和"逆向选择"难题。投保人、承保人和中介机构缺乏信任，单纯依靠区块链技术难以建立信任关系，还需要依靠其他机制建设。二是区块链在保险行业的应用需综合考虑解决方案的作用效果和实施成本。目前，区块链在保险领域的运用尚不深入，甚至部分机构对区块链的应用探索主要出于商业宣传目的，其具体应用效果与成本投入的对比难以衡量。

技术层面，一是技术安全方面，区块链技术尚未完全成熟，在智能合约、共识算法等方面的安全性有待进一步提高。针对相关漏洞的攻击时有发生，且已造成一定经济损失。二是区块链应用在实施过程中可能会存在私钥管理不善、密码管理疏漏等风险，从而威胁区块链信息安全。三是保险行业目前缺乏可行的区块链应用业务和技术标准，导致不同保险公司业务协作难度高，难以实现区块链技术的大规模运用。

法律层面，一是区块链在保险领域的应用尚未建立完善的法律和监管框架。比如，对保险积分等方面法律规范存在一定的模糊地带，导致保险公司更倾向于试点，对区块链运用较浅，不利于区块链在保险领域更深层次的创新。二是保险业务数据种类繁多，涉及保单数据、客户数据等，对数据安全要求较高，而目前业内对上传文件及数据合法性、可上链数据类型等问题尚未形成共识。

（二）案例解析：基于区块链的供应链金融信用险系统

1. 建设背景

中小企业在我国国民经济中占据着重要地位，并凭借其灵活的运行机制和市场应变能力，日益成为推动我国经济发展的重要力量，在推动创新、增加税收、吸纳就业、改善民生等方面发挥着不可替代的作用。然而，由于我国资本市场结构性问题、中小企业自身短板以及部分传统金融机构设有一些隐形壁垒，我国中小企业通常面临较为突出的融资难、融资贵问题，在制约其发展的同时也不利于我国经济平稳健康地运行。以贸易融资中应收账款融资为例，中国中小企业协会相关数据显示，2018年全国应收账款融资需求超过13万亿元，仅有1万亿元融资需求得以满足，且主要由大银行服务超大型核心企业的一级上游供应商，而处于供应链长尾端的中小企业有近12万亿元的融资缺口。

破解民营企业融资难、融资贵问题，为民营企业解困，是激发市场活力、促进创新创业、推动高质量发展的重要举措。供应链金融在一定程度弥补了中小企业融资服务结构上的缺失。2017年10月，国务院办公厅发布《关于积极推进供应链创新与应用的指导意见》，鼓励商业银行、供应链核心企业等建立供应链金融服务平台，为供应链上下游中小微企业提供高效便捷的融资渠道。

2019年7月9日，银保监会发布《中国银保监会办公厅关于推动供应链金融服务实体经济的指导意见》，提出银行保险机构应依托供应链核心企业，基于核心企业与上下游链条企业之间的真实交易，整合物流、信息流、资金流等各类信息，为供应链上下游链条企业提供融资、结算、现金管理等一揽子综合金融服务。区块链具有信息难篡改、可追溯等技术特点，可帮助缓解供应链金融真实性证明困难、操作成本高等不足，众多市场机构积极开展区块链在供应链金融领域的应用探索，引发监管部门和从业机构的广泛关注。

而信用保险可为供应链金融服务实体经济、提供风险分担和融资增信措施，为有效解决当前企业融资困境提供了一条新思路。保险业虽然经历了新时代信息化的洗礼，但各个保险公司、机构组织之间不能形成互信，难以通过有价值的信息交流防范欺诈和恶意骗保。同时，由于各相关公司间缺乏信任而导致信息交流不通畅，使得保险公司对市场反馈响应速度慢，难以充分适应当今快速变革的社会形势。具体而言，传统信用险业务所面临的挑战和问题主要体现在三个方面。一是诸多公司之间难以形成互信，缺少信息流通中保障安全访问的有效机制。二是整个保险业务过程完全依赖人的操作，缺少自动触发和智能控制，不仅响应速度慢，而且很难杜绝人为的操作错误、行为疏漏，甚至是恶意篡改。三是实际生活中，信用险业务很难做到既信息公开又保护隐私，也难以保证信息收集的准确性。

在此背景下，爱心人寿旗下爱心保险经纪，基于杭州趣链科技有限公司提供的区块链技术，运用信用保险手段控制风险及增信融资的模式，围绕破局中小企业融资难问题进行探索。

2. 技术方案

区块链是一种新型的分布式和可信任的协议。在技术上，区块链是基于密码学原理的、高度安全的分布式记账数据库，同时利用加密算法以链的方式将各类交易数据进行分布式记录和分布式存储。区块链的数据库账本保证了数据的安全稳定、透明可靠，并且通过链上代码的方式，在分布式前提下实现合约自动执行。

区块链技术下的每个节点都是平等参与的，可将商流、信息流、物流、资金流整合上链，减少金融领域中的资产登记、流通、交易、保理、承保、质押、转让环节，节省共享凭证、审核凭证、审核交易等成本，同时保障了数据的安全性、提高了业务数据的透明性、降低了各方的参与门槛，避免了由于信息不对称、交易虚假、信用缺失等给企业经营环境带来的危害。信用险系统引入区块链技术以后，基于区块链技术的分布式架构、P2P网络、共享机制、智能合约引擎、多级加密机制以及数据管理等技术特性，能够提高保险业务的实时性和效率性，同时让整个信用险各个业务环节更加透明，降低由于信息不对称带来的信任风险，优化信用险业务流程，还可实现更完善的监管，降低运营成本和IT方面的投入成本。通过运用区块链技术，信用险能够为中小微企业增信融资构建一体化解决方案，为企业供应链金融保驾护航，为产业转型提升提供可靠的操作策略，为区域经济拓展至全球打通路径。

概括来说，基于区块链的供应链金融信用险系统，保障了数据的安全性、提高了业务数据的透明性、降低了各方的参与门槛，且具有降低整个产业的融资成本、有效挖掘优质资产、实现穿透式监管、凸显"产业互联网+企业自金融"的切实发展、促进共享经济发展、简化业务流程等应用优势。

3. 应用效果

基于区块链的供应链金融信用险系统，可在传统的供应链金融业务中引入信用险，并在交易的过程中通过信用险定价企业信用风险，达到缓释风险和标准化企业信用的功能。同时，还可利用区块链技术实现每笔交易真实、可见、不可逆，切实加强企业信用的建设，助力实现供应链金融体系信用的层层穿透，最终缓解中小企业融资难困境。相信在国家科技兴国战略指引下，以区块链技术为代表的科技创新为保险行业赋能，能够充分发挥保险金融服务功能，更好地推动地区经济持续健康发展。

（案例提供单位：趣链科技）

（三）案例解析：再保险区块链平台

1. 建设背景

在现阶段的再保险交易中，由于保单数据、理赔数据由直保公司掌握，再保险公司难以为获取再保险合同中的逐单原始信息。此外，再保险合同的签订多以邮件往来，高度依赖人工反复沟通协调，且相关交易多为手工统计。受信息不对称和交易环节信息化水平低的双重因素影响，再保险交易合同纠纷频发，导致出现出险后回溯机制不畅、理赔难等问题，降低了再保险业务交易双方的成交信心，增加了交易成本，严重妨碍了再保险市场的健康发展。

再保险公司与直保公司交易中的风险集中在以下几个业务环节：一是核保环节。再保险业务核保过程中主要以人工统计为主，再保险合约业务、临分业务之间造成再保险人累积责任计算问题，不同分出公司合约业务、临分业务之间的交叉造成再保险累积责任计算，核保存在信息失真风险。二是记账环节。再保险记账过程中，流程冗长，效率较低。临分再保险业务存在大量分出人、再保险人多头重复录入数据、多次核对业务信息、账务交叉复核、财务对账等冗长的过程，其间效率低下，错误频出，运营成本较高，记账存在真实性风险。三是理赔环节。再保险理赔流程涉及的客户、经纪商、再保险公司之间的数据流量很大，多数据条目核对流程复杂，索赔处理流程漫长，理赔控制困难，成本较高，理赔存在道德风险。四是风控环节。对于再保险业务风控，尤其是巨灾累积责任方面，目前再保险公司只能通过一定模型进行估算，与实际情况存在偏差和时滞，无法实时了解公司的巨灾责任累积情况。再保险日常业务中，交易虽不如银行和证券那样频繁，但对可信数据的依赖和需求却更加强烈。

区块链技术是采用分布式数据库识别、传播和记载信息的智能化对等网络提供了一个共识主动性参与机制，以完全分散和分布式的方式，实现大规模的系统合作。区块链具有分布式、开放性、独立性、安全性和匿名性等特征，能够有效缓解现有再保险业务流程中的问题。为消除当前再保险业务中存在的信息不对称，同时提升整个再保险交易领域的信息化水平，由上海市银保监局牵头，众安科技提供数据存储加密、数据传输加密和许可型授权的区块链解决方案，多家直保机构、再保机构共同参与打造了再保险区块链平台，致力于让再保险流程透明化、自动化，并可整合成统一的多链交易生态系统。

2. 技术方案

再保险区块链平台设计的目的是利用区块链分布式理念，以点对点传输方式，通过分布式记账、智能合约执行和全节点公证，实现再保险行业日常业务交易。再保险区块链平台的参与方主要由交易主体、平台运营主体和监管主体等各类型主体构成，采用"一区、双块、多链、全程"的设计思路。其中，"一区"是指再保险交易的分布式系统，所有再保险业务主体都将运行在同一区块链底层并以节点的形式形成一个区块链联盟，联盟内所有数据传输、交易以及各机构本地化存储方式都以统一规范准则与技术框架进行，保障了联盟内交易的便捷性。"双块"是指在再保险核心数据和校验数据并行的双层块结构，业务核心数据均以可信执行环境加密仓库的形式保存在用户本地，在实际业务交易过程中，完整文件仅在交易双方交换、镜像和备份；业务核心数据所对应的校验数据将以Hash值的方式在区块链中进行流通记录存证，存证信息也通过区块链的方式全网同步，利用区块链不可篡改的机制对交易过程进行记录背书。"多链"是指分入分出公司间多链市场交易生态。利用底层区块链技术的不可篡改特性，将再保险交易过程按照交易流程、信息存证、合同管理等场景形成交易链、存证链等多种不同类型的链，这些链各司其职，在不同业务层面发挥存证背书的作用，支撑整个再保险交易过程的安全与完整。"全程"是指再保险区块链所承载的业务的全流程业务执行数据必须在再保险区块链上全程体现，而再保险区块链平台全程操作日志也必须按照有关规定在区块链上留痕，从而实现再保险业务全流程监管与平台全程安全审计。

整个再保险区块链主要分为三大系统域，即区块链底层平台系统、再保险区块链业务平台系统和再保险区块链运行配套系统。其中，区块链底层平台系统包含支撑区块链运行所需要的核心功能和服务，主要包含共识、智能合约等功能。再保险区块链业务平台系统主要构建在区块链系统上的业务应用系统，主要面向具体业务场景，支撑整个再保险业务活动的日常运行。运行配套系统主要针对再保险区块链系统运行过程中的迭代开发、日常运营、安全管理以及监管审计方面的系统性支撑，保障整个再保险区块链的稳定运行与持续发展。

概括而言，再保险区块链平台通过整合再保险产业链上中下游多家机构，搭建以再保险信息数据共享与安全监管为核心的再保险生态联盟，通过区块链技术把直保公司的保单信息进行有效的安全传输并存储，实现与再保险公司间的信息共享。同时，利用区块链智能合约难以篡改的特性，完成直保公司与再保公司之间的分出业务以及再保公司与再保公司之间的转分保业务的记录和记账，保障业务的安全性。

3. 实施保障

为防范风险，提高技术安全保障，再保险区块链平台主要采取了以下措施。一是软硬一体化安全登录技术。软硬一体化安全登录技术是基于多因素的用户验证手段。相比单纯基于软件的多因素验证方案，基于硬件增强的方案通常能提供更全面的保护。在本平台运行的过程中，通过将用户的身份和操作过程记录在链上以供审计，保障整个平台用户行为安全，减少错误的发生。二是多方隐私数据共享传输机制。该平台的业务数据传输机制主要采用多方隐私数据共享传输技术，主要工作流程是在每件业务涉及的各方之间同步业务相关文档（业务数据），且同步过程通过链下的点对点安全信道完成。在当前实践中，平台已实现了两方之间的文档安全同步，并可通过重复这一过程实现本地副本的多方间文档同步：每当一个参与者启动文档上传过程时，数据库会自动检查文档应被同步到的位置；如需要同步，数据库则通过查询目标节点上数据库的公钥（数据库身份），并用此公钥加密文档，然后将加密后的文档以点对点的方式传输到目标节点；目标节点检查文档完整性后，将电子收据返回给发送方。三是基于属性加密的再保险业务数据分级访问控制技术。基于属性的访问控制是伴随着分布式应用发展而被提出的一种访问控制机制，用于解决分布式环境下的访问控制问题，先天比较适合去中心化的再保险区块链业务应用场景。该平台结合属性加密实现用户属性进行访问控制，将数据用各种访问策略加密且以密文的形式存放在服务器上。在属性加密的访问控制中，一方可以同时把一个文档加密给多个具有相同属性的用户，使得数据可以被多方共享。

基于属性加密的访问控制的应用，不仅能够解决传统数据访问中的安全问题，也能够解决基于身份加密体系中访问控制灵活性的问题，非常适用于满足再保险区块链平台在再保险业务过程中对不同业务数据进行访问授权分级的需求；通过与区块链技术相结合，还可实现访问日志的防篡改，并可进行行为审计；同时，也可以与金融监管需求相结合，实现细颗粒度监控权限控制，依托分布式的平等监管机制、智能化的动态监管机制和试点性的监管沙箱机制等方法为以数据驱动为核心的金融监管提供基础支撑。

4. 应用效果

一是有效缓解各方信息不对称。区块链技术能够以安全、低成本和高效的方式实现再保险数据的共享和交换。在运用该技术的过程中，要求从直保公司开始，在整个再保险交易链上，都以区块链的记账方式真实记录数据。用区块链的技术特性保证再保险承保和理赔的逐笔数据都可穿透、可追溯、难以篡改。这将提高再保险交易的透明程度，最大限度消除再保险交易双方的信息不对称，促进双方公平开展交易。

二是大幅提高再保险交易信息化水平，推进流程智能化。区块链技术通过分布式记账，有效提升再保险合同签订的信息化水平和安全性。基于区块链的共识机制和智能合约重新优化再保险交易规则，将自动化关联和执行再保险相关业务流程，不仅可以大大缩短承保和理赔流程，还能够降低人工操作成本和差错率。再保险交易主体之间的协作将更有弹性、更高效，从而有效推进再保险交易流程向自动化和智能化方向发展。经实践，再保险区块链平台不仅可实现磋商签约、分保、账单交换和理赔处理等交易环节，还可整合成统一的多链交易生态系统，实现提高交易效率和保护商业秘密的平衡，有利于规避交易纠纷并增加交换数据的颗粒度，提高再保账单处理的效率和准确性。未来，随着再保险区块链平台的持续运行，再保险业务类型将不断增加，核保环节、记账环节、理赔环节及风控环节将进一步优化。此外，平台还将建设完善监管模块并增加监管规则，完善基于机器学习的风险识别，提升再保险业务系统处理效率，降低中间环节成本。

（案例提供单位：众安科技）

四、跨境支付

（一）跨境支付领域区块链应用概述

跨境支付通常指在多个国家或地区之间通过相应的支付结算工具或系统进行资金的跨国或跨地区转移，传统跨境支付途径主要包括通过银行电汇、依靠国际卡组织和依靠第三方支付机构等。目前，传统跨境支付领域主要存在四方面痛点。一是客户体验有待改善。由于业务流程烦琐、电子化程度较低、存在信息割裂等原因，业务查询等服务办理往往需要数天时间，难以满足客户实时查询等日益增长的更高服务需求。二是结算费用较高。通过银行现有的管道与机制进行跨境支付，每笔交易至少要经过付款方当地银行与中介银行间以及中介银行间与收款方当地银行间的交易处理，且每个处理步骤均需花费一定成本。三是资金利用效率较低。传统跨境支付周期较长，在途资金占用量较大，降低了资金的利用率。四是安全风险需要关注。跨境支付涉及消费者、第三方支付平台、境外商家、金融机构等多个参与方，任何环节出现问题都有可能引发安全事件。

1. 跨境支付领域区块链应用实践现状

我国区块链技术跨境支付领域的应用实践参与主体以金融机构为主。在中国互联网金融协会调研的112个项目中，有7个项目涉及跨境支付场景，占比6.3%。其中，有3个项目的实施主体是银行，另有2个项目是为银行搭建的跨境支付系统，两者共占71.4%。国际上，推动区块链技术在跨境支付领域探索应用的主体则相对较为多元，包括监管部门、传统金融机构和科技公司等。

区块链在我国跨境支付领域的应用模式存在一定分化。目前，区块链在跨境支付领域的解决方案主要可分为两类，分别为基于区块链技术改进的跨境协同报文系统（如招商银行、中国银行）和基于区块链底层建设的跨境支付系统（如蚂蚁金服）。在基于区块链技术改进的跨境协同报文系统中，银行等机构主要通过电汇实现跨境支付和结算，其一般业务流程为：汇款人在汇出行办理业务；银行以加押电报、电传、SWIFT等方式向对手行发送报文；对手行根据报文内容向收款人进行支付。在此过程中，区块链主要承担支付报文的传输与共享，实际账务处理仍然在商业银行内部完成，系统整体对区块链的应用较浅，可在一定层面上认为是对传统SWIFT系统的改进。在基于区块链底层建设的跨境支付系统中，通常由银行和监管部门等组成联盟链，旨在实现对SWIFT等传统系统的替代，对区块链技术的应用也相对更为深入。

区块链有助于提高交易效率、降低交易成本、提升客户体验。区块链在节点间共享账本，并通过共识算法完成交易一致性确认，无须中介机构参与，从而将多边模式转化为双边模式，有助于实现交易信息在参与机构间高效流转，改变传统业务低效的串行执行模式，同时可通过优化机构间清算对账流程、缩短资金在途时间、节省中介费用，降低交易成本。此外，还可依托区块链系统为客户提供高效、及时的查询服务，减少客户等待时间，提升客户满意度。

2.跨境支付领域区块链应用面临的问题与挑战

业务层面，一是部分应用探索依赖小范围的金融机构联盟实现报文协同，在缺少监管部门参与的情况下，相互间难以实现报文、资金等方面的统一，也难以大规模进行应用。二是区块链的部分共识算法仅能实现概率上的结算最终性，难以满足结算业务合规要求。

技术层面，一是当前基于区块链的跨境支付系统主要是面向机构端的应用，仍难以满足面向客户端大规模应用对性能的要求。二是缺少权威、统一的业务标准，尤其是跨链技术尚未成熟，难以实现不同区块链间的跨境支付。

法律层面，一是我国尚未出台针对区块链在跨境支付领域应用的法律法规，从业机构面临一定的监管不确定性。二是跨境支付至少涉及国际、国内两个层面的监管主体，在当前主要国家和国际组织尚未形成共识的情况下，可能导致相关机构因业务调整不及时而触犯国际法或他国法律法规。

（二）案例解析：区块链跨境创新支付应用

1.建设背景

由于缺乏全球性的金融基础设施，我国跨境支付业务普遍依赖SWIFT系统进行。然而，SWIFT是20世纪70年代设计的中心化跨境银行间报文收发系统，与当前基于传统技术建设的银行清算系统相比，存在效率低、清算成本高、信息安全性差以及用户服务体验欠佳等问题。

此外，SWIFT系统的业务串行执行模式也存在诸多痛点。一是在串行模式下，汇款行和各结算行在完成本行的结算记账后，才能将最终信息传递给下一结算行或收款行，导致各银行必须等其上一银行结算正确后才能继续操作，完成一笔业务快则需要几个小时，慢则需要数天。二是各银行需要在业务完成后消耗大量人力物力与上下游银行进行清算对账（对账包括逐笔对账、每日轧差对账、每月/每季/每年合并对账），而且由于清算报文在传递过程中采用明文保存，各结算方和用户隐私信息也难以得到有效保护。三是汇款银行在完成结算记账并将信息传递给下一结算银行后，无法查询支付、汇款信息的当前状态，用户体验较差。虽然SWFIT目前提供了全球支付创新服务（GPI）功能，但其需依赖各结算银行主动提供结算信息才能支持查询服务，仍未真正解决SWIFT系统的业务痛点。

2. 技术方案

利用区块链技术不可抵赖、难以篡改的特性，可以构建多方互信链接、信息共享、自动仲裁的高效协作平台。其中，跨境支付业务就是一种分布式、多方协作的应用场景。利用区块链技术构建跨境支付平台，相比当前传统的跨境支付系统，可实现高效率、低成本、信息安全透明、客户隐私保护、用户体验好等优点。

在传统跨境支付业务中，汇款信息从汇款行至收款行，各银行需要处理完

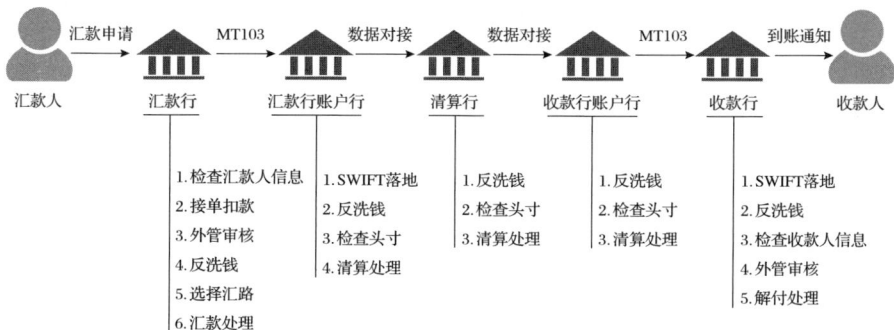

图13 传统跨境支付

63

本行的交易和账务后，才能将信息发送给下一个银行进行处理。

引入区块链技术后，由于区块链账本互联共享的特性，跨境支付各参与行可同时看到汇款请求信息。汇款行在发出汇款请求时，通过计算汇款路径（可能会出现多条路径），选择其中一条进行汇款，并发送请求信息给路径中的所有参与行，只有路径中涉及的银行才有权限读写。参与跨境支付业务的所有银行，可根据上下游银行的清算关系，判断自己能否进行交易和账务处理。

区块链智能合约是有公信力的程序代码段，可公正地与所有参与银行交互。任意参与行可基于本行转账汇款情况，判断交易可行性，根据情况冻结客户账户汇款金额或上下游行存放的清算款项，并告知智能合约本行是否同意该笔汇款。智能合约收集所有参与行的可行性信息后进行判断，若所有行都同意汇款，则发送同意处理指令给所有参与行；若至少有一家参与行不同意，则本次汇款失败，发送拒绝汇款指令给所有参与行。各参与行获得智能合约汇款指

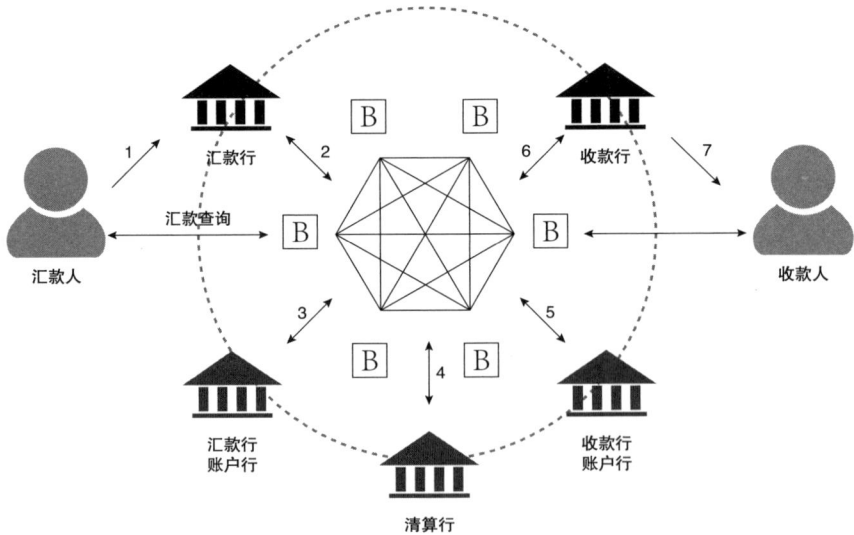

注：1.汇款申请； 2.清算发起； 3.收到请求； 4.清算确认； 5.完成清算； 6.结果同步； 7.到账通知。

图14 区块链跨境支付

令后进行判断，若指令为同意，则进行记账处理；若指令为拒绝，则解冻之前的账户冻结金额款项。因此，在区块链跨境创新支付设计中，各参与行在汇款过程中经历了两个阶段。第一阶段是汇款可行性判断，冻结记账金额；第二阶段是根据智能合约指令，在解冻记账金额后进行记账。

3. 实施保障

为保证区块链交易的安全性以及交易参与方和客户的隐私，招商银行对底层区块链平台进行了技术改造，增加了二十多项安全设计。其中，最典型的是引入了国密算法和零知识证明匿名保护算法。

区块链平台底层使用的非对称密钥算法是椭圆曲线ECC算法，支持的算法标准为P256和P384，缺省为P256算法；使用的哈希算法是SHA2和SHA3，缺省为SHA2的SHA256算法。国密算法SM2、SM3、SM4与上述的非对称密钥算法、哈希算法及招商银行引入的AES算法相当。其中，SM2也是椭圆曲线ECC算法，相比区块链底层平台采用的P256、P384标准算法，其曲线参数和运算参数不同；SM3是国密哈希算法，算法加密强度与SHA2算法相当；SM4的加密强度和AES算法相当。国密SM2、SM3、SM4不仅符合中国各行政机构对数据安全的要求，同时这些算法是公开的，可供国外机构使用，系统平台服务输出在加密安全上无障碍。区块链底层平台留有加密算法的扩充接口，便于引入国密算法。目前，招商银行已实现国密算法代码编写，可随时将其引入区块链底层平台的改造中。

对于公有链而言，链下真实主体和链上主体之间的联系是非对称加密算法的公私钥（其中，公钥由私钥确定）。因此，在公有链区块链平台上，掌握私钥就意味着拥有链上的数字财富和资产，而且公私钥和链下真实身份无须认证，链上交易天然具备匿名特性。另外，公有链上的交易受限于网络规模和共识算法，交易比较简单且公开透明。但是，对于区块链联盟链（许可链）而言，链下真实主体和链上公钥之间的关系需要认证，链上身份不匿名。一方面，商业规则要求交易对手身份必须真实，所以链上参与者身份必须经过认证。另一方面，商业规则又要求真实的交易要对无关方保密交易内容和交易者身份。这就意味着，在区块链上的匿名应该能被所有参与节点验证，同时又对验证者匿名保密。目前，比较经典的匿名算法是零知识证明算法。招商银行根据零知识证明算法，设计出区块链上的匿名解决方案（见图15）。对于联盟链认证后的交易机构而言，在交易时，能够保证相关方可相互认证，又能对无关方匿名，从而有效地保护交易参与方的隐私安全，且交易认证仅增加匿名认证算法，不增加交易过程。

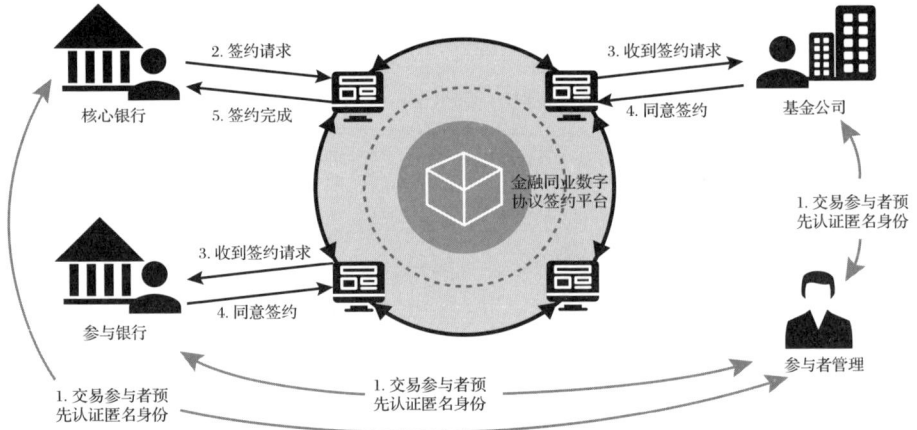

图15　匿名解决方案示意

招商银行设计的多方协作创新跨境支付方案，能够提供SWIFT之外的清算选择，为所有清算参与方提供交易协助能力，提高汇款效率，同时借助区块链数据透明、实时分享的特点，提升客户体验。此外，还通过可审计的区块链分布式账本，按要求提供实时可干预的监管方案，满足合规要求。

4. 应用效果

对比传统跨境支付，区块链创新支付将传统串行结算模式变更为并行签约模式。如图13所示，以一笔有5家银行参与的经典支付业务为例，从汇款行到收款行需经过21个业务处理步骤。而区块链创新支付采用并行签约模式，除汇款行以外的银行前2个业务处理步骤采用并行模式，整个过程仅需9个步骤，业务处理效率大幅提高。同时，在并行签约模式下，资金只有在签约成功后才真正清算流转，其在途时间从几小时、几天缩短为数秒，大幅节约了结算资金成本。

此外，在传统跨境支付中，各参与行之间通过交易报文传递信息，且同一报文信息仅在上下游之间传递，不对所有参与行透明。假如交易过程中产生质疑需要查询查复，且查询查复报文也只能在上下游参与行之间串行传递，产生大量时间成本。跨境创新支付交易信息记录在区块链上，可提升支付过程信息透明度，减少查询查复需求，并为用户提供全方位查询服务。

区块链技术构建客观、权威、公正的分布式共享账本，完整记录跨境汇款过程。在汇款过程全程透明可视的基础上，各相关方对自身汇款责任进行独立确认，确认结果难以篡改、伪造、抵赖。通过智能合约独立判定汇款有效性，有效减少纠纷出现的可能。交易中相关方读取的信息物理上保持一致，各方不需要对账。交易信息在区块链上加密保存，信息只授权给相关方解密阅读，同时实现了交易信息透明和隐私安全。

综上所述，已有数据表明，区块链跨境创新支付系统与传统跨境支付方式相比，具有以下八个优点。一是交易过程大幅缩短，交易时间可降低50%以上。二是平台由参与金融机构平等共建，不存在第三方付费，交易成本可降低80%以上。三是清算汇款在参与机构协商成功后才进行资金清算记账，资金在途时间可减少90%以上。四是区块链账本自我管理约束，写入区块链账本的信息不可逆也难以篡改，各参与金融机构以区块链数据为准，省略了烦琐的对账操作。五是区块链账本信息透明，查询查复可缩减90%以上。六是汇款在区块链上实现，为客户提供全方位查询服务，提升客户汇款体验。七是监管机构作为区块链节点加入，不但可获得真实的原始数据，而且能够嵌入实际汇款交易过程，增强事中监管能力（也可不改变当前的监管机制）。八是资金清算兼容金融机构现有清算记账模式，接入平台改造成本低，易被相关金融机构接受。

（案例提供单位：招商银行）

（三）案例解析：基于Fabric的跨境汇款追踪平台

1. 建设背景

"全球速汇"（Money Express）是中国银联基于ISO 8583报文规范和传统银联网络开发的中小额跨境汇款产品，目前已覆盖美国、日本、新加坡、澳大利亚等39个国家和地区，可支持境外汇款人向中国工商银行、中国银行、中国建设银行等13家境内银行的银联卡进行跨境汇款交易，具有资金近实时入账的优点。但是，随着业务量的不断上升，原有基于中心化系统架构的实现方式越来越难以满足日益增长的用户需求。比如，由于汇出机构、转接机构、汇入机构、清算机构间存在一定的信息割裂问题，机构间无法直观地查看汇款的整个"流转过程"，加之电子化程度低、流程烦琐等原因，导致查复时间一般需要10~20天，时常因无法查询跨境汇款实时状态而遭到客户投诉。

针对上述问题，中国银联开发了基于开源区块链技术HyperLedger Fabric的跨境汇款追踪平台，探索在保持原有业务运行不变的基础上更加及时地存储、共享各环节信息流的可能性，以便机构可通过汇款ID近实时查询。

2. 技术方案

整体架构方面，跨境汇款追踪平台主要包括底层区块链平台、智能合约模块、交易隐私模块、机构证书中心和应用模块五个部分。其中，底层区块链平台是整个系统的核心组成，主要功能包括通过P2P网络连接业务参与主体并动态增删节点，根据场景需要选择符合国际标准的加密算法加密链上数据以保证数据传输和访问安全，采用Kafka集群（分布式队列）方式实现交易共识以保证各节点数据一致性，以及使用关系型/非关系型数据库等保证区块链系统运行过程中数据保存在各节点本地存储空间中；智能合约模块负责向应用模块提供合约部署、调用、执行及注销等应用程序接口（API），由各参与主体共同部署并根据合约调用请求分布式执行；交易隐私模块负责实现各参与主体分别对上传数据进行加密，并将加密密钥在交易强相关方间共享，从而保证非相关方无法获取交易详细信息；机构证书中心负责为各参与主体的Orderer、Peer、Kafka集群、应用服务器等生成公私钥；应用模块分为数据上链和数据查询两个子模块，可通过调用智能合约模块中的程序向区块链模块上传数据和查询数据。

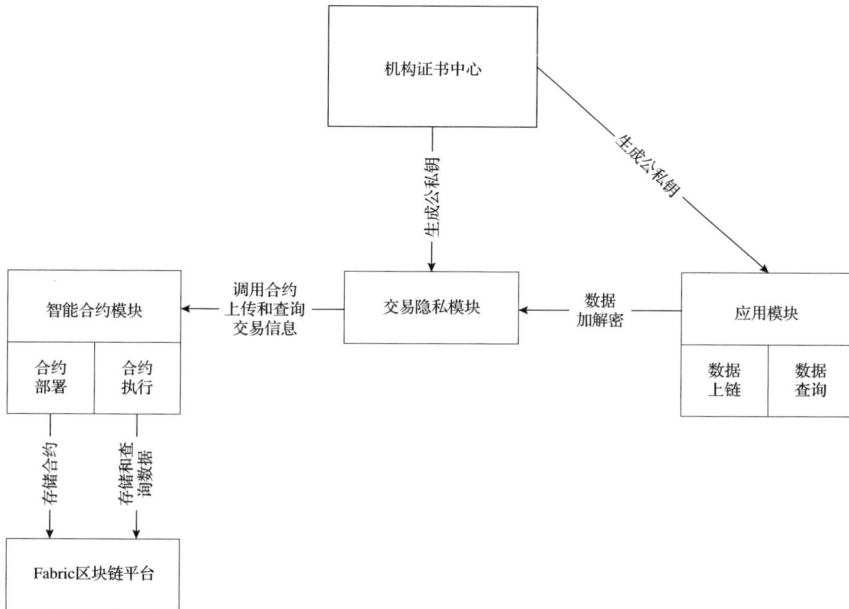

图16　跨境汇款追踪平台整体架构

底层区块链平台方面，跨境汇款追踪平台基于HyperLedger Fabric V1.0正式版本，其底层由多个节点组成P2P网络，通过gRPC通道进行交互，并利用Gossip协议进行同步；账本和交易依赖于链式数据结构、分布式数据库、共识算法等技术；链码（chaincode）则依赖容器、状态机等技术；权限管理使用了公钥基础设施（PKI）体系、数字证书、加解密算法等技术；面向上层应用提供gRPC API以及将API进行封装的软件开发工具包（SDK），支持应用通过SDK访问账本、交易、链码、事件、权限管理等。交易流程方面，Fabric在逻辑上将节点角色解耦为背书节点（Endorser）和认证节点（Committer），并赋予不同类型节点以不同类型的功能，其典型交易流程包括：客户端从证书颁发机构（CA）获取身份证书加入网络内的应用通道；客户端构造交易提案（TX Proposal），并选择相应的背书策略将交易提交给Endorser进行背书；Endorser在收到交易提案后进行交易合法性检查，检查通过后执行交易，并对交易结果进行背书返回给客户端；客户端收集到足够的背书支持后可构造一个合法的交易请求，并发给Orderer进行排序处理；Orderer为网络中所有的合法交易进行全局排序，并将一批排序后的交易组合成区块结构；Committer定期从Orderer获取排序后的批量交易区块结构，对这些交易进行落盘前的最终检查（包括交易消息结构、签名完整性、是否重复、读写集合版本是否匹配等），检查通过后将结果写入账本。

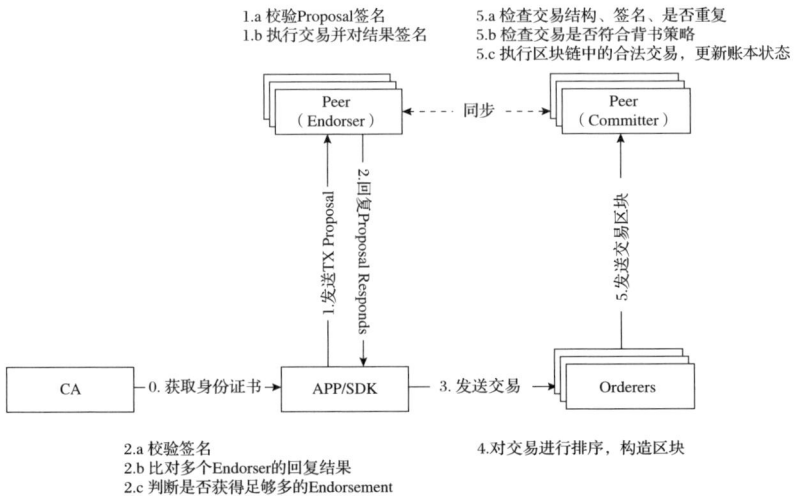

图17　Fabric交易处理流程

智能合约模块方面，Fabric的智能合约被称为链码（chaincode），支持Java和Go两种图灵完备的编程语言，采用虚拟机或容器等技术为合约代码提供安全隔离的运行环境。在跨境汇款追踪平台中，查询合约代码采用Go语言实现跨境汇款信息上链和查询的逻辑，主要包括startRemitMoney（ ）、changeover（ ）、recorded（ ）、clear（ ）和getOrder（ ）五个方法。同时，针对Fabric只提供合约级权限控制而不能针对不同方法赋予不同权限的问题，跨境汇款追踪平台采用签名和验签方式对合约方法的调用者进行权限控制。机构需使用其私钥对合约调用请求进行签名，由智能合约根据方法中登记的机构公钥对调用请求进行验签：若验签通过，则运行调用；否则，返回调用失败。

交易隐私模块方面，跨境汇款追踪平台采用对称加密与非对称加密相结合的方案保证数据隐私：对称密钥作为会话密钥对交易进行加密（采用3DES/AES算法生成会话密钥及对数据进行加解密），而非对称密钥用于对会话密钥进行加密，使加密后的密钥通过联盟链在机构间共享（采用RSA算法生成非对称密钥及对会话密钥数据进行加解密）。其一般流程为：汇出机构生成对称加密的密钥key，并分别使用汇出机构、汇入机构、转接清算机构三方的公钥（Pkey1、Pkey2、Pkey3）对其加密，形成Ckey1、Ckey2、Ckey3；汇出机构使用key将汇款信息Remdata加密，生成加密后的汇款信息CRem并发送至智能合约进行处理；智能合约将加密后的CRem、Ckey1、Ckey2、Ckey3存入数据库；转接机构向智能合约请求并获得密钥Ckey2后，使用自身私钥Prvt2解密Ckey2获得对称密钥key，再使用key加密转接信息并发送至智能合约存储；汇入机构向智能合约请求并获得密钥Ckey3后，使用自身私钥Prvt3解密Ckey3获得对称密钥key，再使用key加密汇入信息并发送至智能合约存储；清算机构使用key加密清算信息并发送至智能合约，由智能合约将清算信息存入数据库；当相关机构向智能合约查询汇款信息时，智能合约返回加密后的数据，与汇款信息相关的三方可使用key解密，而其他机构则无法解密，从而保证汇款数据的隐私性。

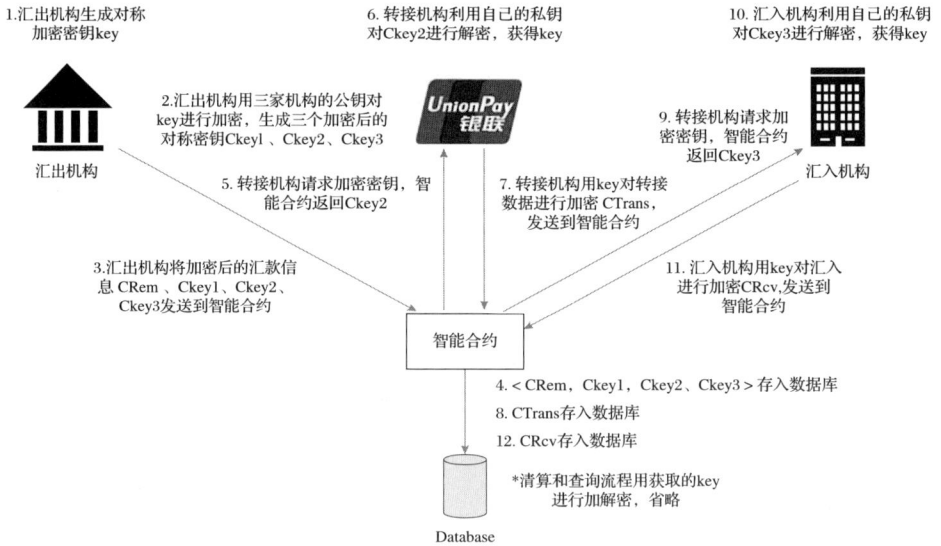

图18 跨境汇款交易隐私示例

机构证书中心用于产生机构的MSP（Membership Service Provider），进而用于Fabric底层的加密、签发、校验证书以及用户验证。Fabric支持多种MSP生成方式，如CA证书中心、Fabric证书和软件生成。为降低各机构间证书耦合性，跨境汇款追踪平台采用各自独立生成证书的方式。如果一个机构同时包含Orderer节点和Peer节点，则需要生成Orderer组织的证书和Peer组织的证书。实践中，组织的MSP证书（包括根CA证书、中间CA证书和管理员证书）会登记在创世区块中。对于系统通道，登记的是Orderer组织的证书，用于在创建应用通道时对请求进行验证；对于应用通道，登记的是Peer组织的证书，用于在获取、加入通道以及发送交易等操作时对请求进行验证。

应用模块分为数据上链和数据查询两个子模块。数据上链方面，汇出机构、转接清算机构和汇入机构分别通过调用智能合约中startRemitMoney( )、changeover( )、recorded( )和clear( )四个接口完成不同信息的数据上链。其中，汇出机构方法用于设置汇出机构相关信息（如汇款人、汇出国家、汇出机构、

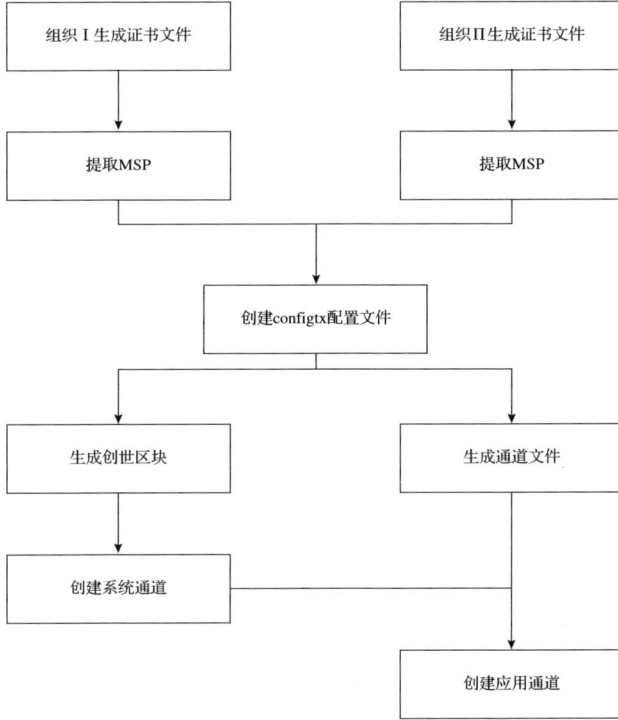

图19 MSP发布流程

汇出地址等），转接机构方法用于设置转接信息（主要为转接时间和转接结果）；汇入机构方法用于设置收汇机构相关信息（包括收款人、收款货币类型、汇入金额、汇入结果等），清算机构方法用于设置清算信息（主要为清算时间）。数据查询方面，各参与主体可通过调用智能合约中getOrder( )接口查询汇款信息、转接信息、入账信息和清算信息等跨境汇款相关信息。

3. 应用效果

性能方面，内网测试中的系统每秒交易数量平均值为370（方差为10）、平均时延为104ms（方差为4.43ms），广域网测试中的系统每秒交易数量平均值为77.3、平均时延为261.5ms，可满足银联跨境速汇业务需求。在预生产测试中，性能受限于网络带宽，忙闲时段呈现出一定差异。

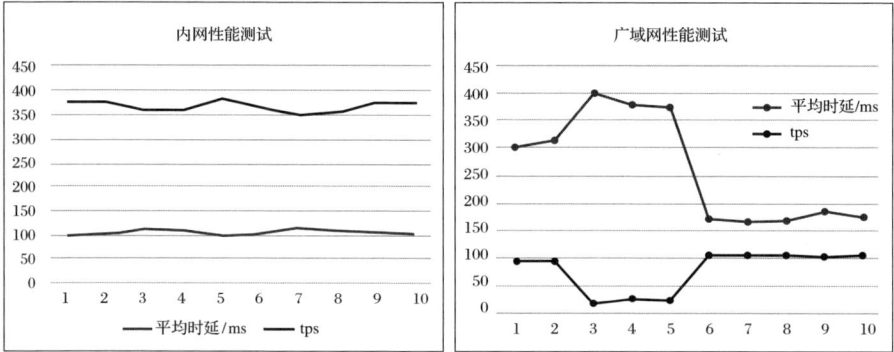

图20 应用性能测试

目前，跨境汇款追踪平台已在测试环境中运行，用于实现整个业务流程中数据的上传、存储、查询、加解密等功能，数据多方维护、可追溯且难以篡改，有助于缓解境内外机构间的信息不对称、权限控制和交易隐私保护等问题，实现跨境汇款全流程自动化处理。

（案例提供单位：中国银联）

五、资产证券化

（一）资产证券化领域区块链应用概述

根据中国证券监督管理委员会发布的《证券公司及基金管理公司子公司资产证券化业务管理规定》，资产证券化业务是指以基础资产所产生的现金流为偿付支持，通过结构化等方式进行信用增级，在此基础上发行资产支持证券的业务活动。资产证券化业务涉及资产方、特殊目的载体、管理人、中介机构、投资者等众多参与机构，而信息不对称、协同效应差、各方账目难统一、底层资产真实性难保证、信息流转处理效率低下、监管难度大、二级市场交易困难等问题已成为制约其发展的重要因素。

1. 资产证券化领域区块链应用现状

我国探索区块链在资产证券化领域运用的机构，以有真实业务场景的传统金融机构和金融科技公司为主。中国互联网金融协会调研的112个项目中，有6个项目涉及资产证券化场景，占比5.4%。其中，由银行主导或由传统金融机构开发的有3个，由金融科技公司主导的有3个，二者各占50%。同时，传统金融机构资产证券化业务依托的业务场景较为多元，基础资产包括汽车贷款、贸易融资等；金融科技公司依托的业务场景主要为消费金融，基础资产以信贷为主。

区块链可提高资产证券化业务信息透明度和参与机构协同效率，缓解部分业务痛点。业务参与方按照信息披露要求，将运营情况和底层交易信息上传到区块链平台，结合时间戳以交易逻辑串联起来，并经过广播多方共识后记录在区块链账本上，可促进各参与方间信息互联互通。同时，上述原始信息上链后形成难以篡改的链式证据流，且可被追踪、评级和审计，为后续产品发行提供存证信息，可在缩短发行流程的同时，降低信用风险、流动性风险及模型定价风险。

区块链有利于实现穿透式监管。在产品交易过程中，各中介机构可根据角色权限获取和发布相关信息和文件，而计划管理人可通过区块链实时获取各中介机构进度和相关报告，自动高效地进行信息一致性比对，从而实现在产品发行过程中的账证相符、账账相符、账实相符，提高监测底层资产风险的实时性，缓解底层资产信息量大、资产结构复杂、参与主体多、信息来源分散导致的信息难以穿透监测的问题。底层资产相关的修改和服务记录可被长久记录在区块链账本上，且可追溯，从而增加重复抵押及其他欺诈行为的难度。此外，资产证券化业务放款、还款现金流和信息流实时入链，可提高底层资产信息透明度，降低各机构因底层资产信息失实而面临的风险。监管机构能够有效地监督金融机构适度使用金融杠杆，合理利用资产证券化手段，充分盘活沉淀资产，助力实体经济发展。

区块链可提升金融资产的出售结算效率。资产证券化产品的资产结构和现金流管理较为复杂，且监管机构对于清分要求较为严格。相关机构可通过区块链改善资产证券化业务现金流管理，并结合智能合约实现款项自动划拨、资产循环购买和收益自动分配等功能。在完成多方共识的基础上，可有效降低由人工流程导致的业务复杂度和出错概率，提高现金流管理效率。

2.资产证券化领域区块链应用面临的问题与挑战

业务层面，一是基于区块链的资产证券化业务对参与方数字化水平要求较高，若各参与方没有将区块链系统嵌入其业务流程（而只是将业务操作结果反馈至区块链系统），则难以充分发挥区块链的作用。二是虽然智能合约可加快业务处理流程，如对基础资产及证券交易过程中的时间阈值、金钱阈值、违约条件、解除条件等进行预先设置并通过程序强制执行，但在实践中往往存在着补充协议、修改协议、暂缓执行等外部因素，使得协议难以完全按照预定的程序进行。在此情况下，区块链及智能合约的难以篡改性将与人工流程干预需求相矛盾。

技术层面，一是现有区块链技术在性能、可扩展性、标准化程度方面仍有待进一步提高，且在数据隐私保护方面尚缺乏被广泛认可的解决方案。二是不同机构根据自身业务特点所主导的区块链资产证券化解决方案缺乏互操作性，可能形成新型数据孤岛，增加不同机构间互联互通的难度。三是资产证券化底层资产验证难以单纯依靠区块链技术解决，尚需与物联网等技术方案进行配合。

法律层面，一是目前，相关法律法规对区块链服务方的主体属性尚未有明确规定。区块链系统的代码编写者、软件开发者、系统所有者、网络节点等均可能参与资产证券化过程，但由于尚未对其法律属性进行明确界定，可能影响后续的监管及责任认定。二是《合同法》在订立和实施过程中依据公平原则和诚信原则确立了一系列纠纷解决机制，如不安抗辩权、代位权，等等，智能合约在自动执行过程中可能因其强制性导致上述纠纷解决机制难以有效运行，与《合同法》产生冲突。此外，对以编码形式存在的智能合约法律效力，法律和司法实践尚未进行界定。

（二）案例解析："链交融"区块链资产证券化平台

1. 建设背景

资产证券化（Asset-Backed Securities，ABS）的发行需经过资产筛选、尽职调查、产品设计、监管备案/审批、销售发行等环节。在产品存续期，还涉及信托收益分配、现金流核算、报告出具等环节。相较于普通主体证券，ABS具有结构较复杂、涉及相关主体多、产品制作周期较长、操作环节较多等特点，导致传统ABS业务面临一些共性痛点。

一是信息不对称，主要体现在两个方面。一方面，基础资产的形成数据及历史运行数据由原始权益人所有，不对外公开，导致信息不对称。虽然通过律师、会计师、评级机构等中介机构对基础资产展开尽职调查可以降低这种信息不对称程度，但由于其形成数据及历史数据由原始权益人单方面提供，真实性仍然无法得到保证。另一方面，基础资产在转移给特定目的载体后，产品运作过程中基础资产池的运行数据实际仍由原始权益人所有，不对外公开，导致信息不对称。虽然可以通过存续期管理报告来降低信息不对称程度，但管理报告只是固定时间频率的截面数据，无法对基础资产信息实现动态披露，而且管理报告的统计维度和披露程度有限，仍然无法满足投资者、管理人、评级机构的要求。原始权益人、中介机构、投资者、监管机构等各方之间的信息不对称，会导致基础资产的整体风险难以识别和定价，从而增加风险溢价。

二是运行效率低下，也主要体现在两个方面。一方面，在产品制作过程中，尽职调查、估值定价、现金流分析涉及的资料繁多，往往存在反复提供、反复核验的情况，导致操作效率低下。另一方面，在产品存续过程中，服务机构需要定期出具服务报告，受托机构需要定期核算分配并出具受托报告。由于ABS产品结构复杂且差异化较大，市场上大多数产品仍采用人工的方式进行分配核算和制作报告，耗时耗力，且存在一定的操作风险。这些问题最终导致原始权益人融资成本高、投资者风险识别定价难、中介机构服务效率低、监管机构管理难度大等问题，制约了资产证券化市场的进一步发展。

2. 技术方案

针对传统资产证券化业务中存在的问题，基于区块链技术与分布式理念，交通银行打造了区块链资产证券化平台——"链交融"。该平台利用区块链提供技术信用，通过"技术信用+行业平台"的新模式重塑资产证券化业务，有效缓解了传统资产证券化过程中的信息不对称、效率低下等业务瓶颈，使资产证券化业务更加透明、规范和标准，降低了融资成本，提高了项目运行效率，强化了全周期风险管理。

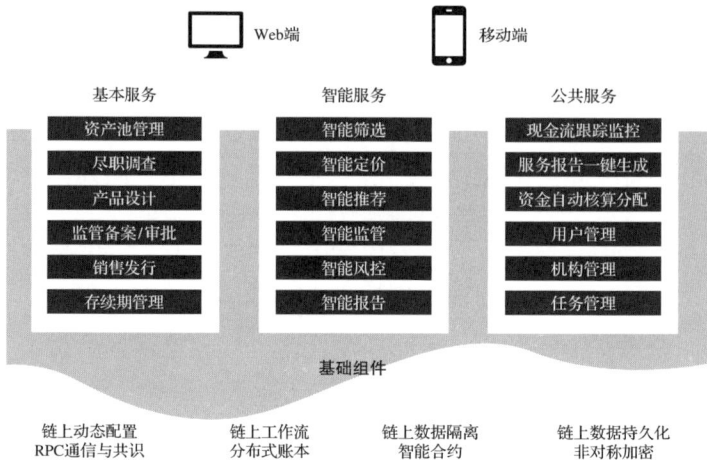

图21 "链交融"平台功能

"链交融"将原始权益人、投资者、信托、基金、券商、评级、会计、律师等参与方组成联盟链，有效连接资金端与资产端，提供ABS产品从发行到存续期的全生命周期业务功能，利用区块链技术实现ABS业务体系的信用穿透。

"链交融"重新设计与定义资产登记、尽职调查、产品设计、销售发行等各个环节，将基础资产全生命周期信息上链，实现资产信息快速共享与流转，并确保基础资产形成期的真实性和存续期的监控实时性。同时，"链交融"将业务操作、审批痕迹等项目运转全过程信息上链，借助区块链不可篡改的技术特性实现全程可追溯，使整个业务过程更加规范化、透明化及标准化。

3. 实施保障

针对ABS业务过程中大文件共享的需求，"链交融"采用"文件权限限制+数字指纹上链"的复合技术方案，在保证数据可信度的同时，降低信息泄露风险，兼顾系统运行效率。同时，平台利用智能合约实现分布式工作流引擎，通过对数据流转的流程性控制，解决非信任节点间的流程审批风险，从而实现跨机构协作流程的可信度和实时性。通过分布式工作流引擎，平台还实现了智能合约与区块链配置的快速在线同步更新，以及链上机构数字签名的在线收集。

跨机构协作中隐私保护显得尤为重要，为了保护链内主体隐私同时兼顾监管要求，"链交融"提供完整加密防控机制，同时兼顾平台升级等实际需要，采用"链内链外双重加密"措施来实现隐私保护与性能的平衡。

4. 应用效果

2018年12月，陆家嘴资产证券化联盟成立。联盟成员由交通银行、陆家嘴金融城发展局、金融信息中心、海通证券、招商证券、光大证券、中金公司、中信证券、中债资信、大成律所、中伦律所、普华永道、复旦金融研究院等构成，旨在链接政、产、企、学、研等各类机构，以"链交融"为联盟链纽带，打造基于区块链的透明、可信、共享的资产证券化业务联盟。

一是使得业务流程更高效。利用智能合约技术研发了一套分布式工作流引擎，实现了联盟链内跨机构流程的电子化，提高了跨机构的协同效率。

二是使得运营成本更低廉。利用区块链分布式账本的特性，联盟链内所有参与方均可本地持有全量数据，通过区块链智能合约自动执行完成规则明确、权责清晰的业务操作，降低参与方操作、合规、对账成本，提高发行效率，使信贷ABS发行周期从4个月缩短至2个月，企业ABS发行周期从2周缩短至1周。

三是以平台优势更好地服务广大企业，成为金融资本和产业资本直接对应的纽带。平台联盟链为中小企业提供了可靠的中介机构资源和可观的投资者资源，助力解决中小企业融资难的问题。同时，平台透明、共享、不可篡改的特性也要求上链企业规范经营、据实披露、挖掘产能优势，在为实体经济"输血"的同时，也强化企业的"造血"功能，实现金融与实体经济的良性循环、互融共生。

四是使得业务监管更便捷。监管机构可通过部署"链交融"节点实现穿透式监管，对基础资产信息与项目流程信息进行实时、全程监测，极大地提高了监管的时效性、有效性和便捷性，降低了监管难度和滞后性。通过平台加强与主管部门、监管部门的联动，能够多渠道做好风险化解处置工作，维护投资者合法权益，稳中求进地建设资产证券化市场，维护金融系统安全。

（案例提供单位：交通银行）

（三）案例解析：区块链资产证券化创新应用

1.建设背景

传统资产证券化（ABS）项目，存在底层资产不透明以及中介机构数据、文档获取同步流程烦琐复杂等问题。对此，京东开展了长期的基于区块链的解决方案应用探索。2017年8月，在ABS云平台完成Pre-ABS区块链上放款；2018年6月，白条ABS运用区块链技术实现京东与金融机构共建联盟链；2018年11月，以区块链智能合约管理的保理ABS成功发行，实现了智能合约对底层资产的监控。2019年6月，基于前期实践基础，在完成了区块链ABS概念验证阶段后，京东数科智管有方JT2结合智臻链JD BaaS平台设计推出了"区块链ABS标准化解决方案"，将资产方、计划管理人、律师事务所、评级机构、会计师事务所、托管行等ABS业务参与方组成联盟链，实现高效信息同步、业务流程自动确认、资产信息透明管理等，有效提高了ABS发行各方业务效率。

该方案能为各交易参与方快速部署区块链节点，搭建ABS联盟链流程。方案利用区块链技术实现多节点信息高效同步，并能保证资产信息不可篡改；通过智能合约，降低了人工参与成本和出错概率；使得资金方可以通过该方案穿透ABS底层资产，实现对资产池的透明化管理，有效监控资产风险。同时，这种透明化管理也有利于资产方提高资产发行效率，降低发行成本。此外，该方案还实现了数据加密上链，通过对底层架构的优化，能够保障ABS高并发情况下的稳定运行。

2. 技术方案

该方案的技术架构分为区块链BaaS服务底层和ABS业务应用层，通过BaaS提供底层基础设施服务，通过ABS业务应用层提供业务逻辑支持，并对接原始权益人及托管行的业务系统，实现链上与链外的交互。同时，方案还提供了一个可视化界面，降低金融机构业务人员使用区块链的成本。

共识机制方面，采用Fabric提供的kafaka排序作为共识机制，并支持随着业务发展和场景需求切换共识算法。

权限管理方面，基于JD BaaS上的企业认证，每个金融机构根据各自在ABS项目中的角色分配对应权限，包括计划管理人、原始权益人/资产服务机构、律师事务所、会计师事务所、托管行、评级机构6个角色和权限，数据和业务流程权限控制根据项目自身情况预设，保证数据的安全和权限隔离。

隐私保护方面，通过账本隔离的方式，在账本层面确保了数据的隔离，与业务无关的主体在物理上就对无法同步业务数据。在数据授权层面，每一主体都进行实名认证，认证完后发放CA，并且有完善的密钥管理机制，数据是加密后上链，只有被授权方有能力解密数据。在数据传输层面，使用TLS协议保证数据传输安全。

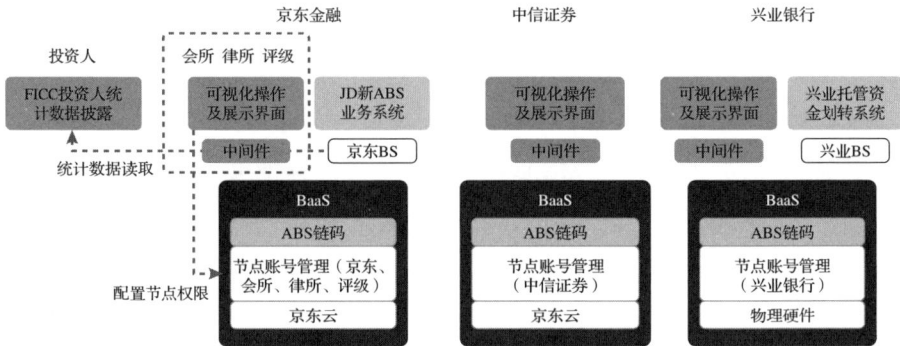

图22　京东ABS案例

部署运维方面，参与方既可使用本地硬件服务器，也可使用云服务器，区块链网络部署、管理、运维都是通过智臻链JD BaaS平台进行。

系统性能方面，基于智臻链JD BaaS平台，企业可以快速上链，每个项目中的参与企业都可以成为链上节点。JD BaaS可以实现10000以上的TPS，交易秒级确认。在实际项目运行中，企业会根据具体业务的需求，评估实际所需的TPS并配置相应的硬件资源。在使用8核16G服务器、网络共10个节点、网络

图23　京东数科—中信证券9号专项计划节点

跨公有云和私有云并且写入前有复杂的智能合约数据校验机制的情况下，系统TPS稳定在100以上。

3. 实施保障

在金融ABS应用场景中，参与方包含资产方、计划管理人、律师事务所、评级机构、会计师事务所、托管行等多个不同性质的机构。虽然各行业都有自身的特殊性，但其对系统安全性的高要求却是一致的。京东数科智臻链JD BaaS平台通过区块链账本隔离、TLS协议等方式实现了数据的加密上链，能够在实现多方协同的同时，保证数据的机密性、完整性。

此外，ABS是典型的高并发、大数据量场景，每天百万级的新增数据量要求在短时间内实现上链，且不同参与业务程度及环节也对部署的灵活性提出了更高的挑战。京东智臻链JD BaaS平台通过对底层架构的优化，能够保障高并发情况下的稳定运行。

4. 应用效果

该方案构建了基于区块链的ABS联盟，并通过自动账本同步和审计功能，降低了参与方间的对账成本，缓解信息不对称问题；通过多方共识机制，有效地降低由于人工干预造成的业务复杂度和出错概率，显著提升现金流管理效率。基于京东智臻链JD BaaS服务，ABS业务参与机构可通过标准化模块加入ABS联盟，实现快速组网部署，节省了自行开发部署区块链节点的成本。通过该解决方案，可将系统部署时间从几个月缩短到2天，部署效率显著提升，并为ABS中介机构节省数百小时的信息传递和审核时间，将人力成本降低30%。同时，方案通过区块链联盟服务更多资产方可有效地降低融资成本，提升投资者风控效率。

目前，该方案已应用于京东数科—中信证券9号京东白条应收账款债权资产支持专项计划。该专项计划已于2019年6月6日在深交所发行，发行规模5亿元，为期24个月，参与方包括原始权益人及资产服务机构京东数科，以及计划管理人中信证券等6个节点。此外，该标准化解决方案是区块链从技术验证试验阶段进入标准商用的解决方案，可推广使用至ABS、ABN、私募结构金融等各类交易结构，同时适配于各类别资产及ABS全链条业务流程。

（案例提供单位：京东数科）

（四）案例解析：慧鉴ABS云平台

1. 建设背景

近年来，供应链资产证券化（ABS）发行规模快速增长，在缓解中小企业融资难题等方面发挥了积极作用。同时，传统ABS业务痛点仍待进一步解决。一是信息不透明，风险难监控。比如，基础资产形成过程、资产审核过程、债务人真实经营状况、存续期内基础资产的动态变化等信息不透明，产品信息披露静态化，甚至可能导致投资人信心不足、市场流动性差。二是资产评级可信度不足。评级机构、律师事务所、增信机构等各方服务费用由原始权益人承担，其结果的独立性、可信度可能存在缺陷。三是交易链条长，各参与方相互信任难。ABS的发行须通过发起人、证券公司、评级机构、会计师事务所、律师事务所以及贸易买卖方在不同阶段的参与，其间资产经过不同参与方补充或修改，容易出现因数据篡改等风险导致的数据不一致，可能引发各参与方间信任问题。四是遇到纠纷司法取证难。由于参与方众多，遇到纠纷相互推诿，取证困难，责任难以认定。

为解决上述痛点，陆金所开发了基于区块链的慧鉴ABS云平台，以区块链为纽带，连接资产端、各服务机构、资金端、司法机构等，提供从资产形成、ABS发行到存续期管理、到期兑付、纠纷处理的全生命周期业务功能，并利用区块链分布式信任、防篡改、可追溯等特性，在交易过程中保持各节点同步，助力ABS发行全流程信息更透明、评估更有据、风险更易见、权责更清晰。

2. 技术方案

慧鉴ABS云平台以平安区块链为基础，将各参与方对资产的操作记入区块链，借助区块链难篡改特性实现信息流可追踪、可审计、防抵赖。同时，利用平安区块链可授权加解密技术，支持链上信息由数据所有方自主加密后上传，密钥由数据所有方保存，既可充分保护数据隐私，又可通过将特定字段密文的查询权限授予第三方，实现在不泄露其他信息的情况下精准分享数据。

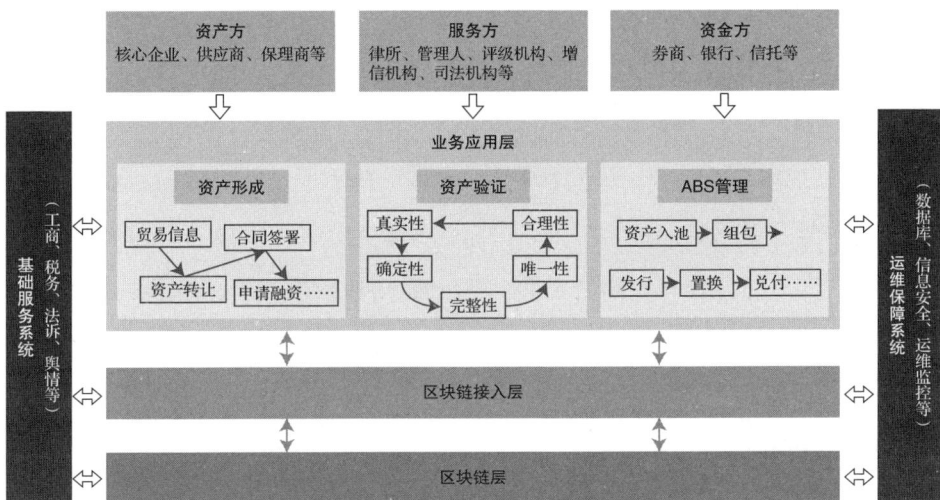

图24 慧鉴ABS云平台

一是资产形成、流转过程上链。贸易双方交易活动中形成的订单、贸易合同、物流、发票、收货单等基础材料，是验证基础资产真实性的重要依据，也是开展后续交易的基础。慧鉴ABS云平台可实时将买卖双方必要行为信息（包括贸易过程中退换货等异常情况）上链保存，从源头上保障基础资产真实性。同时，可将资产要素全部加密，也可对关键要素掩码处理，或授权对特定对象开放，以确保信息隐私安全。当卖方需要将应收账款转让给保理商时，双方确认的资产金额、到期日、保理商审核过程和结果以及买方对资产的确权等也将上链。若保理商通过再保理方式将资产再次流转，也将遵循上述方式以保障链上记录的连续性。对于出现中断的情况，将不允许相应资产参与ABS发行。

二是资产审核、评级过程上链。在保理商完成资产收集后，需向ABS管理人申请发行ABS，相关操作将上链保存以证明该申请为保理商真实意愿。资产进入ABS资产池后，将由服务机构对其真实性、合理性、完整性、唯一性、确定性进行审核，相关审核过程、结果和意见也将上链。在此过程中，保理商需将底层资产基本信息、保理交易信息授权给审核方（对不涉及核心风控要求的商业机密信息，可以不用授权）。对于审核通过的资产，将由评级机构和增信方进行评级、增信并出具评级结果、增信承诺函等法律文书，相关操作和结果以及律师事物所、会计师事务所的相关评审结果和意见也将上链保存。资产审核方、评级方、增信方、律师事务所等参与方将审核结果、评级结果、增信结果、法律意见书等开放给链上各参与方，以监督各服务方根据资产真实情况作出客观公允评价，并可使各参与方实时获取一致结果，保障信息统一、同步、透明。

三是ABS发行过程、存续期动态管理上链。资产池中资产均通过审核并具备发行ABS的基本条件后，管理人将开始资产封包、确定产品结构和募集时间、规模，并将产品基本情况上链同步给各参与方，同时将必要信息向投资者公开以便于投资者穿透查看产品底层资产、资产流转过程、各服务方对资产的审核意见和增信承诺等，帮助投资者更好地认识资产并全面评估相关风险。产品募集结束后，各投资者的投资信息也将记录上链，以做到有证可查。此外，在ABS产品存续期到最终兑付的整个过程中，资产到期兑付、兑付资金再投资、保理商赎回或置换风险资产等资产池的变化都将记录上链，帮助各节点及时获取资产池变化情况，保障全生命周期难以篡改、不可抵赖。

四是司法存证上链。慧鉴ABS云平台与受权威司法机构认可的存证平台构建联盟链，上链内容均在存证平台存证。在发生司法纠纷时，支持在存证平台选择证据信息、一键仲裁并在线提交到司法机构，有助于推动存证、取证、鉴证一体化，助力快速高效的司法落地。

3. 应用效果

慧鉴ABS云平台基于区块链技术构建，将资产形成、流转、登记、审核、尽调、评级、增信、产品设计、销售发行、存续管理、到期兑付等各环节全生命周期信息上链，并通过可授权加解密技术平衡数据隐私与公开透明的矛盾，使业务过程更加规范化、透明化、标准化，有助于实现信息快速共享与流转，保障基础资产形成期的真实性、资产存续期的监控实时性以及资产流转过程的连续性、可穿透性、风险可见性，提升投资者信心。同时，通过与司法存证平台建立联盟链，提升司法落地可能性和效率，更好地满足各参与方司法支持需求。

基于慧鉴ABS云平台的科技支持，2019年12月9日，深圳前海金融资产交易所有限公司联合天风证券、华福证券、平安证券和多家保理公司发起的天风证券—华福—前交所集合保理区块链资产1-50号资产支持专项计划成功取得上交所无异议函，获批100亿元储架额度，并于2020年5月29日成功发行3.22亿元的第1期"N+N+N"ABS。从已落地专项计划看，其应用效果主要表现在三个方面。

一是高效。通过区块链分布式工作流引擎驱动业务流程在各参与方间运转，促进信息实时共享，减少线下、异地人工操作，提高了各参与方协同效率，显著减少了沟通协调、信息不一致造成的影响。特别是在发生司法纠纷时，预计提高的效率将更加明显。

二是透明。通过将ABS发行全生命周期信息上链，借助区块链难篡改特性实现信息流可追踪、可审计，使ABS业务全过程更加透明、规范、标准，降低信用风险、流动性风险。同时，显著提高资产的评级结果、增信措施置信程度，推动投资者信心提升。

三是低成本。基于区块链分布式特性，任何变动均可同步更新到所有节点，有助于所有参与方无差别记录交易信息，节省时间和资源消耗，节约线下人工成本。同时，可为ABS投资者提供实时、可信的信息验证渠道，从而提高融资效率、降低证券发行利率，节约原始权益人的融资成本、沟通成本，让资金流转速度更快、分配效率更高。

（案例提供单位：陆金所）

六、其他场景

当前，在我国区块链技术加速演进及金融业数字化转型整体背景下，除了供应链金融、贸易金融、资产证券化、跨境支付、保险科技等应用相对较多的场景外，有关从业机构也积极在消费信贷、破产清算管理等许多细分领域开展区块链的应用探索，主要用于增强多方互信，提高协同效率。

（一）案例解析：基于区块链的数字函证平台

1.建设背景

函证是通过函证程序求证被审计企业的财务报表真实性，是注册会计师法定审计工作中的核心程序之一，对于识别被审计企业财务报表的错误和舞弊行为至关重要。因此，银行函证也是当前金融市场投融资活动中实施风险控制的关键环节。2016年7月12日，财政部与银监会向各地财政厅（局）、银监局以

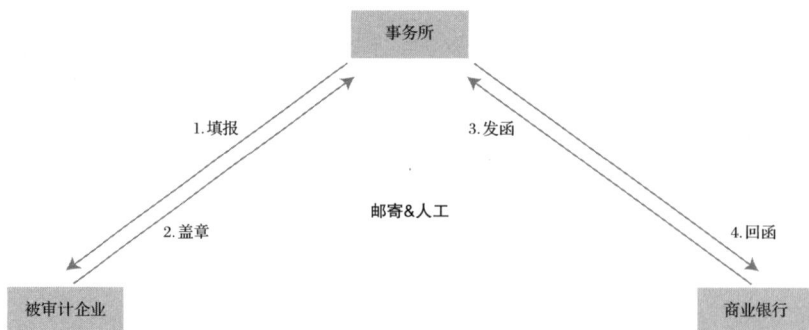

图25 传统银行函证业务流程

及政策性银行、大型银行、股份制银行，邮储银行、外资银行印发了《关于进一步规范银行函证及回函工作的通知》（财会〔2016〕13号），就银行函证有关工作提出具体要求。

目前，我国银行函证仍以线下手工为主，主要流程是注册会计师编制函证纸质底稿，交由被审计企业授权寄（送）达开户银行，由银行核对函证内容，签字盖章后寄回注册会计师。由于参与方多、路径长、节点多且各方信息化水平差异大等缘故，使银行函证确认时间长、效率低、成本高、差错多、可靠性差等痛点较为突出。比如，在效率方面，一份询证函从注册会计师填写并寄出到收回通常需要2~3个星期，消耗审计人员大量时间和精力，银行内部回函流程也同样烦琐。在成本方面，每一份纸质函证的邮寄都需要邮寄成本，会计师事务所还要安排大量人员专门处理函证的填写、发函、催收、回收等工作，银行内部回函也可能涉及多个部门、多道流转，花费大量人力物力（据初步统计，会计师事务所投入银行函证的人力和邮寄成本为300~500元/份）。在可靠性方面，纸质函证在流转中存在被人工干预的潜在风险，审计人员又很难对人工干预风险进行控制和识别，导致纸质函证的可靠性程度降低，从而影响审计质量，造成审计风险。此外，部分银行尚未建立函证集中处理机制，回函工作均由基层网点线下处理，操作风险和道德风险难以规避。随着社会经济的快速发展，银行函证业务除涉及银行内部存贷汇管多个业务条线外，还越来越涉及会计师事务所、被审计企业等多个社会主体，成为需要跨专业、跨部门进行改革治理的重要问题。

事实上，近年来我国金融市场曾出现多起与不真实银行函证密切相关的风险事件，既有因员工操作失误而提供不准确函证的情况，也有因员工道德问题而出具虚假不实函证的情况。此类事件既可能给银行带来运营、法律和声誉方面的风险，也可能对金融市场造成不良影响。比如，2019年康得新、康美药业、辅仁药业等上市公司爆出财务舞弊事件，均与银行函证程序有关。此外，中国银行间市场交易商协会也曾就银行函证问题对相关公司、会计师事务所、银行等机构作出自律处分。

鉴于比，中国互联网金融协会（以下简称协会）响应银行、会计师事务所、律师事务所、科技企业等会员机构建议，成立专门工作组论证、调研运用区块链等现代科技手段改善现有函证流程、提高工作效率并减轻业务成本的可行性。在与中国注册会计师协会协商共同推进的基础上，联合北京大学区块链研究中心共同攻关，设计了基于区块链的数字函证平台底层架构，形成相应解决方案：通过将函证数字化，促进提升函证处理效率，降低函证过程中的成本；通过发挥区块链分布式、防篡改、可追溯的技术优势，确保函证数据的准确性、可靠性和安全性，规避银行函证和金融市场风险，提升中小企业财务信息透明度和可靠度，为推动缓解中小企业融资难融资贵问题提供有效支持。

	事务所	企业	中互金协会		银行	相关行业组织
应用层	发函	发函授权	业务入口	函证取证	回函	流程监督
	函证调阅	函证调阅	业务路由	服务评估	函证调阅	函证取证
	进度查询	其他服务	流程监督	银行管理	回函统计	事务所管理
计算层	数据存证	信道管理器	监管业务系统		数据存证	监管业务系统
	签章校验	密钥管理组件	监管政策及规则		签章校验	监管政策及规则
	数据稽核	计算层管理组件	监管合约		数据稽核	监管合约
	可信执行环境				可信执行环境	可信执行环境
监管层	系统级合约		数据隔离通道		合约监管与安全审计	
	共识算法		数据账本		跨链互操作	
网络层	配置账本	跨链路由	国密算法		风控审计	
	对等网络	可视化部署	运维监控		CA认证	

图26　基于区块链的银行数字函证应用架构

2. 技术方案

目前，基于区块链的数字函证平台在银行、协会及相关行业组织之间部署联盟链。其中，协会作为事务所的银行函证业务接入方，提供事务所处理发函等函证业务统一入口；银行作为企业授权、扣费和函证业务的具体受理方，同步账本数据、受理函证业务、提醒企业的授权且收取企业费用，并进行回函；相关行业组织作为事务所的管理方。同时，协会节点和相关行业组织节点在保证函证数据隐私、函证业务合规的前提下，对相关函证数据进行同步，供事务所审计使用，事务所通过调用平台回函接口获取商业银行回函。

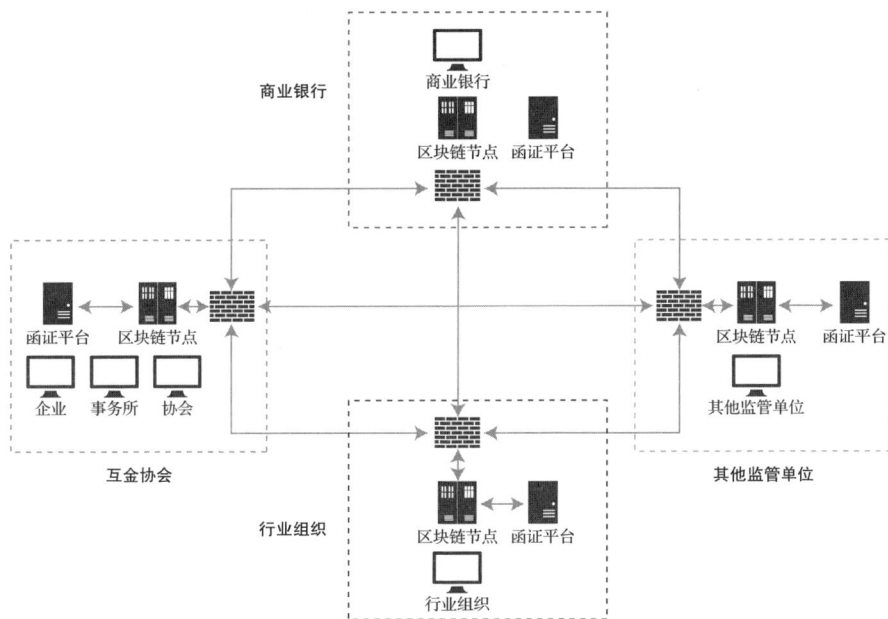

图27　基于区块链的数字函证部署架构

　　银行函证业务数据经多方共识上链后，事务所、被审计企业以及商业银行可调用平台接口完成相应的函证业务。事务所是银行函证的业务发起方，需要在平台进行注册，并通过审核后才能登录银行函证平台进行相关业务，选择使用平台提供的函证中心完成发函和审批，或选择将现有函证中心与平台发函接口自动对接。被审计企业是银行函证业务的授权方，可使用U盾通过商业银行网银进行指定函证的授权和扣费操作，还可在平台上进行实名注册和登录，并在登录成功后查看与企业相关的所有函证办理状态。商业银行作为银行函证业务的回函方，也是联盟链的重要节点。商业银行基于本地的区块链节点，使用部署在本地的银行函证系统或接口获取发函，通过网银向企业确认函证授权，收取函证费用，并在收费成功后进行回函。协会作为事务所的银行函证业务的服务接入方，也是平台的运营方。协会作为平台重要节点，与相关行业组织一起分别与不同商业银行构建联盟链，支持事务所和企业在办理具体函证业务时根据企业的银行信息自动完成指定区块链的对接，包括发送交易和相关数据查询、存储。平台通过统一的智能合约周期性地对商业银行函证服务质量进行评估。相关行业组织、监管部门可在保证函证数据隐私、函证业务合规的前提下对函证业务流程进行监督。

3. 实施保障

基于区块链的数字函证应用重点关注可扩展性、可用性、前瞻性等原则，便于后期银行数字函证监管层面的业务扩展。一是松耦合原则。按分层和分组的概念设计系统部署和服务器摆设，层内或组内服务器调整尽量不影响其他层或组。二是可扩展性原则。对于系统增加的负荷，可以利用负载平衡和并行处理方式满足新增负载的需求；对于新增业务，通过复用已有设备或新增设备的方式进行扩充。三是前瞻性原则。系统建设遵循长远规划，立足于满足未来业务发展需要。四是可用性原则。充分保证数据的正确性和有效性，持续改善数据质量；系统必须具有高可用性，可有效防止因单点故障导致业务中断。五是开放性原则。采用开放的系统设计，不依赖于特定厂商的设备和技术。

4. 应用效果

从实践情况看，利用区块链技术可在一定程度上创新函证审计应用，构建更为高效率、低成本、高质量的函证模式。

一是提升函证业务效率。传统方式一般采用邮寄函证或亲自跟函，不仅发函前要对涉及的函证信息进行反复确认，在回函前银行人员也要经过各种审批流转，函证时效性差。利用区块链技术，以数字函证取代纸质函证的模式，有助于实现函证的点对点快速传输，减少邮寄等方式对时效的影响，规范函证业务流程，提升函证审计效率。

二是降低函证工作成本。平台以数字函证取代传统的纸质函证，有助于推进审计底稿无纸化进程，节省纸张、打印、邮寄、现场函证等物流资源消耗，并通过改善银行函证流程，进一步提高函证业务运转效率，降低人力成本。

三是保证函证数据可靠性。区块链技术具有难篡改、可溯源等特征，一旦函证信息经过验证并添加至区块链，便可长期保存且相关操作流程公开透明，可有效预防会计师事务所、被审计单位、银行等各方违规修改数据，助力规避徇私舞弊、信息造假和篡改的风险。

四是统一函证服务标准。平台可为银行、会计师事务所及被审计企业等各参与方提供统一接入、业务路由的功能，各方无须再各自建设业务系统。相关行业组织的接入，可在业务、服务、技术标准等方面提供监督指导，提供标准统一、符合监管要求的数字函证服务。

五是推进函证领域治理和监管，促进流程规范。通过基于区块链的数字函证平台，相关监管部门及行业组织可进一步加强函证业务的监管和自律。监管广度可覆盖函证业务往来的各方机构，监管深度可涉及每笔函证业务，对于提高金融服务效率、维护金融市场秩序、防范金融市场风险、降低实体经济融资成本、保护投资者利益都具有重要的意义。

（案例提供单位：博雅正链）

（二）案例解析：区块链消费信贷创新应用

1. 建设背景

当前，互联网信贷业务快速发展，信贷模式逐步向"快""小""准"方向演进，各类基于场景的信贷模式纷纷涌现。然而，互联网信贷等信贷业务自身也面临较多挑战。一是客户尽职调查方面。了解客户并准确评估其信用能力是开展信贷业务的关键环节，涉及信息获取、大数据分析、隐私保护、金融监管等各方面因素。如何在不侵犯隐私、不违反法律法规的情况下尽可能地了解客户，是当前信贷面临的主要挑战之一。二是贷后风控。客户的履约能力始终处于动态变化中，如何追踪客户并及时发现异常，是风控面临的重要挑战。三是应急处置。如何面对客户破产或机构倒闭等情况及时处置、最快止损，是对信贷业务应急能力的重要挑战。四是信任问题。金融机构、贷款用户与商家间往往处于互不信任的对立关系，都担心对方违约。用户担心商家收费之后跑路，商家担心用户消费之后恶意退款或不交费用，金融机构担心用户逾期违约或因商家跑路而导致用户违约。此外，各方之间还常常存在信息不对称问题。如何缓解信息不对称、消除不信任感，也是信贷业务面临的挑战之一。

作为典型的传统信贷场景，度小满教育场景贷业务一般流程为：用户到教育机构上课时，先向金融机构申请借款，等同于金融机构帮助用户预支学费；金融机构生成一笔金融机构和用户之间的借据；用户申请的学费贷款由金融机构一次性全额支付给教育机构；用户上课，并按时还款。

其间涉及用户、教育机构、度小满三方交互，存在的问题主要表现为：教育机构方面，可能由于种种原因出现无法向用户提供教育服务的情况（例如经营不善倒闭、跑路等），导致用户无法继续上课并拒绝归还剩余贷款，甚至产生诉讼事件；用户方面，可能因对教育机构课程效果不满意而直接违约，同时单方面终止服务，给教育机构和度小满造成损失；度小满方面，可能由于用户和教育机构在服务履约过程中存在的种种不可控因素，导致其提供的相关服务出现风险，甚至产生舆情。此外，还存在业务服务与信贷服务割裂的问题，即用户申请贷款一次性发放给教育机构后，后续用户的还款行为与教育机构提供的服务相互独立，难以形成联动和相互约束，导致一旦教育服务发生问题，金融机构难以很好地进行风险控制和业务止损。

导致上述问题的根本原因在于，没有有效手段在多方之间建立信任并高效精准地对机构和用户进行风控。对此，度小满提出"区块链+安心计划"的场景贷模式，并首先应用于度小满教育贷业务。

2. 技术方案

为解决上述问题，同时维护好用户、教育机构和度小满三方之间的信任关系，"区块链+安心计划"提出了"分期打款"方式，即款项并非在用户借款后一次性打入机构账户，而是根据用户上课进度分期完成，并通过消课进度间接掌握机构风险水平；同时，通过紧密结合区块链技术，从传统偏主观的"品牌背书"思路转变成为相对客观理性的"技术背书+多方共识"机制，从而帮助教育场景贷缓解互不信任难题并实现更加精准高效的风控。

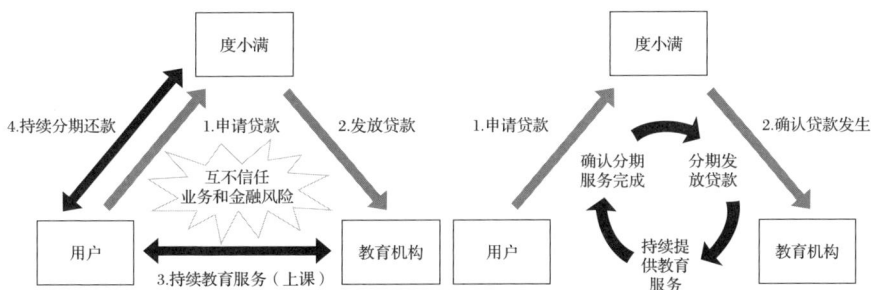

图28　传统教育贷流程（左）和"区块链+安心计划"（右）

在实现层面上，为防止三方纠纷，度小满将用户借款全流程的关键节点数据上链，并结合度小满信贷业务系统和分布式区块链网络系统为该机制提供支持。度小满信贷业务系统负责度小满信贷业务处理，分布式区块链网络系统则负责接收来自各个参与方和业务系统的上链请求以及处理区块链网络上链、链上查询等细节工作。其中，需要进行上链处理的核心数据主要涵盖消费者、教育机构、安心付方、资方四方之间的资金流动情况以及消费者和教育机构的关键性业务动作（包括消费者签署各类协议、确认结课、确认消课、发起退款的行为以及机构确认结课、发起退款、审批用户退款申请的行为）等。其中，最核心的三个上链数据分别是用户授信协议、对教育机构进行放款的信息和用户确认消课的信息。用户授信协议表示用户同意度小满为获取用户准入而进行的行为，协议内容将在链上永久存储；对教育机构进行放款的信息中包括度小满为教育机构冻结的金额总和以及度小满与教育机构之间达成的解冻规则协议；用户确认消课的信息表示用户确认消课，可用于把控教育机构的风险。上链之后，配合监管介入，数据将具有一定的法律效力。

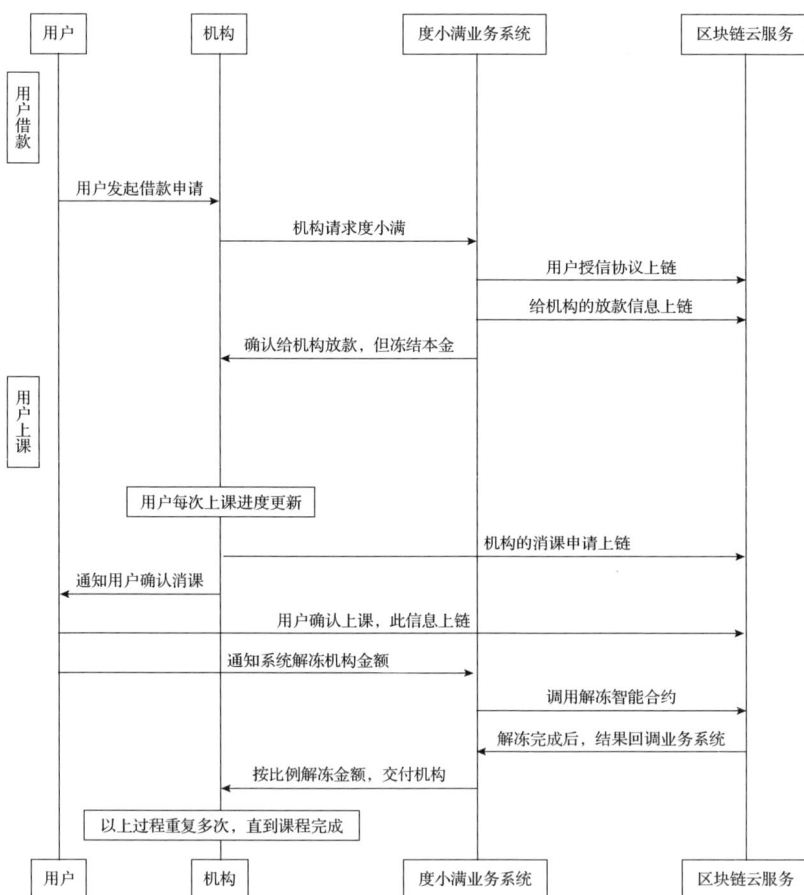

图29 "区块链+安心计划"业务流程

区块链架构方面，采用"联盟链"形式的底层区块链，用户、教育机构、度小满分别作为联盟链的三类参与方，参与分布式账本维护。其中，用户节点可完成在度小满侧的授信、放款、确认上课、还款、结清/退款等全流程操作，并可溯源自身借款流程；教育机构节点负责更新用户消课情况；度小满节点根据业务以及监管要求，提供智能合约，使链上业务自动化。

在部署方式上，使用"区块链云上托管部署节点"形式。在教育机构不具备运维区块链节点能力并予以授权的情况下，将其区块链部署节点托管到BaaS服务统一托管。度小满区块链系统中包含了区块链网关，把上链和链上查询抽象为http接口，从而降低业务方的接入难度。随着项目发展，教育机构和用户可以选择自行部署节点，并作为参与方中的一员加入账本维护。

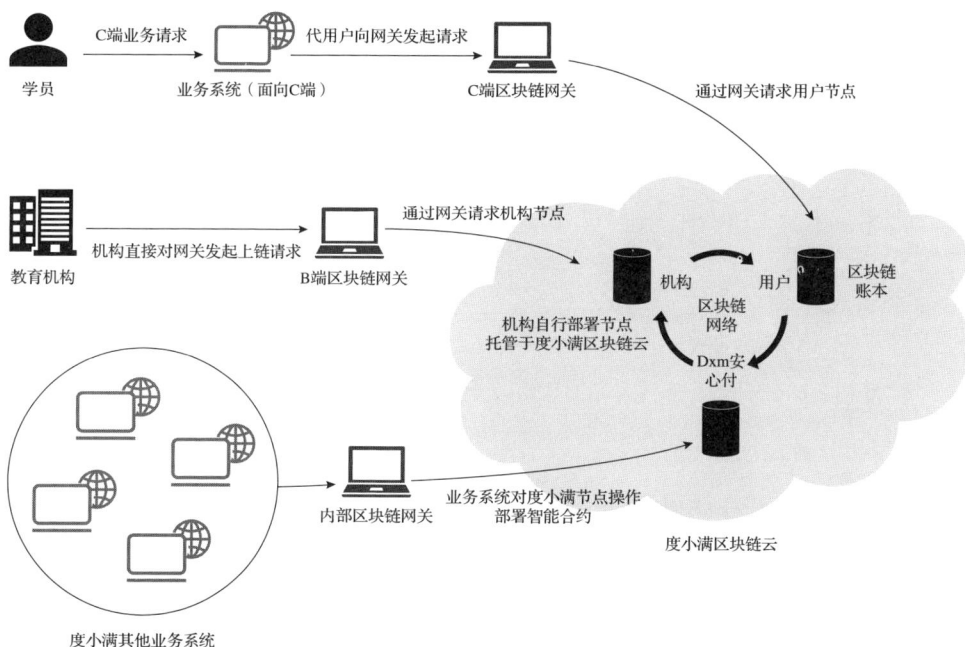

图30　各参与方调用关系

基于区块链技术，本项目可较好地缓解以下五个方面的业务痛点。一是尝试性探索"业务分期与区块链结合"模式。通过将分期服务行为、分期金融行为以及区块链技术三者有机结合，实现互为监督、互为条件以及降低业务和金融风险的目标。二是分布式构建更可靠的互信关系。教育机构、消费者、消费金融公司等各方互相协作组成区块链网络，任何一方发起的数据写入均需得到其他各方的信任背书，方能成为有效数据，提高了链上数据篡改难度。三是基于智能合约的自动化分期操作。利用定制的智能合约，通过获取用户消课结业进度，由合约自动发起付款，帮助消费金融公司实时掌握教育机构端风险敞口。四是数据可信防篡改。基于密码学设计，区块链数据间具有前后强依赖关系（后一个数据块内包含前一个数据块的哈希编码），若试图修改历史数据，则必须修改该时间点之后的所有数据，不仅改动难、成本高，而且由于数据写入需要其他参与方的信任背书，造假数据难以被采信。五是数据透明可追溯。链上数据环环相扣，新增数据依赖于历史数据，因而可通过历史数据追溯到历史数据的历史数据，从而通过将业务和金融服务的全流程数据上链实现整个交易流程可追溯。

此外，为提升系统体验，度小满安心付区块链方案还进行了两点优化。一是代理部署。由于多数消费者、教育机构缺乏构建计算机系统的能力，安心付区块链方案由度小满提供代理部署服务，即由度小满提供设备和网络，为消费者、教育机构部署区块链网络的代理节点。由于区块链数据保密、可追溯防篡改等方面的特性，由任何一方部署节点均不会削弱区块链的可信度。此外，度小满支持外部节点在获得允许的前提下加入区块链网络，也支持机构或个人在其要求并达到独立部署标准的基础上，独立部署区块链节点并参与数据背书。二是异步上链。由于背书属性及其存储结构限制，区块链原生的数据读写、上链和查询均相对较慢，不利于系统长期发展。对此，安心付区块链提出增加中间缓冲层的方案，为链上数据提供索引查询优化，支持树形、哈希表、链表等各类形式的检索优化，同时也支持高并发量上链阻塞时在缓冲层缓存，进行异步处理（类似Kafka的buffer机制），从而提高了区块链的吞吐能力。

3. 应用效果

安心付自上线以来，签约机构已超过100家，其中超过70家机构已使用安心付模式，总放款量超过100万元，链上保存了超过8万安心付用户数据。目前，尚未发生用户与教育机构间的纠纷案件。

（案例提供单位：度小满金融）

（三）案例解析：区块链破产清算管理平台

1. 建设背景

《中共中央关于制定国民经济和社会发展第十三个五年规划的建议》提出，更加注重运用市场机制、经济手段、法治办法化解产能过剩，加大政策引导力度，完善企业退出机制。当前，破产制度日渐成为去产能、去杠杆以及化解金融风险和社会风险的重要选择之一。据统计，2015—2017年，全国破产案件的立案数量由3568件增加至10195件，审结数量由2418件增加至5712件。同时，根据2019年最高人民法院工作报告，2018年全国法院审结公司清算、企业破产等案件达1.6万件。而随着供给侧结构性改革、企业出清进程以及"放管服"改革持续推进，破产案件尤其是司法重整、清算案件数量预计将保持快速增长态势，涉及的债权人群体数量也将不断增加，加之《最高人民法院关于执行案件移送破产审查若干问题的指导意见》《关于进一步做好"僵尸企业"及去产能企业债务处置工作的通知》等文件陆续出台，对包括司法资源在内的公共综合服务供给响应社会处置出清需求的效率效能和手段方式提出了更高的要求。

传统的破产处置程序主要存在三方面痛点。一是破产案件涉及群体多而分散且利益分歧较大，处置协调难度高。二是证据数量大、管理难度高。破产案件处理中涉及大量证据，包括破产人财产、债务、管理资料等，且其中电子数据形式的证据难以保证自形成之日起的完整性以及未被篡改。三是投票管理程序效率低、成本高、风险大。传统的投票程序需要召集所有债权人进行现场投票，但由于债权人涉及人数多、地域分布广、投票轮次多，存在组织难、成本高等问题，且易引发矛盾冲突事件。比如，投票结果不公开难以取信于债权人，公开则又会泄露案件隐私，甚至触发群体性问题。

2. 技术方案

证据是破产案件处理的事实依据，破产方案投票是债权人行使权利、维护自身合法权益的重要途径，两者均是破产案件处理中的关键环节。2018年，中钞信用卡产业发展有限公司杭州区块链技术研究院（以下简称中钞区块链技术研究院）联合中国工商银行、部分法院以及杭州法汇数据科技有限公司共建了基于区块链的破产清算管理平台，通过PC端支持管理人更便捷有效地管理破产清算案件，通过工行融e联手机端APP和"破产清算管理平台"小程序支持债权人便利申报以及动态实时参与破产处置全过程，通过络谱区块链登记开放平台（以下简称络谱）支持破产程序的身份认证、案件档案存证、投票管理、资产存证以及可信公示，将区块链应用于证据认证、投票认证等重点环节，助力提升破产案件处理效率，更好地体现司法程序公正。

区块链作为难以篡改的分布式账本数据库，结合密码学技术、隐私保护方案、终端安排，主要用于实现破产清算管理平台三方面的功能。一是数字身份认证。在支持管理人通过银行卡、身份证、电话号码、债权证明材料等证据审核债权人申报有效性的同时，联合公安部提供基于区块链技术的人脸认证，支持管理人确保投票行为与有效投票人的一致对应性。二是根据案件及债权人需要，使用不同的加密算法实现对投票内容和投票者的隐私保护，并提供代理存证、多重身份认证、数据鉴证等多种区块链投票管理服务。三是通过将投票结果存证于络谱区块链，基于区块链防攻击、难以篡改等技术特性保障投票结果的唯一性，结合短信送达与区块链浏览器的双重查验途径确保投票结果未篡改、统计真实有效。

3. 实施保障

技术安全保障方面，在数据信息存证于络谱的同时，将债权申报数据独立存放于第三方工行融e联APP服务器，从而提高数据安全性和可靠性。支持国密算法，并通过架构标准、检测标准、安全标准等区块链领域技术标准综合保障平台运行安全。同时，结合应用需求反馈，及时开展技术改进，不断优化平台功能与技术架构。

金融风险防控方面，破产清算管理平台是以应对金融不良、出清债务为主要功能的金融风险债务处置工具，旨在为更好地化解纠纷矛盾提供助力。业务处理上，平台注重保持第三方独立性与中立性，充分依托包括管理人在内的专业人员进行事务管理和工作推进。同时，引入公安、司法等权威机构参与生态共建，增加区块链平台的多方协作与可信度。

金融消费者保护方面，通过区块链等技术手段在债权人、管理人、债务人、法院等主体之间对破产程序及实体信息进行保护。具体程序上，通过投票异议等保障机制支持债权人在异议期间对投票结果进行查验和异议。同时，管理人开展的破产案件处置管理工作通过平台与受理法院建立定期汇报机制。

4. 应用效果

通过互联网进行投票，能够突破地域限制，降低安保投入等人力物力消耗以及其他不确定性风险的发生概率，增强投票表决的便利性和参与度。区块链技术的应用，有助于进一步解决互联网投票方式在投票主体、投票内容、投票行为等方面所面临的问题和挑战，即确定投票人身份真实有效、确保投票方案在权限范围内公开透明且难以篡改、确认投票行为的对应性及结果难以篡改。

具体而言，基于区块链的破产清算管理平台具有四个特点。一是债权申报审核高效。管理人可通过银行端破产案件管理系统公众号，在线完成债权人身份核实及债权认定，并结合债权人接受情况选择区块链身份认证、密钥管理方式，保障债权申请的准确和安全。二是法院庭审与破产清算可同步进行。法院庭审系统和破产清算在线会议系统同时开播，实现庭审视频、会议视频的双视频、双记录，提高信息可信度。三是投票表决突破时空限制。发挥在线会议优势，支持代理人委托投票、债权人自主投票等多种投票表决形式，保障债权人充分行使投票权利。同时，管理人可根据债权人认知程度、实际状况和有关要求，结合案件情况，经报请人民法院批准同意，申请延长在线投票期限。四是投票结果可信安全。债权申报数据存放于独立第三方服务器，同时由破产管理平台作为托管管理人，运用区块链技术进行投票管理，将投票内容同步登记在区块链平台进行可信公示，并通过银行短信及时通知债权人投票人信息、投票结果及相关信息存放的区块链地址。此外，债权人也可通过区块链浏览器自主查验。

截至2019年3月，平台在案破产清算案件44件，申报债权人数3223人，申报债权总额约199.7亿元，涉及浙江省杭州、湖州、嘉兴、绍兴、永康、金华、诸暨、丽水、衢州等地区的21家法院（如江干法院、西湖法院、德清法院、金华法院等），已召开8次债权人大会并留存了区块链投票数据。

此外，平台还在产品项目清算、公司清算、合伙企业清算等方面开展了应用探索，以提供基于区块链技术的清算系统综合服务。其中，私募产品清算在案2件，申报投资者人数25人，申报投资额0.55亿元，已召开表决会议2次并留存了区块链投票数据。

（案例提供单位：中钞区块链技术研究院）

（四）案例解析：区块链债券发行系统

1. 建设背景

从参与主体看，债券发行过程主要涉及四类参与方：发行人，具有融资需求，需通过发行债券完成融资；簿记管理人，需牵头各个承销商，并协助发行人完成债券发行；承销商，需对接投资者完成债券承销工作；投资者，债一级市场认购方，也可在二级市场参与债券交易。从发行流程看，债券发行主要可分为六个阶段。一是发行准备阶段，由簿记管理人和发行人完成发行方案报备、组建承销团等准备工作。二是确定区间阶段，由簿记管理人汇总询价结果，确定利率区间。三是簿记建档阶段，由承销团和投资者进行申购，簿记管理人完成记录和配售。四是债券分销阶段，即在配售结束后，将债券分配到申购人的阶段。五是缴款登记阶段，由申购人完成债券缴款以及债权债务确认的过程。六是交易结算阶段。

当前，债券发行流程较长，参与方众多，主要存在三方面痛点。一是过于依赖手工，效率较低。在债券发行阶段，材料准备、申购和配售等过程均通过手工完成，环节较多且正确性依赖多人手工复核。同时，发行人与投资者间缺少直接沟通渠道，且申购信息主要依靠簿记管理人从承销商、投资者处收集，发行人对申购分布的调整过于依赖线下沟通，效率低、时效性差。二是各参与方缺少信息共享渠道，信息传递滞后。当前，债券发行中的订单信息往往按照投资者、承销商、簿记管理人、发行人的顺序层层传递，不利于发行人和簿记管理人实时获取订单信息从而影响定价效率，也不利于监管方实时掌握发行进展从而影响监管进程。三是存在信息不对称问题，信息透明度较低。债券发行过程中，发行人、簿记管理人、承销商、投资者等各方掌握的信息往往出现不一致。同时，定价机制尚未完全市场化，定价过程不够透明，导致申购方仅能获悉最终利率价格但不清楚定价过程。此外，债券配售依靠人工完成，过程烦琐且规则不清晰。

2. 技术方案

在此背景下，中国银行积极探索将区块链技术应用于债券发行场景，在对HyperLedger Fabric v1.2.1开源框架进行优化的基础上，研究开发了区块链债券发行系统，旨在结合区块链分布式、难以篡改等特征，构建透明可信的债券业务流程，减少业务中间环节，降低业务参与门槛，并为实现券款实时同步交割以及一体化债券业务平台奠定基础。

一是建立集中统一的业务平台系统，将线下手工操作转移至线上，缓解因参与方较多、层层手工操作导致的效率低下等问题。全流程线上集中，精简各参与方业务流程，减少手工操作量；实时统计申购情况，便于在申购过程中进行动态调整；自动进行配售计算，降低手工出错率；促进各参与方线上交互，及时高效完成沟通及债券信息发布；结合节点部署、客户端接入、API访问等多种连接机制满足不同参与方对接入方式的差异化需求，同时通过统一且符合公钥基础设施（PKI）标准的身份机制保障使用不同接入方式的参与方对信息具有一致的处理机制。

二是基于分布式账本，在各角色节点上保存同样的订单等交易信息并实时同步，有助于发行人和簿记管理人及时掌握订单变化、预测并调整定价趋势，同时有助于缓解缺少信息共享渠道、信息传递滞后等问题。目前，系统一期已完成债券发行过程信息链上存证，实现申购订单信息和配售结果信息等及时共享，且可实时全网记账，有利于保障信息安全。同时，除债券信息可实时上链存证外，与投资决策相关的其他信息也可记录上链，供各参与方参考。系统二期计划建立监管方用户角色，探索引入监管方节点，使得业务全时段全流程对监管方有迹可查，有利于对债券发行过程的追溯查证，提升穿透式监管能力。此外，系统还可根据链上信息自动生成具有一定公信力的报告，便利交易后期管理。

三是利用智能合约将业务规则以程序形式实现，缓解信息不对称、透明度低等问题。系统一期已通过智能合约实现申购配售等信息上链，且上链信息难以篡改，有利于提高信息透明度和公信力，缓解信息不对称问题。同时，探索通过智能合约在区块链上完成组建承销团的组团签署认证，为替代线下纸质协议用印流程奠定基础，提高协议签署效率。系统二期计划将债券发行过程中确定利率区间的模拟算法和配售规则放入智能合约，并由各参与方共同完成智能合约编辑，使得相关业务流程可按照合约内容自动执行，从而减少人工干预，且执行结果公开可查、难以篡改，有助于实现市场化定价，减少各参与方之间的摩擦。

3. 实施保障

目前，为做好金融风险防控及技术安全保障，系统已采取的措施有：采用区块链技术对交易和基础数据进行存证，提升数据篡改难度；针对用户重要操作，同时使用密码、手机验证码进行双因子验证；密码、身份等重要信息采用硬件加密，并使用国密算法；使用HTTPS安全协议通信，保障金融数据网络传输安全；区块链层使用数字证书进行身份验证，抗抵赖；输入口令的输入框使用专用输入框，防范口令被窃取篡改；密切监控异常操作，并限制异常操作用户继续使用；身份鉴别信息采用端到端加密，防止用户身份被冒用；用户权限分配遵循职责分离原则，确保实际业务操作人员不具有权限分配功能，权限管理人员不具有业务操作权限，有效防范用户水平越权和垂直越权；交易操作可追溯，便于安全审计；具有敏感残留信息清除机制，应用系统在会话中断后，会清理会话残留信息，将会话残留信息置空后释放内存空间；具有数据权限管理机制，防止非数据所有者查看配售、申购等敏感数据；具有数据备份机制，可及时恢复数据，有效防范数据被损害；密钥使用硬件加密机管理，防止密钥泄露；具有会话超时、唯一性、有效性等管理机制，防范会话劫持；限制短信发送频率，防范短信炸弹攻击；具有重放识别机制，防范系统被重放攻击。

4. 应用效果

区块链债券发行系统可缓解债券发行过程中信息不对称问题，有助于降低债券发行成本、提高债券发行效率，还有助于后续审计和管理。自2019年11月投产以来，中国银行区块链债券发行系统已两次被用于支持金融债发行。一是支持发行"中国银行2019年二级资本债（第二期）"债券，完成对该系统的测试应用，参与机构包括中国银行（发行人）、中银证券（簿记管理人和承销商）以及中国银行分行投行部（模拟直接投资者），发行规模为300亿元，票面利率4.01%，全场倍数约为2.66倍。二是支持发行"中国银行2019年小微企业专项金融债（第一期）"债券，参与机构包括中国银行（发行人）、中银证券（簿记管理人）、中信证券和中金公司（承销商）以及中银证券资管（直接投资者），发行规模为200亿元，票面利率3.25%，全场倍数约为2.7倍。

（案例提供单位：中国银行）

底层平台篇

一、金融领域区块链底层平台概述

随着区块链技术在我国金融领域应用探索逐步深入以及相关落地场景和实践案例不断丰富，越来越多的从业机构希望开展基于区块链（以联盟链为主）的业务探索，但综合考虑技术实力、投入产出比等因素，许多机构（特别是中小金融机构）通常不具备自行研发区块链底层技术的条件。在此背景下，金融行业对区块链底层技术平台建设方面的需求日益强烈，许多条件较为成熟的从业机构积极推动区块链底层技术平台自主研发。根据对47家调研机构底层平台应用情况的系统梳理以及对其中11家采用自研平台机构的重点分析，我国金融领域区块链底层平台的发展呈现以下特征。

一是底层平台自主研发能力不断增强，但仍需进一步落地推广。在全部47家调研机构中，有18家明确表示采用了自研底层平台，另有19家明确表示采用了第三方底层平台，有10家未提供底层平台相关信息。值得注意的是，部分平台研发过程中对国外区块链底层平台借鉴部分较多，自主可控能力有待进一步加强，同时多数传统金融机构未提供底层平台相关信息或明确表示采用了Fabric平台，而大部分已采用自研平台的机构为互联网金融和金融科技公司，仍需进一步加强落地推广以促进相关自研平台在金融领域的应用。

二是多数平台未开源，但部分已制订开源计划。在重点分析的11家调研机构中，有6家明确表示平台尚未开源，有3家明确表示已开源。但在上述6家平台尚未开源的机构中，有2家表示将在未来1~2年实现部分开源。

三是平台性能对部分金融场景的应用约束有所减弱。通过优化共识算法、分层、多链等方式，多数平台已可支持每秒千级的交易处理速度，FISCO BCOS、蚂蚁区块链BaaS平台、JD Chain、趣链Hyperchain等半数以上平台的资料表明在特定实验环境下可实现每秒万级的交易处理速度。然而，即使同一平台面对复杂度不一样的交易时，处理速度也会存在较大差异。因此，单纯从交易处理速度方面考虑，虽然多数平台已能够满足供应链金融等部分相对低频场景中的简单业务处理需求，但仍需持续优化以满足频率更高、流程更复杂的业务需求。

四是各平台高度关注安全性建设，尤其是数据隐私保护。通常，各平台都会设置一定的身份认证管理机制，以提高联盟机构成员间的准入安全性并方便权限管理。同时，基于金融领域对数据隐私保护的严格要求，各平台围绕数据的全生存周期保护进行了大量实践。比如，通过SSL、TLS等技术保证数据通信安全，通过数据隔离、权限控制等实现只有相关节点才可完成指定数据操作，通过可信执行环境保证数据在计算过程中的保密性，通过同态加密、零知识证明、环签名以及哈希上链等技术增强链上数据保密性。此外，识别智能合约漏洞、防止重放攻击等也是各平台较为关注的领域。同时，平衡好数据隐私保护与数据安全融合间的关系，是当前许多平台面临的重要挑战。

五是部分平台积极布局前沿技术领域。多家平台探索应用跨链技术支持在同构、异构区块链之间完成信息跨链互通、合约跨链调用等跨链交互，其中部分平台已推出自身的跨链产品。部分平台探索预言机机制，用于将链下信息写入链上或将链上计算转移到链下，从而更好地实现区块链与现实世界的数据互通。多家平台已支持多语言智能合约编程以及EVM、WASM等虚拟机兼容，还有部分平台在合约研发平台、合约漏洞识别等领域进行了探索研究。此外，区块链与安全多方计算、同态加密、物联网等技术的融合应用也是各平台较为关心的热点领域。

总体来看，我国金融领域区块链底层技术平台自主研发能力稳步提升，平台性能、安全性等方面不断取得新的进步，在前沿技术领域也进行了大量探索。但同时也要认识到，各机构之间存在一定的"各自为链"现象，还可能导致新的数据孤岛问题，急需加快跨链技术和标准研究，加强链链交互，更好地促进形成网络效应，提高我国区块链底层技术平台的整体竞争力。此外，并非所有机构都有必要自主研发区块链底层技术，部分机构可能更适合依托现有的底层平台进行设计开发，以节省时间、人力等资源投入，提高部署效率。

二、案例解析[①]

（一）博雅正链RegChain区块链底层平台

1. 背景简介

金融科技是技术驱动的金融创新，旨在运用现代科技成果改造或创新金融产品、经营模式、业务流程等，推动金融发展提质增效。但是，金融科技也可能使金融产品的交叉性和关联性增强，进而使金融风险隐蔽性增大、识别难度增强、传播速度加快，同时部分金融科技企业存在内控机制较弱、消费者权益保护不足、信息不够透明等问题，导致相关监管难度上升。在此背景下，发展监管科技有助于妥善应对金融科技发展引发的金融行业新需要。一是应对金融风险新形势的需要。金融科技背景下，业务边界逐渐模糊，经营环境不断开放，金融风险形势越发复杂。二是缓解金融监管瓶颈的需要。监管科技借助技术手段对金融机构进行主动监管，推动监管模式由事后监管向事前事中监管转变。三是降低机构合规成本的需要。金融机构希望借助数字化、自动化手段增强合规能力，减少合规工作的资源支出。四是顺应科技变革的需要。监管科技有助于转变风险管理理念，提升风险感知能力，更好地实现金融风险早识别、早预警、早发现、早处置。

区块链技术是价值互联网的基石，其核心在于构建信任机制，在监管科技领域具有较好的应用前景。为此，博雅正链面向监管科技场景研发了RegChain平台。在效率方面，将计算与共识分离，仅在监管群体间进行共识，避免全节点共识造成资源浪费，并通过可信执行环境（Trusted Execution Environment, TEE）的远程证明简化计算验证过程，提高计算和共识效率。在安全性方面，

---

① 排名不分先后，以案例支持单位正式名称全拼为序。下同。

通过可信执行环境保证数据在计算过程中的保密性，通过数据通道隔离技术保证数据同步范围内实现可控物理隔离，通过智能合约安全分析与审计技术识别合约漏洞。在合规性方面，设计了面向监管要求的智能合约编程语言，助力监管部门实现监管规则数字化、自动化、智能化，且相关加密过程全部采用国密算法。在灵活性方面，提供支持互操作的跨链通信服务，支持跨Ethereum和Fabric等链的数据共享和交换，并可对接大数据系统及微服务架构。

2. 平台主要技术特征

RegChain平台是面向监管科技与金融科技行业应用的联盟链平台，整体架构在逻辑上可分为网络层、监管层、计算层和应用层。

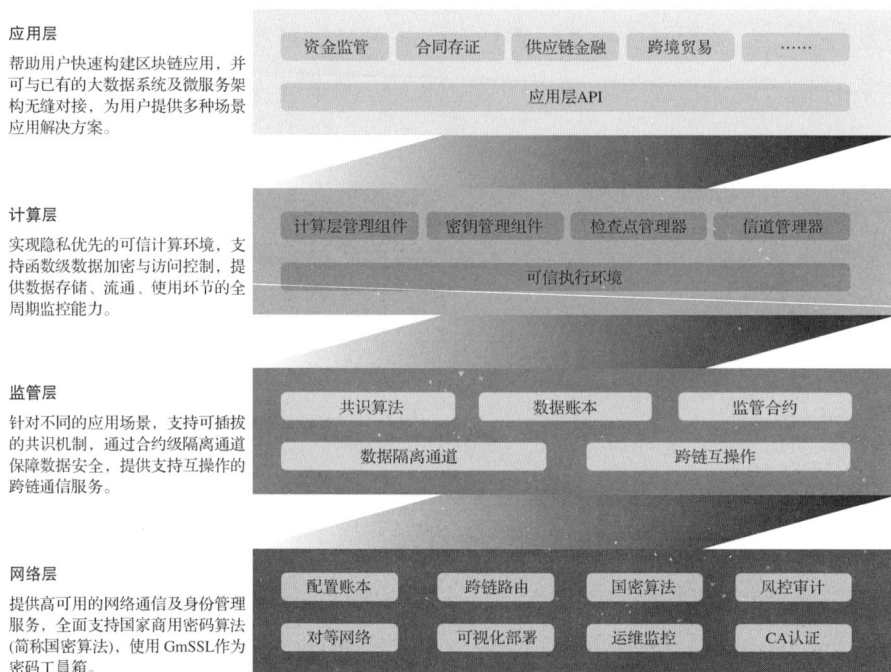

图31　RegChain平台架构

在计算与共识方面，考虑到区块链平台的数据流通效率通常与参与共识的节点数量成反比，而在监管科技场景中并不需要全部节点参与共识，仅在监管节点间完成共识和数据复制即可保证数据的一致性，RegChain平台选择将共识与计算过程分离，在计算节点中完成计算，在监管节点间完成共识，从而提高数据流通效率，降低交易确认时间。相关智能合约运行在计算节点的可信硬件中，通过可信硬件保障数据安全。受益于可信硬件提供的远程证明机制，智能合约仅需在一个计算节点中进行一次计算，无须其他节点通过重新执行验证计算结果正确性。因此，用户可根据自身实际情况弹性部署，节约计算成本。平台计算压力也可通过该方式分摊到各计算节点，在满足数据一致性的基础上实现高性能分布式计算。

在RegChain平台，计算节点通常由从业机构、业务部门或参与者维护，逻辑上包括网络层、计算层和应用层；不参与联盟链的共识过程，数据依赖于从一个或多个监管节点进行合约级同步，不需要同步数据账本的全部数据；需具备可信硬件，负责智能合约的计算过程，并通过可信硬件实现函数级数据加密与访问控制；在计算完成后，需通过加密通道向监管节点出具计算内容和远程证明，由监管节点验证并写入数据账本；只需存储和计算与自身相关的数据，使得存储和网络压力有所降低。监管节点则通常由监管机构、管理部门或主要发起者部署和维护，逻辑上包含网络层和监管层，也可提供计算层与应用层服务；具有平台全部数据，负责验证计算节点计算内容的远程证明，并对写入数据账本的数据进行排序、共识和同步；还可基于可信硬件向计算节点提供合约级数据隔离通道和跨链互操作功能，提高平台安全性及灵活性。

在智能合约编程方面，采用面向监管科技的智能合约编程语言RegLang，助力实现监管规则数字化、自动化、智能化。一是监管规则数字化。RegLang语法规则和类型系统根据监管需求进行设计，便于实现监管规则数字化，快速完成数字化监管规则库的建设。二是监管规则自动化。通过RegLang编写的智能合约能够运行在RegChain联盟链平台上，监管部门可以通过智能合约自动实现穿透式监管，受监管对象能够通过监管部门公布的监管规则提升自动化合规能力。三是监管规则智能化。监管部门能够通过RegLang在区块链中构建专家系统，也可通过RegLang与区块链外部构建的智能风险管理模型进行交互，持续有效地满足金融监管要求。四是监管规则内生安全。RegLang是图灵不完备的智能合约编程语言，语言设计上便于形式化验证工具和安全分析工具对智能合约进行安全审计，充分保证智能合约安全性。

在数据管理方面，基于可信执行环境，RegChain平台可通过处理器上的安全区域提供与常规操作系统隔离的计算环境，以确保相关计算不受常规操作系统影响，进而确保加载到可信执行环境中的代码和数据的机密性和完整性，还可以对运行的程序及结果出具远程证明，使得其他用户只需验证远程证明的真实性和有效性而无须重新运行程序即可确认相关程序及其结果的正确性。

平台数据管理架构主要包含计算层管理组件、密钥管理组件、应用层信道、监管层信道和网络层信道。平台计算层运行在可信执行环境中，并可通过密钥管理组件实现分布式密钥生成和分发，以及通过在网络层查询系统级合约对一般智能合约进行"函数级"访问控制。其智能合约的一般执行流程为，计算层管理组件从应用层信道获取输入数据以及用户身份信息等；计算层管理组件通过网络层信道读取配置账本数据，加载智能合约虚拟机，验证"函数级"调用权限；智能合约在虚拟机中进行计算，需要加解密的数据通过密钥管理组件获得密钥，再进行计算；计算层管理组件将依赖状态、计算结果和远程证明通过监管层信道发送到监管节点，等待监管节点验证；监管节点验证远程证明的真实性和有效性后，检查依赖状态是否与账本最新状态冲突，若冲突则通知计算节点写入失败，若不冲突则将计算结果写入账本并通知计算节点写入成功；计算层管理组件收到监管节点的通知后，若账本写入成功则将计算结果通过应用层信道返回给用户，若写入失败则通知用户智能合约执行失败。

智能合约的计算在可信执行环境中完成，数据不会在运行时被泄露。而对于需要保密的账本数据，其明文仅在运行时可见，并通过密钥管理组件存储密钥，以确保数据不会被任何非授权用户获取。此外，在充分保护数据隐私的基础上，数据所有者还可以通过"函数级"授权，允许其他用户通过调用指定智能合约使用数据（仅获取计算结果，不获取数据明文）并保留使用记录，既能自证数据的真实性，又能实现可控、可追溯的数据共享，从而提升数据资产价值。

在成员管理方面，选择安全可靠、合规可控的身份认证技术非常重要。2012年以来，国家密码管理局通过《中华人民共和国密码行业标准》陆续公布了SM2/SM3/SM4等密码算法标准及其应用规范。其中，"SM"代表"商密"，即用于商用、不涉及国家秘密的密码技术。近年来，各金融主管部门相继发布《金融领域密码应用指导意见》《关于推动移动金融技术创新健康发展的指导意见》《银行业应用安全可控信息技术推进指南》等文件，推动金融系统使用国家商用密码算法（以下简称国密算法）。因此，RegChain平台选择采用基于国密算法的证书体系对全部监管节点和计算节点进行身份认证和管理。

对比国内外其他平台，RegChain在监管规则库、可信硬件等方面具有一定特色。

表3　RegChain与其他平台对比

对比项	比特币	以太坊	Fabric	Libra	RegChain
应用类型	比特币交易	DAPP/ 以太坊交易	企业级 区块链应用	稳定数字货币	企业级区块链应用 监管级区块链应用
编程语言	Script	Solidity	Go/JavaScript/ Java	Move	RegLang监管语言/ Solidity
监管规则库	不支持	不支持	不支持	无方案	支持
运行环境	—	EVM	Docker	MoveVM	TVM可信虚拟机
合约安全	不支持	不支持	不支持	不支持	合约安全分析与 审计工具集
数据结构	Merkle树	Merkle-Patricia 树	Merkle Bucket树	Merkle树	Merkle树

续表

对比项	比特币	以太坊	Fabric	Libra	RegChain
数据模型	交易模型	账户模型	账户模型	账户模型	账户模型
数据存储	LevelDB	LevelDB	LevelDB/CouchDB	RocksDB	LevelDB
共识算法	PoW	PoW/PoS	CFT	LibraBFT	CFT/BFT
计算与共识分离	未分离	未分离	分离，信任根为背书节点	未分离	分离，信任根为可信硬件
网络协议	TCP-based P2P	TCP-based P2P	HTTP-based P2P	TCP-based P2P	双结构网络
国密算法	不支持	不支持	不支持	不支持	研发并维护开源国密算法工具箱GmSSL
节点类型	未区分	未区分	Peer/Order节点	未区分	计算/监管节点
可信硬件	不支持	不支持	不支持	不支持	支持

3. 平台应用实践

目前，平台已应用于中国互联网金融协会的全国互联网金融登记披露服务平台优化升级项目，并取得了一定成效。全国互联网金融登记披露服务平台于2017年6月上线，可实现机构信息、运营信息、项目信息和银行资金存管信息披露以及网贷合同登记功能。在对平台进行优化升级的过程中，通过引入区块链技术，在协会、资金存管银行和从业机构之间构建了一条联盟链。其中，从业机构负责原始合同要素数据上链，并按照统一的数据稽核规则对合同要素数据的合规性进行判定，降低合规成本，提升品牌价值。资金存管银行负责提供合同对应的资金流水数据，通过安全多方计算技术完成资金流水对账和上链存证。协会负责统筹平台管理，支撑协会更好地执行穿透式自律管理，提升登记披露平台公信力。合同要素数据和相应的对账结果具备防篡改、抗抵赖、可溯源等特性，在协会、资金存管银行和从业机构之间共享。此外，个人用户也可通过平台进行社会监督，并通过掌握合同实际执行情况维护自身权益。

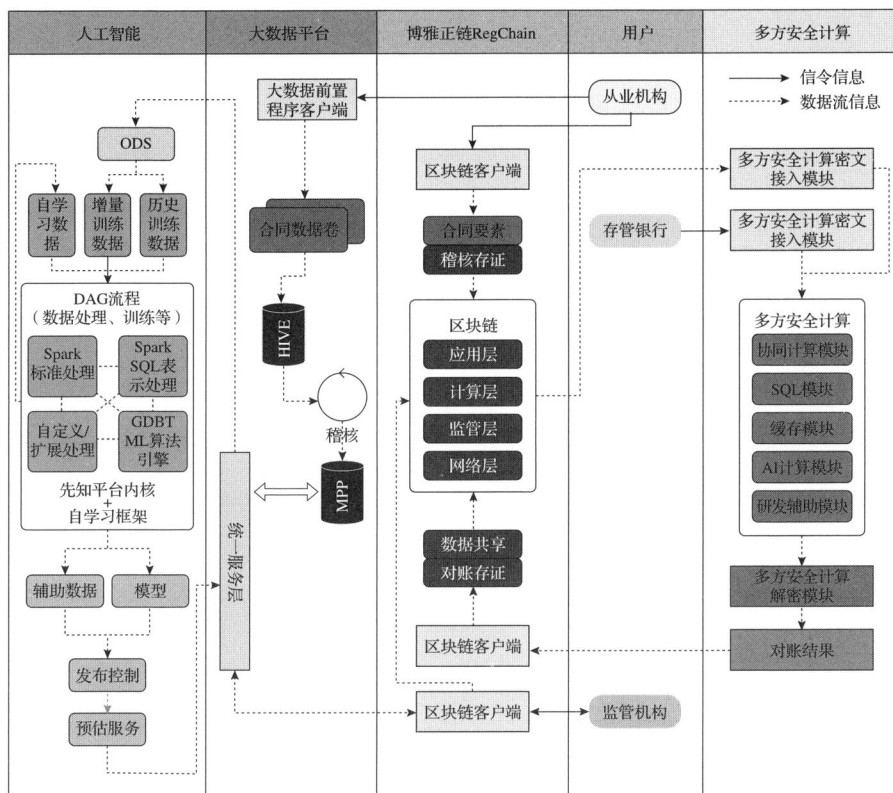

图32　基于区块链的全国互联网金融登记披露服务平台业务流程

引入区块链技术后，全国互联网金融登记披露服务平台的一般业务流程为，从业机构按照协会制定的标准以及银行对账的实际业务需求生成合同要素数据，通过合同要素校验模块进行校验，并将合同要素关键信息和指纹信息存储到区块链；资金存管银行负责提供合同对应的资金流水数据，通过安全多方计算技术完成资金流水对账和上链存证，安全多方计算技术为对账过程提供数据隐私保护；协会通过业务模块对从业机构合同要素数据和对应的银行对账信息进行关联，按照机构—项目—合同—文件—账本信息对数据进行重新组织、管理以及整合、统计、储存，通过机器学习技术利用借款人信息、项目、合同

等相关数据建立标的风险侦测模型，预测标的风险概率，对各平台内项目风险
实施监控和预警，同时提供统一接口，对外提供信息查询和服务供从业机构、
资金存管银行和个人用户使用。

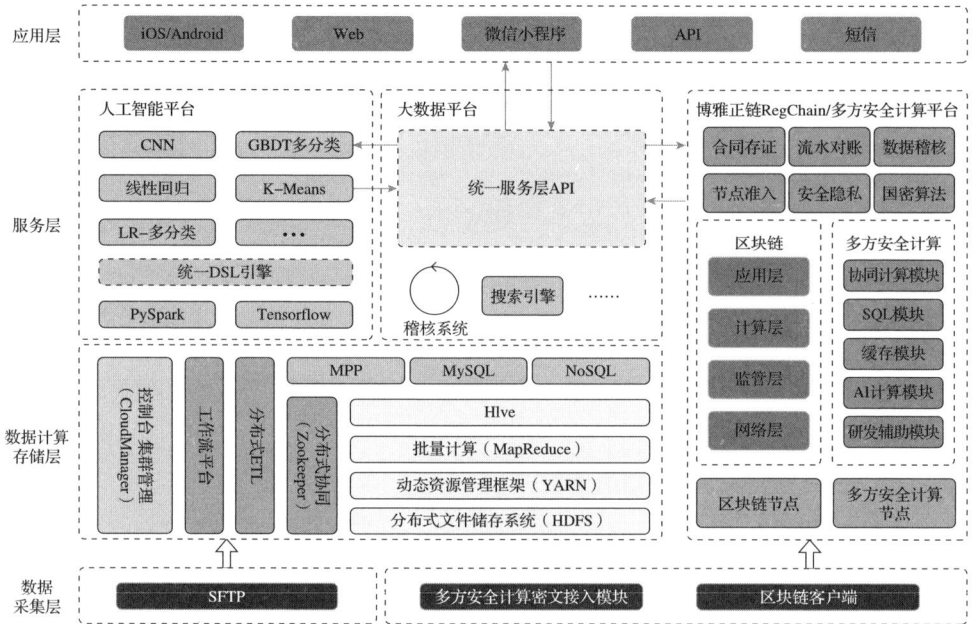

图33　系统整体框架

此外，在抗击新冠肺炎疫情背景下，为坚决贯彻落实习近平总书记关于
疫情防控有关指示精神，由中国互联网金融协会指导发起，北京大学信息科学
技术学院区块链研究中心、博雅正链（北京）科技有限公司联合开发了基于区
块链的中立、可信、开放的战"疫"医疗物资捐赠信息存证公益平台"博雅医
链"联盟链，利用区块链技术的可溯源、难篡改、分布式存储等技术特点，打
造免费的医院求助信息发布、社会各界捐助物资溯源平台，并由具有社会公信
力的机构作为监督节点，为捐赠与受赠方免费提供物资确认、可信存证、信息
查询等在线服务，为社会各界提供公开透明、可追溯、可反馈的监督途径，保

障物资捐赠公开透明。在平台上线一个月的时间内，上链存证的捐赠主体就达到268个，捐赠金额达6266.39万元，捐赠医疗物资45万余套。同时，平台还开通了口罩溯源的通道，为消费者提供口罩认证真伪和投诉举报入口，为口罩生产商和经营方提供资质存证，为监管部门提供全流程监管渠道和处罚举证，形成生产—销售—消费者—监管的全流程的监管溯源体系。

（案例提供单位：博雅正链）

（二）度小满金融区块链BaaS平台

1.背景简介

当前，区块链在我国应用落地面临一些制约因素。一是对传统行业等非区块链专业人员而言，现有区块链应用方案易用性较差。二是相比于传统技术对接，基于区块链技术的业务解决方案从尝试接入到真正落地，成本和周期通常更高，具体体现在方案探讨、设计、落地、调试、运维等各个环节。

表4　现有国外主要区块链应用方案

对比项	Bitcoin	Ethereum	Fabric	EOS
易用性	无法直接改造	较易用，节点部署较简单，通过定制智能合约满足不同需求。	针对企业级的解决方案，组件众多，流程复杂，较难使用。	易用性不高，节点非全对等，配置较复杂。
接入成本	无法直接改造利用	较高，需一定数量节点保证Ethereum网络稳定运行。	网络运行以来组件繁多，数据上链流程复杂，接入成本非常高。	节点非全对等，超级节点的部署成本较高。
应用生态	仅限于比特币钱包	提供API以及开发者文档，有比较完善的智能合约调试平台。	有非常丰富的组件和文档，有比较成熟的案例。	提供API和开发者文档。
实际落地	仅限token交易场景	落地场景以token交易为主，TPS较低，无法满足多数系统的性能要求。	在供应链、存证溯源、农产品安全等方面有一些初步探索。	落地场景多以token交易为主。

三是各种工具、语言、环境、案例、文档、社区等应用生态周边不完善，进一步放大了区块链技术应用成本和风险。四是部分花费巨资的应用探索，即便最终成功落地，也往往由于标准化程度不高而难以被规模化应用，复制推广较难。

在此背景下，度小满金融结合自身实践经验探索构建了度小满BaaS平台，旨在助力缓解当前区块链应用落地中面临的问题。一是通过一定程度的标准化、可视化以及流程定制和功能封装等手段，降低业务人员使用区块链技术的门槛和成本。二是探索面向开发者、普通用户、企业用户等各类区块链应用群体，提供包括区块链资源、区块链服务、区块链应用在内的一站式问题解决方案。三是围绕BaaS平台提供线上沙盒、应用案例、开放API、多语言SDK等丰富的开发者工具，帮助其快速高效地将区块链接入系统，同时还提供可视化的运维工具和服务，帮助业务人员更好地掌握区块链网络和服务的运行状态，并及时发现、快速排查甚至自助解决相应问题。

2. 平台主要技术特征

度小满BaaS平台（http://chain.baidu.com）目前尚未开源，其开发语言主要为Golang和Java，总体架构以金融云和已有业务实践为基础，同时还包括区块链网络层、PaaS平台服务层、SaaS应用（产品）服务层等，可对外输出通用应用、平台服务、通用网络等多种能力。在区块链网络层，可同时支持度小满Trust、Fabric V1.2及以太坊、EOS等多种区块链网络实现方案，使得业务选择更有余地。在平台服务层，通过研发相应的交易网关组件及适配代理业务应用进行交易处理，帮助解决区块链应用面临的性能瓶颈，且可提供区块链网络和资源维度的可视化运维，同时可针对不同类型用户需求提供差异化服务，为普通企业级用户提供区块链创建、查看、更新、运维等的可视化操作，为开发者提供丰富的开放API、多语言SDK及与线上环境一致的沙盒环境，帮助其便捷快速地进行接入与调试，为个人用户提供通过区块链浏览器查看区块链账本数据和业务数据等面向客户端的区块链服务。在应用服务层，探索建设了资产证券化、消费信贷、客户经营、公益等多个细分领域通用的SaaS软件服务，从而进一步降低区块链技术应用的门槛。

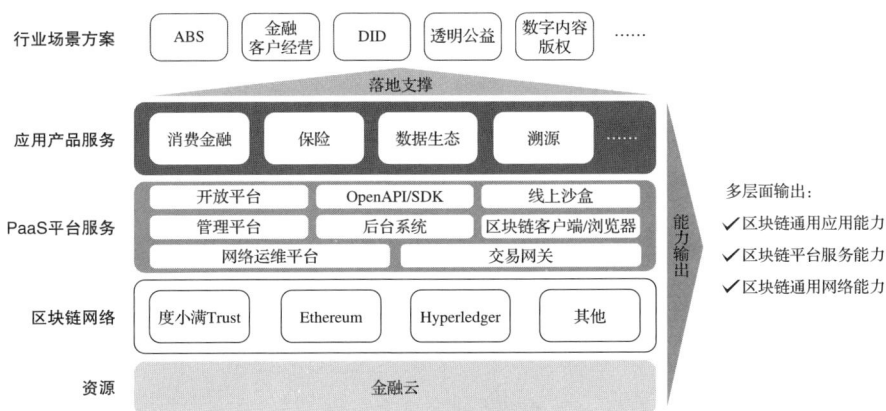

图34　度小满BaaS整体方案架构

节点配置方面，可由用户自定义完成，也可在用户填写相关信息后由系统自动完成，同时还提供新增、删除、状态查看、监控等节点管理功能。

账户权限控制方面，以通用的基于角色的访问控制（Role-Based Access Control，RBAC）权限模型为指导抽象出相应的角色权限，相关参与方的角色权限配置信息均记录在链上。

证书管理策略方面，用户保存私钥信息，平台支持证书的签发和管理，通过授权后，可在平台上获取相关用户或节点证书。

区块管理策略方面，采用链式区块结构，区块信息通过Gossip进行同步。

监控策略方面，区块链节点与平台不定期交互，通过心跳机制反映节点状态并呈现在平台上，同时将异常情况通过邮件等机制进行报警，并及时下发集群状态至各个节点。

加密算法方面，支持非对称加密RSA和ECC。

共识机制方面，支持可插拔的共识机制，包括可信共识、背书共识、PBFT、RAFT等多种共识机制，可根据不同应用场景选择对应的共识机制。

功能方面，一是可提供区块链资源设施，包括容器云设施、区块链运维部署工具和基于云设施的区块链安全套件等。其中，容器云设施基于Docker容器运行技术以及Kubernetes（k8s）容器编排技术，具有较高的可靠性，且能够较好地平衡资源利用率和性能。区块链运维部署工具可用于多种区块链实现方案，缓解区块链网络和节点部署难题，并可针对节点运维提供同步、升级、迁移、重启等方面的一键化便捷操作。基于云设施的区块链安全套件主要关注资源层面的技术方案，包括安全部署、渗透方案、审计方案以及自动化检测工具集等，以及资源层安全工具的自动化和可视化建设工作。二是可提供针对企业级应用的区块链PaaS服务，旨在帮助广大企业（特别是中小企业）快速创建、应用、管理其区块链。支持Fabric、度小满Trust等多种区块链实现方案以及自有互联网数据中心和云资源环境下部署等多种资源接入方式，提供针对不同规模企业的多种预设权限角色模板（也可根据模板进行定制）以及在网络和数据层面多维度、多形式（Web、Excel、邮件等）的报表功能，同时还提供线上沙盒功能，支持用户在线上沙盒进行开发联调以及相关验证工作。三是可提供区块链网关、区块链浏览器、管理平台、运维平台等区块链通用服务，且可在统一的Web页面之外通过客户端及API进行访问，便于第三方应用将其整合接入自身系统。其中，区块链网关主要进行应用、网络适配及完成交易处理。区块链浏览器分为面向客户端的浏览器和面向企业端的浏览器两种，分别用于满足不同类型用户的需求。管理平台服务由一定的聚合管理服务和针对特定网络实例（以及节点）的精细化管理服务结合而成，协助用户管理自身的多种、多个区块链网络。运维平台服务专注于区块链网络运维，可查看网络和资源层面的详细信息，以及通过接口触发代理进行运维操作。

此外，平台还可在主机安全、通信安全、数据安全、密钥安全、操作安全等各方面提供安全防护，提供开放API及区块链SDK以帮助用户快速开发、扩展区块链应用，以及在区块链游戏、数字化资产、溯源等领域提供行业区块链SaaS解决方案等。

性能方面，Trust平台交易可达2500TPS，查询可达12000QPS（每秒查询率），写块响应时间10ms，读块响应时间2ms。

部署流程方面，一般为用户平台注册账号并填写链信息；用户填写区块链节点信息并下载节点安装包完成节点部署；参与方查找区块链并申请加入区块链；申请通过后，参与方部署节点加入区块链；用户和参与方部署管理端，查看并管理区块链信息；如有需要，用户可使用开放API或SDK将区块链接入相关应用。

交易流程方面，一般为用户打包交易提案，通过开放API或SDK提交至某个节点；节点自查是否拥有交易提交权限，若没有则检查当前链参与节点的信息并将请求转发至有相关权限的节点（以下称为节点A）；节点A进行链ID是否存在、区块哈希是否正确等交易基本检查，检查发起人是否拥有交易提交权限，并在交易失败时将错误信息返回给用户；节点A预执行交易，并打包形成预提交区块；节点A检查当前区块链集群的节点状态，将预提交区块发送给背书节点请求背书；背书节点检查区块信息是否合法（除基本检查外，需要进行交易执行结果比对、区块高度比较等），并将背书证明返回给节点A；根据原背书规则，节点A收集满足背书规则的背书证明后，提交新区块，若无法收集到足够的背书证明或超过一定时间后，节点A判定交易失败；节点A将交易结果返回给用户；新区块通过Gossip进行广播，节点收集并更新相关链信息；用户可通过管理端查看新的区块信息。

对比国内外其他平台，度小满金融区块链在SaaS能力、接入方式等方面具有一定特色。

表5　度小满Trust与其他平台的对比

对比项	Coco	Fabric	度小满Trust
多链支持	Ethereum、Fabric	Fabric	Ethereum、Fabric、Trust
BaaS能力	Azure workbench	IBM区块链平台	度小满BaaS平台
SaaS能力	弱，面向企业，线下合作	强，150多个应用模板	强，公益、溯源、通用
代码开源	是	是	否
白皮书	无	2018年	2018年
接入方式	基于Azure cloud	基于IBM PaaS云平台	百度云和自有机器均可

3.平台应用实践

在金融行业，已经落地的解决方案主要包括消费金融、保险、新金融客户经营、金融大数据等。其中，消费金融领域涉及消费信贷、资产证券化、资产出表、金融交易所，主要利用区块链特性提升业务数据透明度和效率。保险领

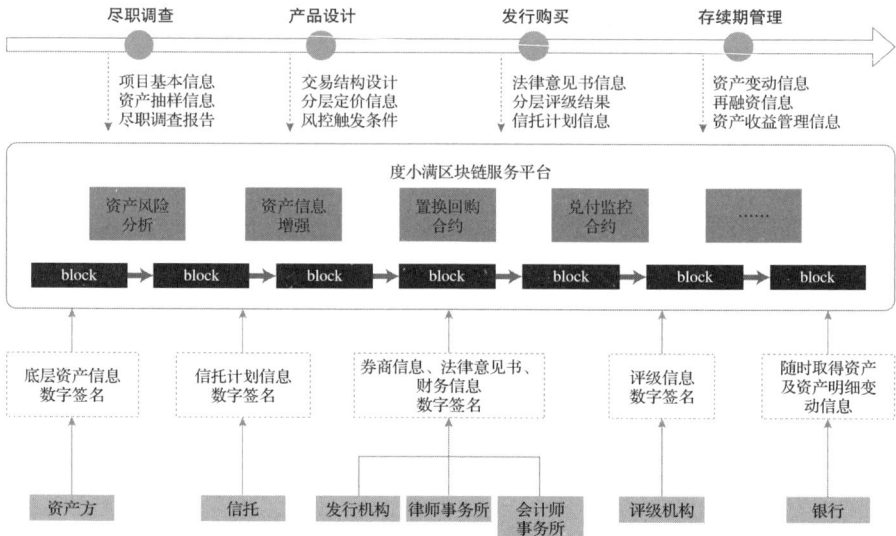

图35　度小满资产证券化区块链方案

域的解决方案主要集中在三个方面，分别是通过区块链实现保险底层数据互联互通、通过智能合约实现保险业务自动化以及通过区块链激励体系让特殊险种更高效透明。新金融客户经营领域主要用于通过区块链透明账本和激励特性，协助业务层面更好地开展客户获取与经营。金融大数据领域主要用于实现金融机构之间的可信数据沉淀和交换。

除金融行业外，还在区块链游戏、数字化资产、溯源、众筹、积分等领域开展了部分应用探索。其中，区块链游戏解决方案针对游戏场景优化了高性能游戏网关，提升区块链网络对游戏高频、低延迟请求的支持能力，并针对区块链网络专门适配了分布式应用架构和中间件，可满足数百万用户日均数亿次的请求。数字化资产领域主要探索了基于区块链技术的数字化资产流通和所有权转移，链下资产数字化、映射到链上资产的中间服务，以及同构和异构区块链网络之间数字化资产的跨链转移。溯源领域探索了针对资金、实物商品、虚拟商品的信息上链和追溯方案，可通过平台化和可视化方式实现方案自助接入。

（案例提供单位：度小满金融）

（三）趣链Hyperchain区块链底层平台

1. 背景简介

当前，区块链日益成为我国实现新兴技术自主创新的重要突破口，其中联盟链技术凭借性能、安全、可用、节点准入、联盟自治、监控管理等方面的优势，可为企业级业务场景提供良好的区块链解决方案，受到市场参与主体的高度关注。在此背景下，杭州趣链科技有限公司（以下简称趣链科技）自主研发了联盟链基础技术平台趣链Hyperchain，针对企业、政府机构和产业联盟等各方的区块链技术需求，提供企业级区块链网络解决方案。平台具有万级TPS吞吐量和毫秒级系统延迟，支持交易级别隐私数据保护、混合型数据存储、可信执行环境、联盟自治、预言机等特性，支持企业基于现有云平台快速部署、扩展和配置管理区块链网络以及实时可视化监控区块链网络运行状态。平台符合中国分布式总账基础协议联盟（ChinaLedger）技术规范，并已通过中国电子技术标准院化研究院、中国信息通信研究院等机构的区块链标准测试。

2.平台主要技术特征

平台开源方面，趣链Hyperchain平台尚未开源。

开发语言方面，采用Go语言开发，支持多合约引擎并采用Java/Solidity等高级语言开发智能合约。

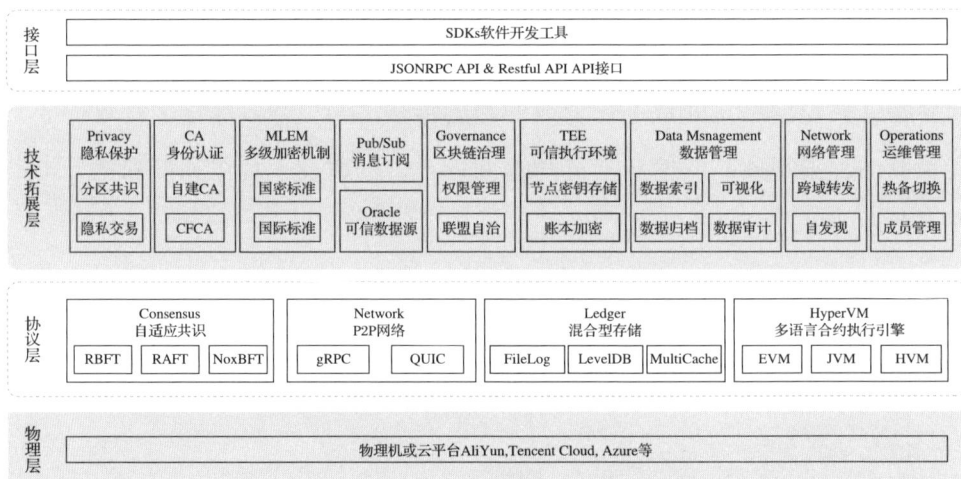

图36 趣链Hyperchain平台整体架构

平台架构方面，采用多层级架构，主要分为基础物理层、核心协议层、技术拓展层、外部接口层。其中，核心协议层主要包括共识模块、P2P网络模块、账本存储模块和执行模块；技术拓展层提供了一系列功能特性，通过分区共识、身份认证机制、隐私保护机制和区块链治理机制等保证安全性，通过消息订阅机制、数据管理、可信数据源管理体系保证易用性。

共识模块方面，采用可插拔的模块化设计以满足系统可靠性、性能、安全性等不同要求，支持多种共识算法以满足不同的业务场景需求。比如，采用高鲁棒性拜占庭容错算法（Robust Byzantine Fault Tolerant，RBFT），具有较好的稳定性和可靠性；研发基于PBFT算法的Recovery机制，可缓解单点自动恢复、账本动态数据自动恢复等可靠性难题，实现集群非停机情况下节点动态增删、热备切换和动态数据失效恢复（ARCM），增强共识模块可用性，提升系统整体交易吞吐能力和稳定性；研发基于软硬件的验签优化策略，以进一步提升整体性能。

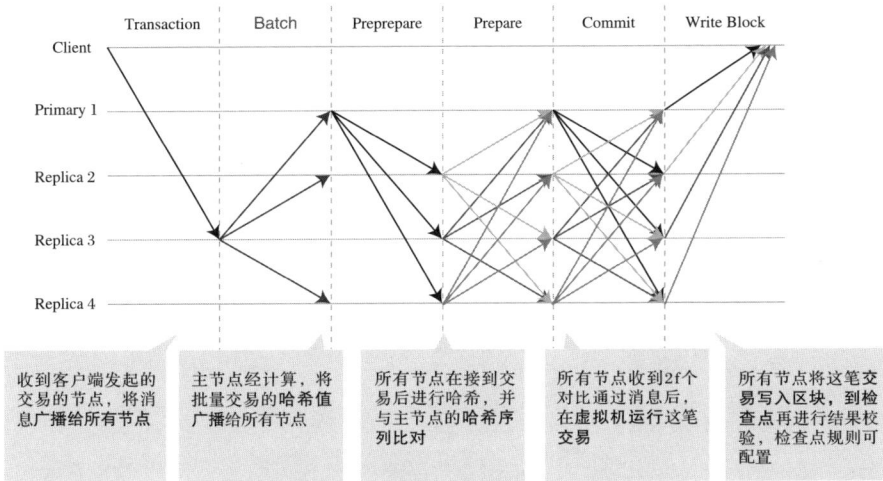

图37　RBFT常规共识流程

存储模块方面，采用多级混合存储架构，并通过区块链数据库Filelog及读写缓存策略等技术，将区块链中区块数据和状态数据相分离，将不断增长的区块数据存储于FileLog（专注于读、写、存储，较为契合区块串联式不断追加的数据结构），而将频繁更新的状态数据存储于LevelDB（具备高性能读写能力的KV键值对数据库），从而实现在系统数据量不断增大的情况下读写性能不受明显影响，且可支持每日TB级数据上链。

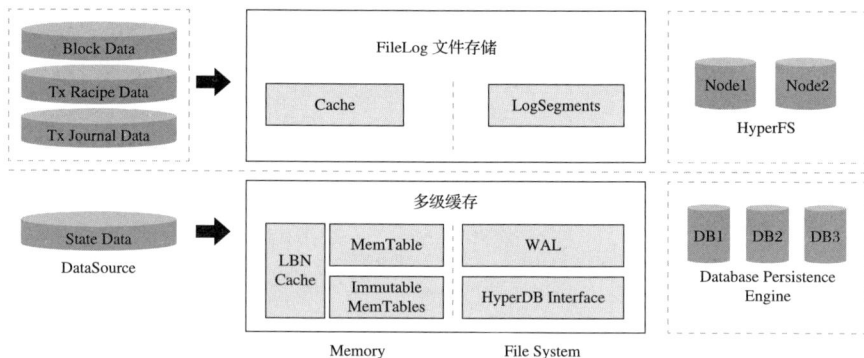

图38　趣链Hyperchain存储架构

执行模块方面，研发了可插拔智能合约引擎通用框架HyperVM，支持HVM、EVM、BVM、JVM等多种智能合约引擎以及solidity、Java等编程语言。其中，基于Go语言的智能合约引擎HVM，通过自主研发虚拟机内核，可在保证智能合约执行的安全性、确定性、可终止性前提下，提供多种灵活应用模式和工具方法集以满足复杂多样的业务场景需求，并面向区块链开发人员提

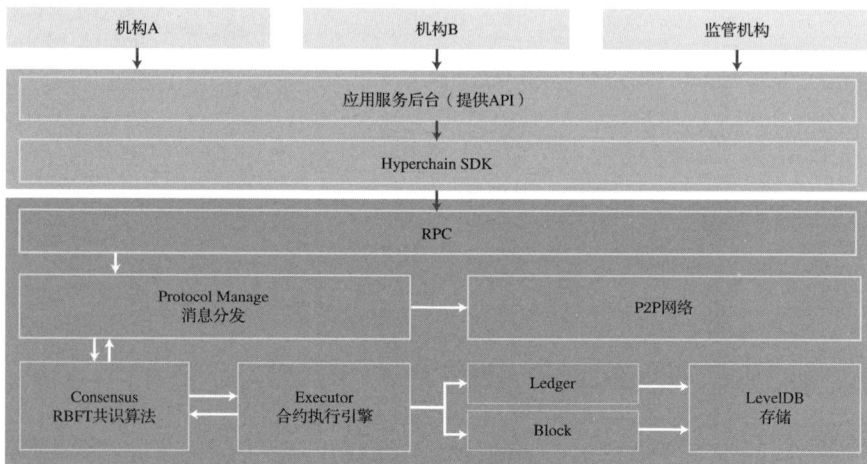

图39　系统调用流程

128

供便捷、灵活、安全的区块链应用开发模式。在支持EVM方面，HyperEVM是为更好地利用开源社区在智能合约技术和经验方面的积累、提高智能合约重用性而重构EVM的虚拟机，可兼容EVM上开发的智能合约。

交易流程方面，主要分为对象初始化、交易生成、交易验证、共识执行四部分。首先，客户端调用软件开发工具包（SDK）接口初始化一个HyperchainAPI对象，并由SDK使用SDKCert和公钥向共识节点A请求获取发起交易所需的交易证书（TCert）。其次，调用SDK的交易接口生成一条交易，并由SDK通过客户端指定的私钥对交易进行签名。再次，节点A收到交易后进行TCert验证，并对通过TCert验证的请求进行处理，同时根据流控配置确认是否接受交易请求，以验证交易字段的合法性、判断是否已经提交过相同交易（重放攻击）并验证交易签名。最后，验证成功后的交易请求汇集到统一的消息分发事件总线，由其转发至共识模块在RBFT共识三阶段中对交易进行执行验证，并在共识后写入区块和账本进行持久化操作。其间，节点间的消息通信通过P2P网络模块完成。

安全隐私方面，提出基于命名空间（namespace）的分区共识机制，通过分区策略和规则将不同业务交易划分为不同分区粒度的子网络，实现节点协同过程优化和物理级安全隔离，缓解实际商业应用中隐私数据保护问题；提出基于可验证隐私交易的隐私保护机制，针对业务系统对灵活隐私策略的需求，研究零知识证明、同态加密和环签名等技术，通过交易相关方动态指定策略实现交易粒度层面的用户隐私权限控制，保证隐私交易数据有效隔离及真实可证，实现数据可验不可见；采用可插拔多级加密机制，对业务完整生命周期所涉及的数据、通信传输、物理连接等进行不同策略的加密；支持国际标准和国密标准两种密码体系。

成员管理方面，提出成员管理体系，支持自建CA和CFCA两种认证模式，且支持分布式CA机制，可同步实现中心化及分布式的CA身份认证管理；提供链级管理员、节点管理员以及普通用户的分级权限管理机制，可实现不同的权限访问控制；提出分布式联盟自治体系，允许在联盟链网络中创建联盟链自治成员组织，并通过提案形式进行提交和组织内部表决联盟中的状态行为，如系统升级、合约升级、成员管理等。

数据管理方面，提出数据可视化机制，可通过合约数据可视化服务将合约源码、合约地址及合约数据键集进行数据解析并导入关系型数据库（MySQL），实现合约数据可视化浏览和复杂查询，方便对数据进行分析、审计；提出消息订阅机制，提供统一的消息订阅接口，方便外部系统捕获、监听区块链平台的状态变化，从而实现链上链下的消息互通，支持区块事件、合约事件、交易事件、系统异常监控等事件的订阅；引入Oracle预言机机制，支持将外界可信数据源写入区块链内，实现区块链与现实世界的数据互通，并通过第三方可信机构签名实现信任背书，提高其可信度。

跨链技术方面，BitXHub是基于链间消息传输协议实现且同时支持同构及异构区块链间交易的跨链技术平台，可支持趣链Hyperchain、Fabric等平台跨链协作。BitXHub平台由应用链（APP-chain）、中继链（Relay-chain）以及跨链网关（Pier）三种角色构成，允许异构的资产交换、信息互通及服务互补，具有通用跨链传输协议、异构交易验证引擎、多层级路由等功能特性。

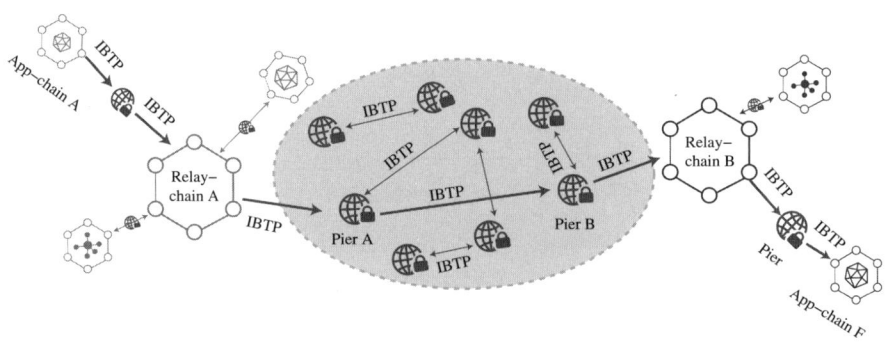

图40　BitXHub架构

智能合约方面，面向区块链开发者提供的智能合约研发平台MeshSec，可为区块链应用开发者提供灵活的研发工具，并为企业提供区块链开发安全服务和防御对策。其中，安全检测服务可为开发者提供合约漏洞分析、形式验证以及合约安全评级等功能，提供在线集成开发环境工具支持合约在线编译、漏洞检测、问题修复，有助于开发者打造更为迅捷、安全、高效的智能合约；智能研发服务可为用户提供可视化数据库配置，自动将结构化数据转化为智能合约，缩减合约开发时间，有助于开发者快速掌握智能合约开发技术。

图41　MeshSec架构

性能方面，高性能鲁棒共识算法RBFT可提高传统PBFT的可靠性与性能，可达万级TPS和毫秒级延迟；智能合约引擎沙箱HyperVM允许不同智能合约执行引擎接入，支持Solidity、Java等主流开发语言；实现基于GPU/FPGA加速的验证签名算法，可适应大规模并发计算，且与CPU相比交易和验签都得到了大幅提升；支持自适应共识机制。

安全性方面，支持全国密和国标算法，支持可插拔的多级加密机制；支持基于默克尔有向无环图（DAG）组织形式的结构化和非结构化数据存储；支持基于SGX（TEE可信执行环境）的节点密钥管理和数据加密存储；支持安全多方计算模型，实现数据可用不可见；支持基于CA体系的身份认证与准入机制，集成CFCA服务于安全性与权威性要求较高的机构，且有完备的证书和密钥管理。

隐私性方面，通过命名空间进行业务隔离，实现区块链网络内部交易的分区共识；支持交易粒度的隐私保护，同时保证隐私数据的有效隔离和交易数据的真实性；通过智能合约和访问控制策略限制访问数据的角色和用户；对于敏感信息，仅将数字摘要或加密数据上链。

可用性方面，具有动态数据失效恢复机制，主动索取区块和正在共识区块信息，使自身节点存储尽快和系统中的最新存储状态一致；支持动态节点增删，方便控制联盟成员的准入、准出；提供热备切换机制，当验证节点出现故障时非验证节点可自动升级为验证节点。

扩展性方面，支持数据存储横向扩展，并支持数据库类型替换；支持每日1T数据上链；支持多类型、多组织形式的数据混合型可信存储；支持数据定期归档；支持Oracle可信数据源服务；网络可自定义子协议，支持跨域多层级路由转发；支持同构跨链、异构跨链。

可运维方面，通过可视化监控平台实现节点监控、区块监控、节点配置、合约管理、交易数据查看等，支持用户自行设置报警触发条件，并通过邮件、钉钉等方式发送警告；支持合约数据可视化，可导入关系型数据库进行分析或审计；支持业务规则变化时合约无缝升级，无须进行数据迁移；支持数据索引、复杂查询、数据报表等功能，并有区块链即服务（BaaS）平台提供区块链服务。

对比国内外其他平台，趣链Hyperchain在共识机制、安全与隐私保护体系、数据管理和监控体系等方面具有一定特色，其各项指标如表6所示（数据源自银联电子商务与电子支付国家工程实验室）。

表6　Hyperchain与其他平台的对比

对比项	测评项目	Hyperchain	区块链A	区块链B	区块链C	区块链D
全指标覆盖率	138项指标	133项	85项	124项	114项	133项
全指标完成率	138项指标	130项	64项	95项	90项	105项
高安全	身份验证方式	CA证书、数字签名	密钥验证	登录密码、密钥验证	未测	签名验证
	交易匿名	支持	未测	不支持	支持	不支持
	国密算法	SM2/3/4	支持	SM2/3	SM2/3/4	SM2
高可靠可扩展	编程语言	Java、Solidity	Solidity	Go、Solidity	Solidity	Rust、Solidity
	最大节点数	无限制	无限制	无限制	100	15
	网络节点数	无限制	50	无限制	无限制	15
	可移植性	以太坊	未测	不支持	未测	以太坊
强监控易管理	管理监控平台	支持	支持	支持	不支持	支持
	报警系统	支持	未测	支持	不支持	支持
	运维接口	支持	未测	支持	不支持	支持
	监控易部署	支持	不支持	不支持	无监控	支持
	命令行工具	支持	支持	支持	不支持	支持

3. 平台应用实践

浙商银行应收款平台。浙商银行推出基于区块链的应收款平台，将企业应收账款转化为标准化数字资产凭证，在平台中实现应收账款的灵活流转、拆分和融资。截至2019年12月，浙商银行应收款平台累计为2113户企业盘活应收账款1647亿元，实现了核心企业信用的多级传导，缓解了供应链末端小微企业融资难、融资贵的问题。

农业银行养老金托管平台。趣链与农业银行、太平保险、保交所、长江养老保险合作建设，利用区块链技术统筹管理养老金业务信息，实现了养老金缴费、基金估值等业务数据在联盟链参与方之间的实时共享同步，最大限度地发挥了业务并行处理的能力，节约了近80%的业务处理时间，资金到账隔天即可参与投资，大幅度提高了资金利用率。

中国人民银行设备巡检系统。基于趣链Hyperchain平台开发的IT基础设施巡检存证系统，于2018年11月上线。系统将机房设备资产上链，实现机房设备资产透明化管理与各层级向下的穿透式监管，同时实现机房人员巡检工作的自动化管理和可靠记录，必要时方便追责。系统底层区块链平台覆盖全国六大地域，支持约1000台设备的巡检任务以及500人以上用户同时并行批量操作。

招商银行信用卡中心资产证券化项目管理平台。趣链科技为招商银行信用卡中心开发基于区块链的资产证券化（ABS）项目管理平台，利用区块链技术有效地解决ABS发行过程中信息不透明、操作效率低、风控能力弱、难以定价等问题，增强了底层资产的可信度，缩短了ABS的发行周期，提高了监管效能，实现了对底层资产全生命周期的管理。

南方航空与周大福之间的积分互兑平台。趣链科技提供区块链底层技术，利用区块链共享积分兑换数据，取代了原有的FTP离线文件交互共享数据的形式，将两家机构的会员积分兑换周期从原来的每月提高到了实时，为会员提供了更好的用户体验，并大大降低了南航与周大福之间的对账与清算成本。

广发银行信用卡委外催收平台区块链模块。由趣链Hyperchain平台提供区块链技术支持的广发银行信用卡委外催收平台于2018年11月底上线运行，实现了信用卡中心与委外机构间的信息互通，使委外催收流程完全标准化、规范化，提升了整体委外催收的效率。截至2019年底，平台已派出案件数10万单，区块链上交易总量达数10万笔。

（案例提供单位：趣链科技）

（四）京东区块链底层引擎JD Chain

1. 背景简介

近年来，区块链技术在全球范围内日益受到多国关注，逐渐成为推动政务、经济、金融等领域发展的重要驱动力。我国的政府、高校、行业协会、企业等社会各界也高度重视区块链技术，积极在政务、金融、监管、零售、版权保护等领域开展应用探索，但却面临技术研发创新能力不足、底层技术资源自主可控性较差等因素的掣肘。

此前，京东集团围绕区块链应用开展了许多探索，在实践经验、人才培养、技术研发等方面已有所积累。2016年起，京东数科区块链团队开始对区块链技术进行研究与实践，目前主要落地应用于品质溯源、数字存证、金融科技、信用网络、价值创新等方面的十余个场景中。其中，智臻链防伪追溯平台已有超13亿追溯数据上链，涉及800余家合作品牌商、7万余种入驻商品、逾650万次售后用户访问查询。2018年10月，京东集团与新泽西理工学院、中科院软件所共同发起成立区块链联合实验室，由多位行业知名专家担任实验室联合主任，重点聚焦共识协议、抗量子密码算法、智能合约等七大区块链底层技术的研究及应用，提高现有区块链技术的效率、稳定性和安全性，拓展更丰富的区块链创新应用场景。截至2019年12月，京东数科区块链已申请专利近300件。

基于自身在区块链技术实践过程中积累的经验，京东自主研发了京东区块链底层框架，于2019年3月开源了区块链底层引擎JD Chain并同步开放了开源社区以普及区块链相关知识，助力完善我国区块链技术"基础设施"，推动降低技术研发门槛，缓解技术对外依赖局面。

2. 平台主要技术特征

开发语言方面，考虑到当下使用Java语言的开发者群体较多，JD Chain区块链底层同样采用Java开发，可无缝衔接基于Java的智能合约。

开发架构方面，JD Chain主要由网关服务、共识服务、数据账本、工具包等构成。其中，网关服务是JD Chain的应用接入层，提供终端接入、私钥托管、安全隐私、协议转换、数据浏览等功能。终端接入是JD Chain网关的基本功能，在确认终端身份的同时提供连接节点、转发消息以及隔离共识节点和客户端等服务，包括确认客户端的合法身份、接收并验证交易以及根据初始配置文件与对应的共识节点建立连接并转发交易数据等。私钥托管功能使共识节点可以将私钥等秘密信息以密文形式托管在网关内，为有权限的共识节点提供私钥恢复、签名生成等服务。安全隐私功能是网关借助具有隐私保护功能的密码算法和协议隐藏端到端身份信息，对数据信息进行脱敏处理，防止无权限客户端访问数据信息等操作，同时通过网关的隔离作用使外部实体无法干预内部共识过程，从而保证共识和业务之间的独立性。协议转换功能提供轻量化的HTTP Restful Service，能够适配区块链节点的API，实现各节点在不同协议之间的互操作。数据浏览功能可实现链上数据的可视化展示。

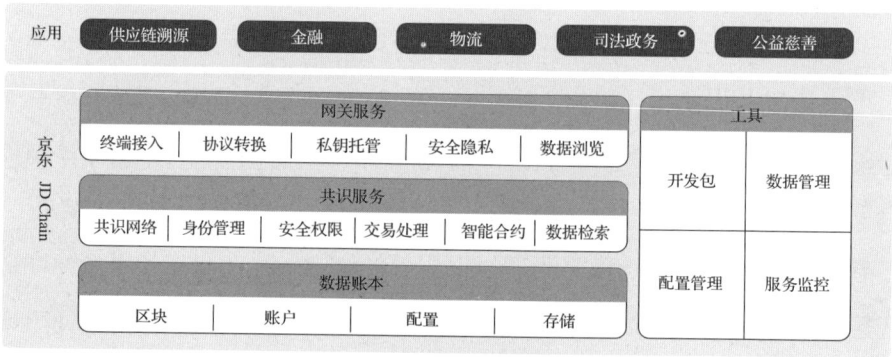

图42　JD Chain架构

　　共识服务是JD Chain的核心实现层，包括共识网络、身份管理、安全权限、交易处理、智能合约、数据检索等功能，用于保证各节点间账本信息的一致性。共识网络采用多种可插拔共识协议加以优化，用于提供确定性交易执行、拜占庭容错、动态调整节点等功能，并按照模块化设计思路将共识协议各阶段进行了封装，抽象出可扩展接口以方便共识节点调用（各节点间使用P2P网络作为传输通道执行共识协议）。身份管理功能使得JD Chain网络可通过公钥信息辨识、认证节点，为访问控制和权限管理提供基础身份服务。安全权限功能是指，根据具体应用和业务场景为节点设置多种权限形式，从而实现指定的安全管理。交易处理功能是指共识节点根据具体协议对交易信息进行排序、验证、共识和结块等处理操作，以确保全局共享相同的账本信息。智能合约是JD Chain中能够自动执行的链上编码逻辑，用于更改账本和账户的状态信息，其内容包括业务逻辑、节点准入退出和系统配置变更等。数据检索功能可协助节点检索接口，查询区块、交易、合约、账本等相关信息。

数据账本为各参与方提供区块链底层服务功能，包括区块、账户、配置和存储等。区块是JD Chain账本的主要组成部分，包含交易信息和交易执行状态的数据快照哈希值，但不存储具体的交易操作和状态数据。同时，JD Chain采用账本状态和合约分离模式，并约束合约对账本状态的访问操作，从而实现数据与逻辑分离，提供无状态逻辑抽象。账户方面，JD Chain通过细化账户分类和分级分类授权的方式对区块链系统中的账户进行管理，从而达到逻辑清晰化、隔离业务、保护相关数据内容等目的。配置文件包括密钥信息、存储信息以及共享的参与者身份信息等内容，使得JD Chain系统中各节点能够执行连接其他节点、验证信息、存储并更新账本等操作。存储格式采用简洁的键值（Key-Value）数据类型，同时使用较为成熟的NoSQL数据库实现账本持久化存储，从而支撑区块链系统执行海量交易。

工具包能够支持节点更好地获取网关服务、共识服务和数据账本的功能服务，并响应相关应用和业务，主要包括软件开发、数据管理、安装部署和服务监控等。网关服务、共识服务和数据账本三个功能层级都可以接口形式向使用者提供软件开发工具包（SDK），包括密码算法、智能合约、数据检索的SPI等。数据管理工具包是对数据信息进行管理操作的工具包，支持对数据进行备份、转移、导出、校验、回溯以及多链情况下的数据合并、拆分等操作。安装部署类工具包括密钥生成、数据存储等辅助功能，用于帮助各节点执行区块链系统。服务监控工具包可帮助使用者获取即时吞吐量、节点状态、数据内容等系统运行信息，实现运维管理和监控。

交易流程方面，一种较为典型的事务流程包括：客户端用户调用SDK生成对应的交易请求，并通过SDK将该交易发送至Gateway（HTTP协议）；Gateway对交易进行合法性验证并完成验签，在使用自身节点的用户完成签名后，将交易以自定义协议（TCP）方式发送至Peer节点群进行共识；Peer节点群接收连续的交易并进行共识，共识通过后输出排序后的交易列表至每个Peer节点；各Peer节点对接收的交易列表进行合法性检查、验签，在验证通过后执行对应的交易并根据结块规则生成区块、更新账本，然后将应答（含结块信息）发送至对应Gateway，进而发送至用户。

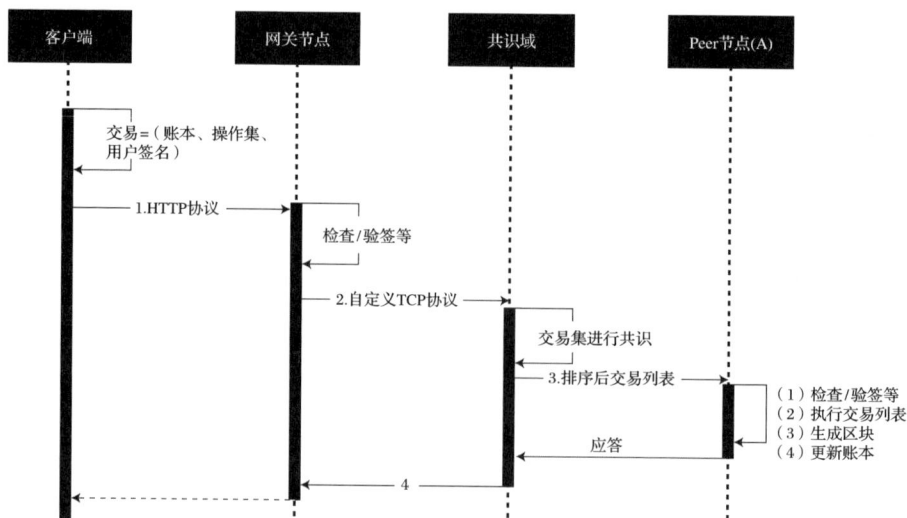

图43　JD Chain交易流程

功能方面，平台提供了管理工具，方便用户通过界面方式快速构建区块链平台；提供了丰富的Restful风格API接口，方便用户快速融合到业务系统中；

提供了区块链浏览器，方便用户可视化查看区块链数据；提供了基于JAVA的SDK，方便用户快速操作区块链系统；提供了穿透式检索服务，方便用户快速检索细粒度的业务数据。

性能方面，针对企业场景，平台单链的交易处理性能可达1万TPS，且账本存储具有可伸缩性，单链可管理超过10亿个账户以及千亿数量级的交易记录。

安全隐私方面，提出可监管匿名签名系统，可在实现用户身份隐私匿名保护的同时，满足监管方的可控披露要求，并运用安全多方计算实现了用户私钥的安全托管，可有效防止私钥遗失和泄露。

前沿技术探索领域，平台采用组件化的设计理念，其共识、账本、合约、存储等各组件可实现可插拔替换，从而帮助相关企业根据业务需求像搭积木般对系统组件进行定制化组合。为保证智能合约安全执行，平台借助JVM的安全沙盒机制和安全管理器，将合约运行环境与底层平台运行环境进行了隔离，并严格定义了智能合约的安全边界。同时，平台综合了动态代理模式和反射机制等多种技术手段，便于快速编写智能合约，降低了智能合约的学习成本，使得用户可以将更多的精力用于完善业务逻辑。平台还建立了多层共识网络架构，可按业务需要建立多账本并行处理交易，并可跨链校验执行智能合约，实现多级业务协同和穿透监管。此外，平台在共识方面开展了许多前沿性研究，在大规模节点的许可链共识算法方面取得了一定突破，能够支持可监管公链场景，节点经许可接入，规模可达数千节点，并削弱了网络条件对共识效率的约束。

对比国内外其他平台，JD Chain平台在出块速度、吞吐量、多密码体系、存储能力、权限控制、数据检索等方面具有一定特点。

表7　JD Chain与其他平台对比

对比项	JD Chain	Fabric	Corda
区块大小	实时出块，无区块大小限制，无交易笔数限制。	区块默认大小为10MB，每500个交易或每2秒生成一个新区块。	无区块概念。

对比项	JD Chain	Fabric	Corda
TPS	利用优化的BFT类共识算法，在4节点环境下，性能可达万级TPS。	在Kafka共识机制下，在3000TPS左右浮动。	延迟程度与交易复杂程度正相关。
国密算法	支持，包括SM2、SM3、SM4等。	不支持，需自行扩展。	不支持，采用PKIX。
多密码体系	支持国密和非国密并存。	不支持。	不支持。
安全监管	支持监管接入。针对特殊业务场景，可预置控制交易和部署合约的权限，通过角色赋权让监管方使用监管工具直接实施联盟链控制。	支持监管接入。理论上可"隐性地"实现暂停、回滚或取消交易以及改正数据的特权。	支持监管接入。理论上可"隐性地"实现暂停、回滚或取消交易以及改正数据的特权。
账本伸缩	不受限。	受限于硬盘空间。	没有全局账本。
海量数据存储能力	支持海量存储，交易增长不受限。	不支持。	不支持。
共识安全性	默认采用BFT增强共识。性能较高、扩展性好、安全性好。	默认采用Kafka共识。单中心共识，扩展性差。	局部共识，默认使用BFT作为公证服务。
用户体系	支持数字证书的身份认证，同时账本结构中构建了参与方/用户体系。	支持数字证书的身份认证。	支持数字证书的身份认证。
权限控制	控制方式灵活。通过证书、多角色、策略、用户等组合进行。	控制粒度不够细致。通过证书验证和策略验证实现。	控制手段简单，主要通过业务系统进行。
合约安全性	安全性高，性能开销低。可用JAVA语言灵活编写合约，利用JVM的安全沙盒机制和安全管理器将合约运行环境与底层平台运行环境隔离，严格定义智能合约的安全边界。	安全性高，性能开销高。在智能合约的安全性上采用了进程间隔离的技术，将智能合约代码的进程隔离到系统之外，并通过socket通信方式远程调用智能合约。	安全性中，性能开销低。采用合约沙箱确保合约验证交易时，仅仅利用的信息就是交易本身。
合约升级	升级方便，直接采用更新版本号的方式更新。	两步升级。通过Install Package和UpdateCC新安装后更新的组合方式更新。	升级烦琐。通过采用新类名更新。
数据检索	检索灵活方便。采用穿透式检索技术，可在更细粒度检索业务数据。	根据CouchDB状态数据库检索数据，细粒度检索业务数据不方便。	根据关系数据库检索，细粒度检索业务数据不方便。
开发及工具	主要由Java开发，开发者群体较多，合约以及DAPP可以基于JVM上的任何语言开发。	核心代码主要由Go编写，开发者群体偏少，智能合约可用Go、Java语言编写。	主要由Kotlin开发，开发者群体偏少，合约及DAPP原则上可基于JVM上任何语言开发。

3.平台应用实践

随着资产证券化（ABS）业务飞速发展以及区块链技术日益成熟，在完成区块链ABS概念验证后，京东数科智管有方JT2结合智臻链技术平台设计推出了区块链ABS标准化解决方案，由资产方、计划管理人、律师事务所、评级机构、会计师事务所、托管行等业务参与方共同组成联盟链，从而实现信息高效同步、业务流程自动确认以及资产信息透明管理等，有效提升ABS发行各方业务效率。同时，方案通过自动账本同步和审计功能，缓解了信息不对称问题，降低了参与方间的对账成本，通过多方共识机制，降低了人工操作导致的出错概率，提升了现金流管理效率。此外，方案还为监管针对ABS底层资产进行穿透式管理提供了便利。

2019年6月，"京东数科—中信证券9号京东白条应收账款债权资产支持专项计划"于深交所发行，规模5亿元，专项计划24个月，京东数科（原始权益人及资产服务机构）、中信证券（计划管理人）等6个节点加入区块链。参与方最快仅需2天即可加入ABS联盟，快速组网部署，并可节省自行开发、部署区块链节点的成本。律师事务所等中介机构通过区块链应用协同工作，可节省数百小时的信息传递、审核时间，能节约30%的人力成本。

（案例提供单位：京东数科）

（五）区块链服务网络（BSN）

1.背景简介

区块链服务网络（Blockchain-based Service Network，BSN）是由国家信息中心主导，中国移动、中国银联、红枣科技等多家企业共同建设和管理的区块链公共资源环境，旨在降低区块链技术开发、部署、运维、互通和监控成本，推动中国区块链技术快速发展和应用。在设计和建设方面，BSN网络以互联网为参照物主要由公共城市节点、区块链底层架构、多门户网站和运维系统四部分组成区块链运行环境基础网络，通过区块链运行环境协议连接所有数据中心，并通过多门户网站向开发者提供一站式区块链应用服务。具体而言，整个BSN网络主要由公共城市节点相互连接而成，区块链底层架构相当于其操作系统，门户网站由云服务商、门户商和底层框架商等各类企业搭建并可对外提供区块链应用等服务，运维系统是整个网络的管理后台，主要用于实时监控、管理、维护网络运行情况并确保其平稳运行。通过BSN网络，有意发布区块链应用的用户可在任意门户网站上按需选择相关资源，而无须自行搭建记账节点。

2. 平台主要技术特征

平台开源方面，BSN的建设目的之一是要形成一套协议标准，使得任何符合相关标准的主体均可接入并正常运行。因此，预计在相关协议固化后，其核心系统将在2021年完全开源。

开发语言方面，BSN的公共城市节点相关软件、运维系统等主要开发语言为Java、GoLang，而相关底层架构和门户网站则由所有方自行选择开发语言搭建。

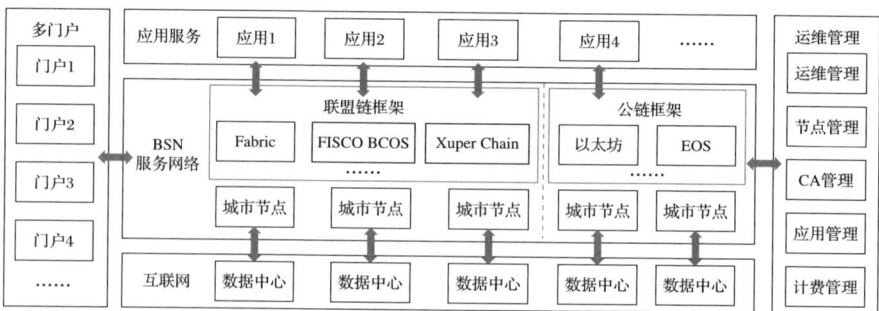

图44　BSN整体架构

平台架构方面，BSN主要由公共城市节点、区块链底层架构、多门户网站和运维系统四部分组成。其中，公共城市节点是部署在相关城市中的公共区块链环境系统，主要包括CA管理服务、节点网关服务、记账节点系统以及节点管理服务。CA管理服务主要负责颁发、延期或吊销公共节点系统成员的身份证书和TLS证书；节点网关服务主要用于对链下业务系统（即区块链服务发布者或服务参与者部署在BSN网络之外的业务系统）所提交的请求数据进行权限验证和数据上链；记账节点系统主要用于对节点网关服务上链的数据进行记账存储；节点管理服务主要用于处理记账节点系统资源监控、链上账本数据查询上送、应用通道创建加入以及智能合约部署升级等操作。

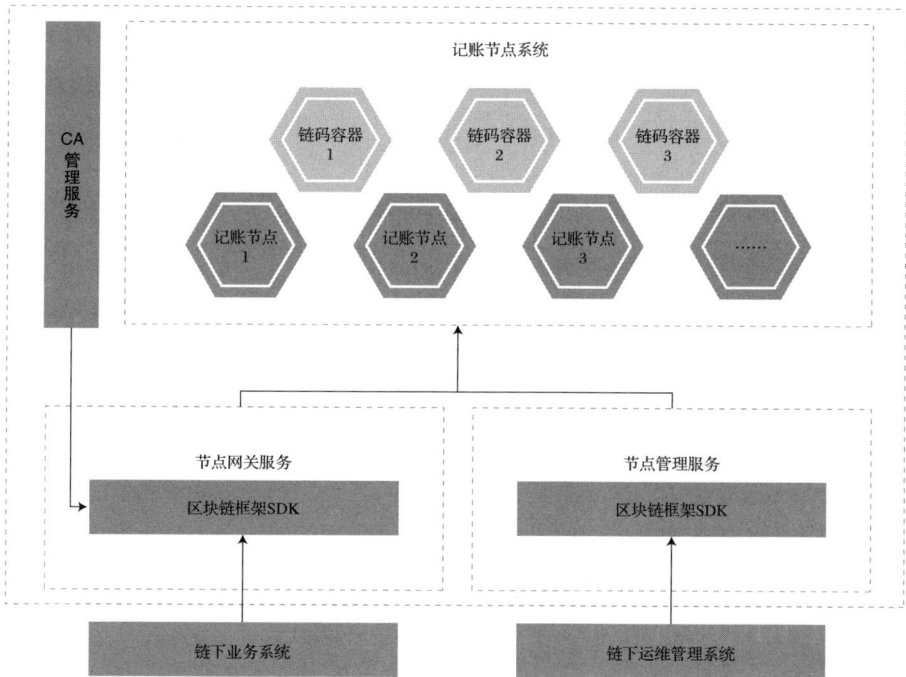

图45　BSN网络公共城市节点

针对整个网络的"操作系统"，BSN执行多区块链底层框架策略，目前已经支持Fabric，正在对Fisco Bcos、Cita、XuperChain、梧桐链、BroChain以及Fabric国密版本进行适配，同时在国外BSN门户和公共城市节点上也支持建立公有链节点。

与互联网类似，BSN网络也采用多门户网站策略，云服务商、门户商、底层框架商等企业均可申请自建门户、在门户内销售BSN上的云资源、管理自身开发者及其发布的应用并自行计费、收费，每个门户均可实现注册登录、购买资源、发布应用、监控应用运营情况、授权应用使用、管理联盟链等功能，门户内的用户信息无须上传BSN网络且用户信息在不同门户之间相互独立。

运维系统主要负责统一管理BSN网络的资源调配、节点运营情况、记账节点和集群的负载优化以及数据迁移，目前由六家发起单位共同管理，包括运维管理、节点管理、应用管理、CA管理和计费管理等。

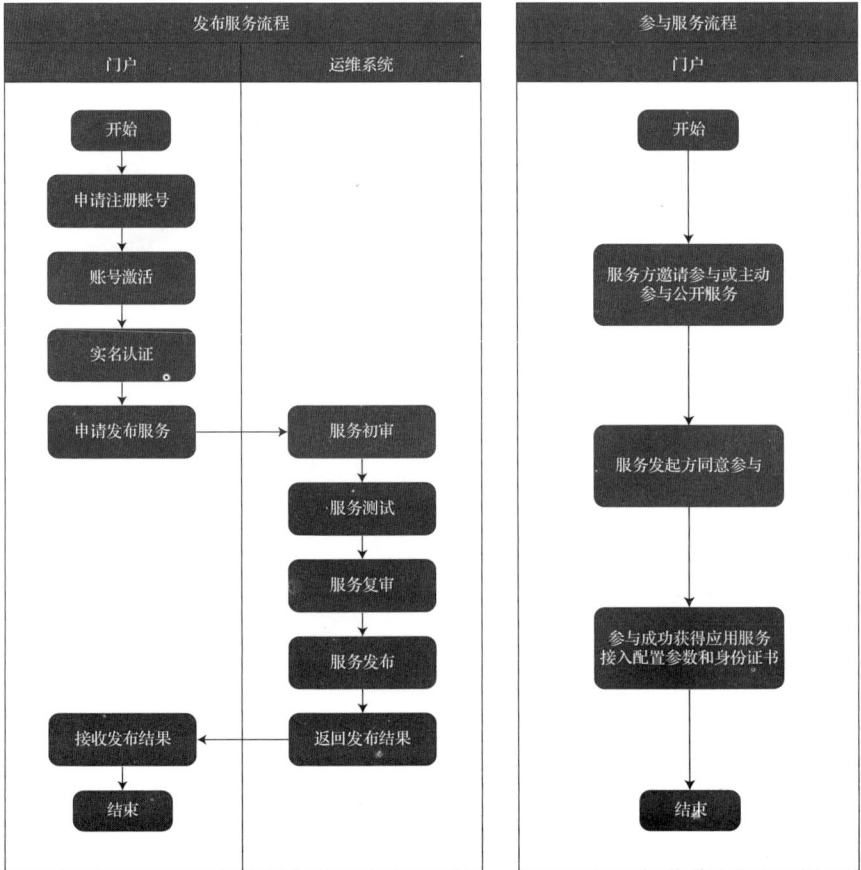

图46 BSN交易流程一（左）、流程二（右）

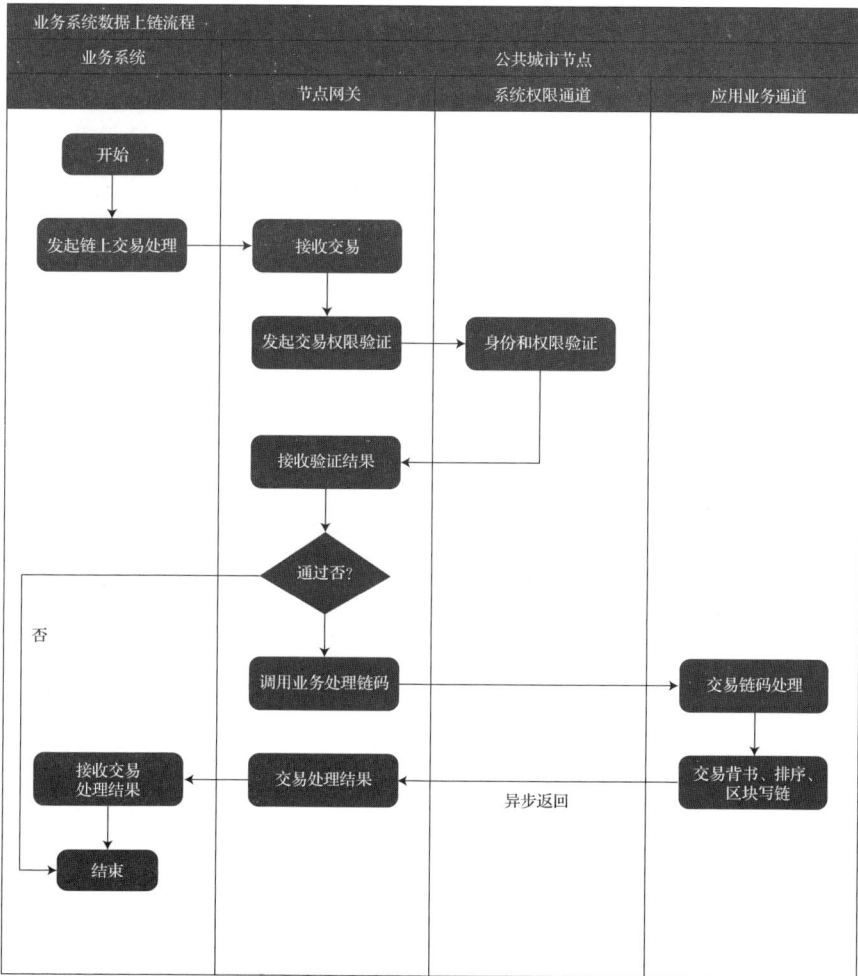

图47 BSN交易流程三

交易流程方面，使用BSN完成一笔交易一般需要三个步骤：在任意门户网站上注册并成为其用户，然后登录门户网站发布或申请参与某个服务；成功参与服务后，获得应用服务接入配置参数和身份证书；通过链下业务系统调用BSN网络提供的开放接口完成区块链数据交互。

性能方面，BSN网络可同时支持每个区块链应用每秒处理1500笔交易事务，整个网络可支持千万级别的TPS，且未来可通过对服务网络的框架适配度、数据压缩、交易广播算法、数据资源负载、计算资源分配、网络传输等方面进行持续优化以增加其吞吐量。根据参与应用的城市节点和记账节点数量不同，从事务提交到数据写链的延迟时间一般为1~7秒。同时，已合作的中国移动、中国电信、AWS、微软等云服务商可持续提供大容量高性能的服务器、网络资源和存储资源，稳步提升BSN网络应用负载，从而支撑运行更多的区块链应用。

安全性方面，BSN网络的区块链应用服务运行在相互隔离的交易通道上，相关数据也存储在不同的数据库中，各节点间采用TLS数据通信以保证数据传输安全。同时，BSN网络支持区块链应用在链下业务系统数据上链时进行数据加密或哈希处理，以保证链上交易处理和数据存储的数据安全。如果采用数据加密，服务发布者需要在应用业务合作方间共享解密密钥方法；如果采用哈希处理，则需要自行提供业务合作方间共享源数据的方法。此外，BSN网络还支持区块链应用在智能合约或链码中构建访问控制和加密处理，从而控制应用参与者的数据访问权限，保证数据账本存储安全。

对比国内外其他平台，BSN网络主要具有三个特点。一是非营利性。从理念上讲，BSN网络是由国家信息中心主导、多个央企参与的公共基础设施项目，其主要目的并非营利，而是降低区块技术应用门槛和成本，加快推动区块链技术和产业创新发展。二是参考互联网理念。BSN网络以互联网为参照进行设计、建设和运营，更加注重通用性、大众性和方便性，提供跨云服务商、跨底层框架、跨门户和跨国界的服务。三是价格优势。BSN网络的设计理念之一就是帮助开发者和科技公司降低成本，其使用价格低于一般的区块链云服务商。比如，一个三记账节点的联盟链应用投入2000~3000元人民币即可运行。

3. 平台应用实践

区块链技术是一种分布式账本（或数据库），也是一种基于互联网的新型数据存储、传输方式，具有难以篡改、可追溯、公开透明、数据安全等特点。

BSN区块链服务网络主要由城市节点连接而成，每个区块链应用均可根据业务需要自由选择部署在某个或某些城市节点上，并由业务系统通过节点网关服务与链上数据进行交互，同时节点网关服务对业务系统和普通开发者封装了区块链复杂性，使得相关业务系统的开发者可使用任何编程语言调用网关API并与区块链环境内数据完成交互，降低了BSN网络使用者的应用难度和成本。国内BSN网络主要基于联盟链技术，适用于缺少强力中心、多方协作、风险可控的业务场景，优化传统业务系统流程，巩固信任基础，提高数据获取效率，增强容错能力，降低对账成本，促进企业实现业务模式创新。

一是区块链供应链金融协同服务。通过连接核心企业、上下游企业、第三方物流、银行等各参与方，借助区块链、大数据等新技术促进信息流、资金流、物流高效融合，并通过数据交叉验证真实反映链上经销商经营能力，实现经销商信用评估、授信、订单申请、放款、还款等金融服务全流程嵌入，形成经销商融资贷款的信息化、体系化、平台化，推动区块链在供应链金融场景更好的落地应用。

二是版权区块链存证服务。借助区块链技术提供区块链版权存证功能，为用户的照片、微博微信文章、小视频等各类原创作品提供便捷的数字版权申请通道，实现即时创作、即时申请、全流程线上操作、7×24小时业务受理，申请不受时间和空间制约，引导、辅助用户快速完成数字版权申请并获得作品登记证书。

三是智慧消毒监管平台。通过在酒店消毒间安装图像摄像头，自动采集清洗消毒、保洁的过程图像，然后通过5G网络实时回传至算法服务器进行图像识别算法处理，再将处理结果转发至应用服务器，根据预设的通知或报警条件以短信、微信、邮件等形式通知酒店管理及执法监督人员进行处置，从而实现对酒店消毒过程的全流程监控管理。

（案例提供单位：区块链服务网络发展联盟）

（六）万向PlatONE区块链底层平台

1. 背景简介

目前，联盟链平台在发展中普遍面临一些共性痛点。一是交易性能、扩展性不足，多数联盟链平台难以在高可靠性、易扩展的条件下，满足大规模商业化交易需求。二是缺乏完备的、面向企业级业务的工具箱，相关产品更多地关注在底层技术框架，尚未有一套经由多个行业应用实践和反馈形成的高可用系统工具箱。三是缺乏灵活的权限管理设计，难以在弱中心化、公平对等的理念下，弱化超级权限的设计，同时保留灵活可管控的权限分配和权限的生命周期管理。四是缺乏自动化运维节点防控违法有害信息的机制，多数平台缺少实现对节点查询、上链等相关信息进行自动、有效的拦截和处置的机制。五是针对区块链应用开发的配套成熟度低，许多联盟链应用开发语言，或为从以太坊继承的Solidity，或仅提供单一的开发语言，缺乏扩展性和多样性。

因此，上海万向区块链股份公司（以下简称万向区块链）从解决实际业务实施中痛点的角度出发，设计和优化联盟链技术架构和治理工具水平，开发出一种以隐私计算为特色的企业级联盟链基础设施平台PlatONE，可为大规模生产级的区块链应用提供支撑。PlatONE是由万向区块链和矩阵元共同打造的联盟链，引入WASM（WebAssembly）、形式化验证、安全多方计算、分布式密钥管理等行业先进技术，使用高度优化的BFT类共识算法，在保留了即时确认的关键特性的同时，大幅提高去中心化程度。项目除支持原有EVM，还将增加对WASM的支持。此外，引入形式化验证工具及安全技术验证，为智能合约提供安全审计功能，帮助发现智能合约中安全相关的漏洞缺陷。目前，已成功应用在"江西正邦供应链金融项目""运链盟—汽车供应链物流服务平台""信托—万向慈善平台"等项目。

2. 平台主要技术特征

平台开源方面，PlatONE底层链代码已经实现完全开源，开源代码托管于

https://github.com/PlatONEnterprise/PlatONE-Go。

开发语言方面，PlatONE底层链采用Go语言开发，支持采用C/C++/Rust/Solidity等高级语言开发智能合约。

平台架构方面，PlatONE从软件架构上看，可以分为四层。其中，最底层是基础层，提供构建区块链的基础功能，比如网络通信（P2P）、数据存储（LevelDB）、加密算法库和隐私保护算法库等；核心层是区块链技术的核心功能，如共识算法、虚拟机、区块生成与验证、状态处理器等；管理层提供联盟链的权限管理功能，比如合约调用权限、节点准入权限等；最上层是接口层，用于提供链的访问接口，比如RPC调用、SDK访问等。

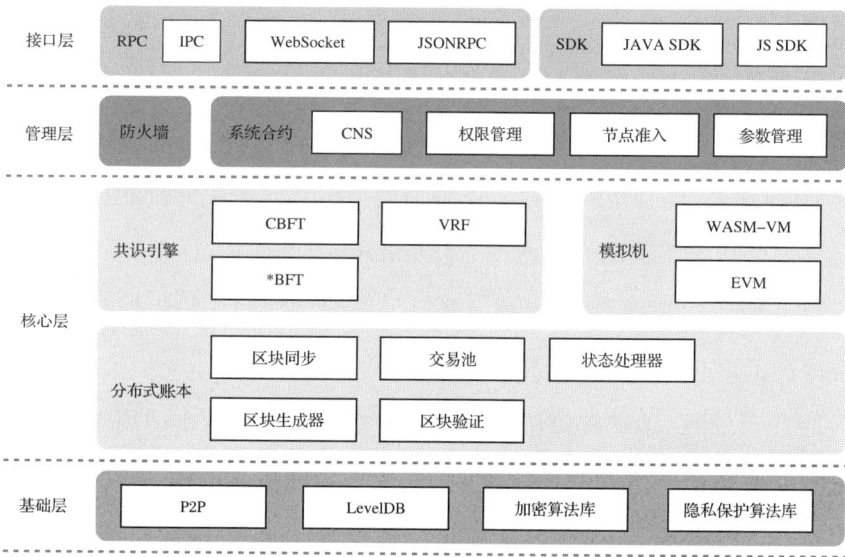

图48　PlatONE平台架构及其模块

平台交易流程方面，PlatONE的一般交易流程为：提交交易→进入交易池→出块者执行交易并打包区块→共识流程（验证并投票）→共识成功→更新账本。

节点准入管理方面，PlatONE采用了系统合约来统一管理节点权限，节点权限的变动都通过智能合约控制。

合约管理策略方面，PlatONE从三个维度对智能合约进行管理。首先是智能合约的部署，通过系统合约灵活控制合约部署权限；其次是对智能合约的调用管理，通过合约防火墙功能对合约调用者权限进行控制，调用权限可以细化至合约的接口级别；最后是智能合约的命名管理服务（Contract Name Service，CNS），通过CNS系统合约维护合约名称版本和地址的映射，从而让用户方便地采用名称版本来访问合约。

共识算法方面，PlatONE使用高度优化的BFT类共识算法，解决业内普遍存在的共识死锁问题，能够支持超过100个共识节点参与共识。

加密算法方面，PlatONE引入了同态加密、国密、分布式密钥管理等密码学算法，在隐私保护的前提下保证多方共享数据的安全性。

智能合约与虚拟机方面，PlatONE除支持原有EVM外，还增加了对WASM（WebAssembly）虚拟机的支持。WASM虚拟机具有更快的合约执行速度，并且支持多种高级语言编写智能合约。除Solidity语言外，目前PlatONE已经支持C/C++/Rust等语言编写智能合约，降低了智能合约的入门门槛和开发成本，同时也提高了智能合约的安全性。

性能方面，PlatONE提供了灵活多样的权限管理功能，适用于联盟链场景下各种权限管理需求。同时，PlatONE采用了高度优化的BFT共识算法，可以支持多达100个节点参与共识，能够建设较大规模的区块链网络，在10个共识节点的测试网络中，调用智能合约的交易性能可达1000TPS。

对比国内外其他平台，PlatONE在开发语言与环境、共识算法、智能合约权限管理、隐私保护等方面具有一定特色。

表8 PlatONE与FISCO-BCOS、Quorum指标对比

对比项	PlatONE	Quorum
虚拟机	WASM、EVM	EVM
语言	已支持Solidity、C/C++，正在支持Rust	Solidity
用户配置Gas	暂不支持，但可按需支持	不支持
Gas计算	支持，且可暴露给指定合约接口以方便合约调用	支持
共识机制	优化的BFT类共识算法	基于Raft的共识，Istanbul BFT
配置	支持区块Gas配置、出空块的运行时切换配置等	不支持区块Gas配置、出空块的运行时切换配置等
权限管理	支持合约调用权限和合约部署权限（即在合约部署时，会检查合约创建者的权限，只有通过检查的用户才能部署合约）	不支持合约调用权限和合约部署权限（即在合约部署时，会检查合约创建者的权限，只有通过检查的用户才能部署合约）
节点准入	支持，并可通过系统合约在线申请成为共识节点及观察者节点	支持
节点管理	支持使用智能合约管理节点，可方便地在链上更新、实现所有节点同步更新	支持使用智能合约管理节点，可方便地在链上更新、实现所有节点同步更新
隐私保护	支持PAIL/NIZK隐藏交易金额，并可按需添加其他需求	支持，但不能防止双花攻击

3. 平台应用实践

一是江西正邦供应链金融项目。当前，供应链金融市场的应收账款规模庞大，核心企业在产融结合的大趋势下，有挖掘自身信用价值的需求，但传统供应链金融模式仍面临许多痛点和问题。比如，传统线下保理业务确权难、效率低、操作风险高、操作成本高、再流转难；广大中小供应商融资难、融资贵；部分中小银行存贷比低，对标准化、低风险的金融资产需求大。

在此背景下，万向区块链研发了万向供应链金融服务平台，将信用评级高、融资成本低且在供应链占据优势地位的正邦科技及其子公司作为核心企业，运用区块链技术将一条完整的供应链交易信息进行上链管理，同时引入金融机构，并通过区块链将信用从正邦科技向一级供应商传递，从而为供应商提

供融资服务。该平台旨在以核心企业为中心，以实际贸易背景为基础，是根据交易中构成的链条关系和行业特点设定的一种应收账款债权流转融资平台。平台的基本设计理念为，为核心企业开发、部署区块链平台，与参与方共同运营区块链平台，不触及参与方隐私数据，区块链和前端源码开放。

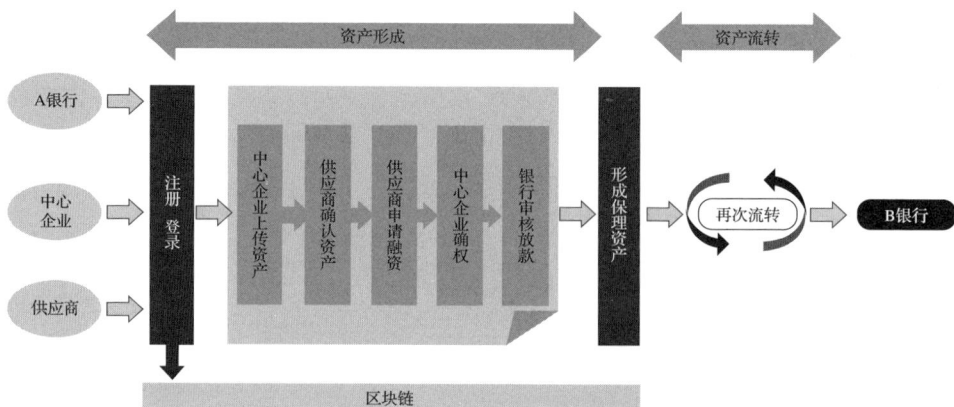

图49　供应链金融项目架构

该平台有助于提高企业资质信用，改善资金占用时长，缓解融资困难和融资成本高等问题，同时各级上游供应商作为链上企业，通过参与债券数字凭证的传递可获得一定奖励，形成互惠互利的供应链生态圈。其中，对平台而言，可增强企业互信、保护数据主权，同时也是一种高效的供应链管理工具；对核心企业而言，有助于全面了解供应商网络关系，提高供应商网络弹性，减少信用占用，增加收入来源；对供应商而言，有助于缓解融资难及融资贵问题，增加客户业务黏性，形成可持续发展的供应链生态圈。平台已于2019年5月上线运行，目前活跃用户近100家，且已帮助多家企业融资累计近3亿元。

二是运链盟—汽车供应链物流服务平台。基于纸质运单的传统汽车物流行业的主要痛点为：纸质运单流转效率低，平均生命周期长达30天；纸质单证交接流转时间长、成本高、易污损、易丢失；纸质运单对账审核成本高，其产生的年成本估算约为100万元/年；纸质运单无法适应未来铁水业务集运的发展，给作业带来极大不便，降低发运效率；日趋普遍的多式联运模式下，各承运商间衔接和配合难度增加；运输业务上下游核算对账周期长，承运商的平均应收款账期长；下游承运商金融信用相对较低，融资难、融资贵。

运链盟是基于区块链技术，以汽车整车物流为实际业务场景构建，包含物流管理、结算对账与供应链金融三大功能模块的综合服务平台，可实现汽车整车物流业务全流程上链，进行电子化管理，各业务方可在平台上管理电子订运单，上下游企业可在线对账，承运商还可基于电子化数据向金融机构发起融资申请。

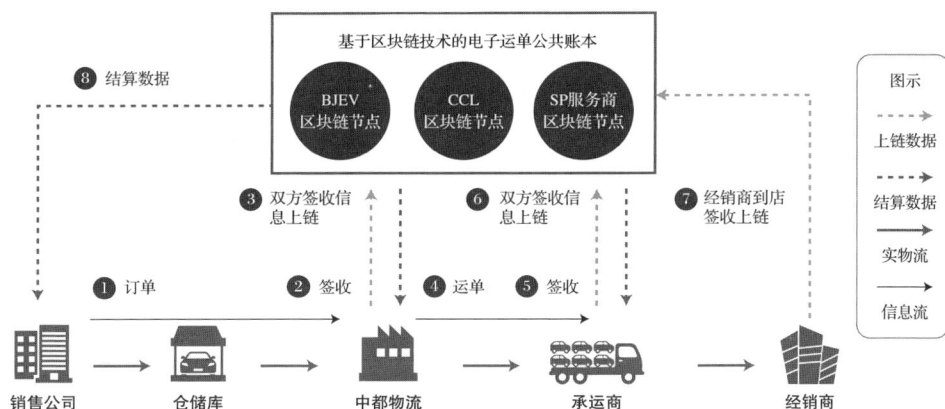

图50　运链盟项目架构

应用效果方面，运链盟基于区块链难以篡改、分布式等特性，实现多方可信任的电子运单多方账本。相比传统系统实现方式，运链盟具备可覆盖整体供应链，共享统一可信台账，各方数据隐私保护等优势。同时，基于电子账单模式，有助于提高流转效率，缩短对账周期，并为中小承运商企业提供低融资成本的供应链金融服务。此外，运链盟系统有助于赋能物流企业新业务增长，降低企业间合作的信任成本、企业运营成本以及融资成本。具体而言，汽车主机厂能够获得新的收入来源，增加整个供应链网络弹性，更好地了解整个供应网络；零部件供应商能够获得更短的应收账款账期和更低的融资成本；金融机构可在风险可控的情况下，从"长尾客户"获得收益，并了解供应链中的真实贸易，有利于开展其他金融服务。运链盟平台于2018年11月正式上线，目前注册承运商达53家，总计融资金额3000万元。

三是信托—万向慈善平台。随着2016年9月《慈善法》的正式实施，慈善信托开始如雨后春笋般不断涌现，具体操作模式也日益多样化，其中"信托公司+慈善基金会"的模式已经开始展现其兼具信托公司金融能力及慈善基金会专业慈善事务能力的优势，有望成为中国慈善事业的重要力量。同时，随着慈善信托业务的不断壮大，万向信托急需配套管理系统支撑信托经理管理信托事务；捐赠人也需要更加便利的手段来查看账户状况、在线下达慈善指令和意愿、接收慈善反馈，从而更好地参与慈善全过程；整个慈善生态圈也需要通过区块链等新技术手段不断扩大其外沿，促进更多的机构和个人参与慈善事业。

在此基础上，万向信托与万向区块链合力打造万向慈善平台，致力于为慈善基金会及广大社会捐赠人提供通用化的接口和服务。比如，为慈善信托捐赠人提供在线账户服务，包括注册、登录、身份认证、意愿认证、慈善捐赠方向测评、慈善信托解决方案浏览、设立信托、个人账户界面、发送投资/捐赠/追加/事务等相关指令，以及进行投资或捐助、接收管理端消息等；为信托公司提供管理功能，包括设置问卷、工作流审批处理、金融模块对接、慈善基金会对接、权限和人员设定等；为其他慈善信托相关人员提供事务及资金处理功能，包括对建议人提供建议额度范围之内捐赠或投资的功能；为慈善基金会等组织提供账户慈善管家功能，发起慈善捐赠建议，提供慈善反馈等；为慈善基金会提供API接入功能，对接慈善基金会及其捐赠人信息；为信托项目及信托账户提供区块链存证及验证功能。未来，还将探索提供资金流向追踪、使用智能合约实现各种相关人员事务管理（如投票、事务触发型捐赠）等功能。

目前，该平台正处于试运营阶段。

（案例提供单位：万向区块链）

（七）FISCO BCOS区块链底层平台

1. 背景简介

随着移动互联网的发展和专业分工的精细化，以多方参与、智能协同、价值整合为主要特征的"分布式商业"模式逐渐普及，促进了分布式技术的应用与发展。作为分布式技术中的典型代表，区块链和分布式账本技术近几年也成为全球商业机构的关注焦点。其中，金融业因涉及大量高频的信息与资金流动，成为孕育分布式商业的重要土壤之一，也是较早开展区块链和分布式账本技术应用探索的领域。随着越来越多的机构需要在区块链上开展业务，行业对区块链底层技术平台的基础设施建设需求也日益强烈。

目前，市场上已存在的一些区块链和分布式账本平台产品在面向金融业应用时尚存许多问题。比如，在安全方面，采用的加密算法和安全级别不能完全适用于金融场景。在性能方面，传统区块链并发处理能力低、延迟时间长，无法支持金融级的海量服务。在功能方面，部分既有平台由非金融机构开发，在支持金融场景的应用中存在功能缺失的问题，且多个平台之间协议和架构不同，难以互联互通。

在此背景下，微众银行、深圳市金融科技协会、深圳证券通信有限公司等金融机构和金融科技企业，共同研发打造了一套国产安全可控的金融级区块链底层平台FISCO BCOS，旨在推动金融级的区块链技术研究，推进区块链技术在金融场景中落地运用。

2. 平台主要技术特征

技术选型方面，FISCO BCOS采用联盟链的技术架构，以满足分布式商业场景中合法合规地进行多方对等协作为目标，兼顾金融创新与金融稳定，融汇吸收了分布式架构、分布式存储、P2P网络协议、加密算法、共识算法、智能合约以及虚拟机等多类技术，具备高性能、安全可控、功能丰富等优势，致力于为开展区块链应用提供可靠的基础设施。

平台开源方面，FISCO BCOS已于2017年12月宣布开源，代码面向全球开放，Github地址：https://github.com/fisco-bcos，使用的开源协议为GPL-3.0。开源至今，FISCO BCOS已历经22个版本的更新迭代，最新版本为2019年12月27日发布的2.2.0版；累计代码仓库数28个，进行了5776次提交；技术文档字数20W+，并持续通过公众号、技术社群等渠道，为开发者提供实时资讯和技术支持。

开发语言方面，FISCO BCOS使用C++开发，支持使用Solidity和C++编写合约，提供了多种编程语言（Java、Node.js、Go、Python等）的SDK工具。基于SDK，开发者可开发面向最终用户的客户端程序，实现调用链上节点的功能接口、访问链上部分或全部数据和向区块链发起交易等功能。

平台架构方面，FISCO BCOS采用了分层架构设计，平台整体上可以划分

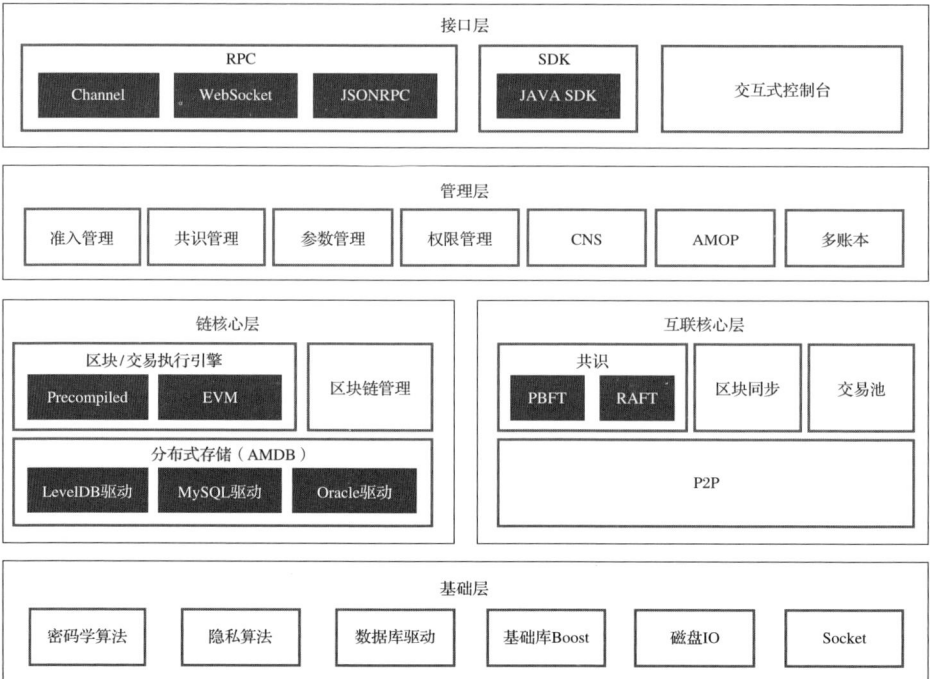

图51　FISCO BCOS的分层架构

为基础层、核心层、管理层、接口层4个层次。基础层负责提供区块链的基础数据结构和算法库，如密码学算法库及隐私算法库等。核心层实现区块链内核逻辑以及网络共识算法等关键模块，包括链核心层与互联核心层：链核心层实现区块链的链式数据结构、交易执行引擎和存储驱动；互联核心层实现区块链的基础P2P网络通信、共识机制和区块同步机制。管理层实现区块链的管理功能，包括参数配置、账本管理、链上信使协议（AMOP）等。接口层面向区块链用户，提供多种协议的RPC接口、SDK和交互式控制台，允许用户基于区块链编程以及自定义发起和执行合约。

交易流程方面，FISCO BCOS交易的大致流程为：客户端生成交易并发送到指定节点；节点验证交易提交交易池；交易池中的交易广播到其他节点；出块节点打包交易；交易执行；节点间共识出块；交易落盘更新账本。

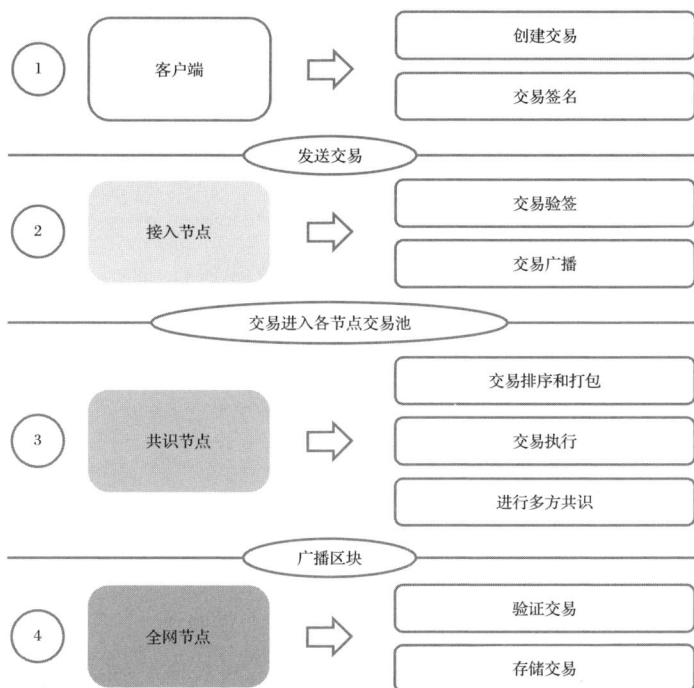

图52　FISCO BCOS交易流程

　　具体而言，在"客户端生成并发送交易"环节，用户请求发送到客户端（SDK）后，由客户端基于其中的发送地址、接收地址、交易相关数据和交易签名等信息，构建出一笔有效交易。交易构造完成后，客户端通过分链（Channel）或RPC信道将交易发送给节点。在"节点验证交易提交交易池"环节，区块链交易被发送到节点后，由节点通过验证交易签名的方式验证该笔交易是否合法。若交易合法，则节点会进一步检查该交易是否重复出现过，若从未出现过，则将交易加入交易池缓存起来。若交易不合法或交易重复出现，则将直接丢弃交易。在"交易池中的交易广播到其他节点"环节，节点在收到交易后，除将交易缓存在交易池外，同步将交易广播至该节点已知的其他节点。在"出块节点打包交易"环节，当交易池中有交易时，Sealer线程负责从交易池中按照先进先出顺序取出一定数量交易，进行打包并组装成待共识区块，随后待共识区块被发往各个节点进行处理。在"交易执行"环节，节点在收到区块后，会调用区块验证器逐一执行区块中的交易。如果是预编译合约代码，验证器中的执行引擎将直接调用相应的C++功能，否则就将交易交给EVM（以太坊虚拟机）执行。交易执行结果和状态会封装在交易回执中返回。在"节点间共识出块"环节，区块链要求节点间进行共识，就区块的执行结果达成一致才能出块。在"交易落盘更新账本"环节，在共识出块后，节点需将区块中交易及执行结果写入硬盘永久保存，并更新区块高度与区块哈希的映射表等内容，然后从交易池中剔除已落盘交易以开始新一轮出块流程。

　　共识算法方面，FISCO BCOS实现了可扩展的共识框架，可插件化扩展不同共识算法。目前，FISCO BCOS支持PBFT和Raft共识算法，前者适用于安全性要求较高的场景，后者适用于对节点可信度较为乐观的场景。

　　PBFT共识算法可在少数节点作恶（如伪造消息）场景中达成共识，它采用签名、签名验证、哈希等密码学算法确保消息传递过程中的防篡改性、防伪造性、不可抵赖性，具有3f+1的容错能力，即只要2/3以上的节点正常则整个系统就能正常工作。FISCO BCOS的PBFT共识机制针对联盟链进行了定制，可实现秒级出块，同时具备较好的一致性和可用性，抗欺诈能力较强。PBFT算法的一般过程是一次提案、几步投票直到最终确认，共识过程中有复杂的状态机维护过程，投票往返步骤较多。在FISCO BCOS中，尽量让所有节点并行每个阶段的计算，无论是议长节点还是投票节点，当一个节点在运算验证一批交易时，其他所有节点也在同步运算、投票，无须互相等待。同时，FISCO BCOS还优化了PBFT算法的关键路径，通过优化空块逻辑、缓存重复计算结果等手段，减少共识过程中时间及计算资源的消耗。

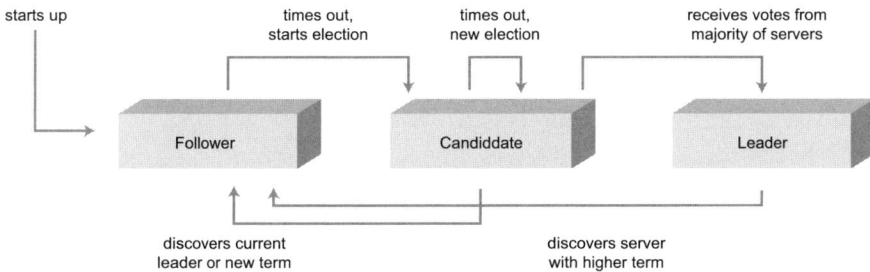

图53 Raft共识算法各节点的状态迁移规则

FISCO BCOS中的Raft共识算法实现借鉴了Raft协议的思想，各个节点采用标准的通过竞争时间窗获取出块权利的方式，具有2f+1的容错能力。相比标准的Raft协议，FISCO BCOS还针对网络抖动、网络延迟以及网络分区孤岛异常情况进行了优化，使Raft共识算法能够满足更复杂的网络环境。此外，FISCO BCOS中的Raft共识算法能够结合智能合约支持节点动态加入和退出网络，使得联盟链网络具有更高扩展性。

交易处理方面，FISCO BCOS支持并行交易处理模型，可让区块内的交易被并行执行，从而提升交易执行性能，其交易并行处理设计分为两部分，即可并行合约开发框架及并行交易执行引擎。其中，可并行合约开发框架面向合约开发者，为开发者提供定义互斥参数的接口。开发者可根据自身业务形态，按照框架的编程规则，定义合约中每个接口的互斥参数。在合约被部署后，接口对应的互斥参数定义一同被写入区块链。当一笔交易调用到相应接口时，框架能够根据事先定义的互斥参数，从交易中提取出互斥变量。随后互斥变量会被提供给并行交易执行引擎，由执行引擎在执行此交易时依据互斥变量的信息判断是否与其他交易冲突。并行交易执行引擎以区块为单位，尽可能地并行执行区块内的交易，其交易执行主要分为三步：一是调用并行合约开发框架，按照接口中定义的互斥参数，取出区块中每笔交易的互斥变量。二是根据交易的互斥变量，使用拓扑排序算法构建交易依赖关系有向无环图（Directed Acyclic Graph，DAG），通过交易依赖关系DAG定义存在互斥的交易的执行顺序，进而保证并行执行结果与串行执行结果一致。三是根据交易依赖关系DAG的结构，尽可能地并行执行无相互依赖关系的交易。

存储方面，为缓解MPT存储所带来的性能瓶颈，FISCO BCOS引入了分布式存储Advanced Mass Database（AMDB），以重新抽象区块链的底层存储模型，实现类SQL的抽象存储接口，支持多种后端数据库（如KV数据库和关系型数据库）。AMDB架构分为3层，分别为状态层、分布式存储层及驱动层。其中，状态层抽象了智能合约的存储访问接口，由EVM虚拟机调用，可分为分布式存储的适配层StorageState和MPT适配层MPTState。分布式存储层抽象了分布式存储的类SQL接口，由状态层和预编译合约调用，并抽象了存储的增删改查接口，将区块链核心数据分类存储到不同表中。驱动层用于实现具体的数据库（如RocksDB或MySQL等）访问逻辑，是后端数据存储的适配器。

AMDB支持MySQL等关系型数据库，支持MySQL集群、分库分表等平行扩展方式，理论上不存在存储容量限制。引入分布式存储后，数据读写请求不经过MPT，直接访问存储，结合缓存机制，存储性能相比基于MPT的存储有大幅提升。

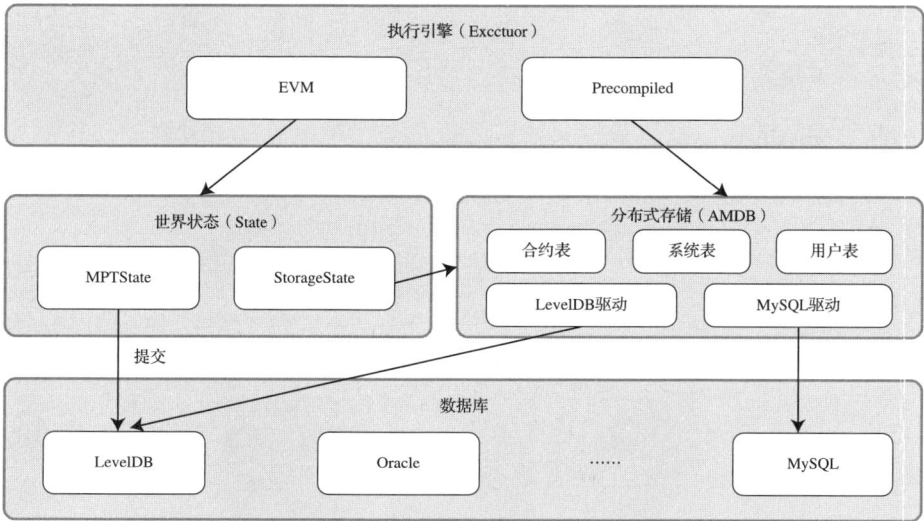

图54 分布式存储（AMDB）架构

　　安全机制方面，对于节点准入，针对链上隐私问题，FISCO BCOS探索了单链多账本的解决方案，通过引入群组概念，使联盟链从原有一链一账本的存储/执行机制扩展为一链多账本的存储/执行机制，基于群组维度实现同一条链上的数据隔离和保密。如图55所示，节点A、B、C加入图片上方中间的群组并维护一个共同账本；节点B、C加入图片上方右边的群组并维护一个共同账本；节点A、B加入图片上方左边的群组并维护一个共同账本。三个群组间共享公共的网络服务，但各群组有各自独立的账本存储及交易执行环境。客户端将交易发到节点所属的某个群组上，该群组内部对交易及数据进行共识并存储，其他群组对该交易无感知不可见。基于群组概念的引入，节点准入管理在网络准入基础上增加了群组准入机制。同时，同一条链上的节点证书均由所有节点都信任的第三方证书颁发机构颁发。在网络准入阶段，节点间需要进行双向SSL认证以确认其是否许可加入某条链。节点在握手的过程中，从对方节点提供的证书中获取对方节点的节点ID，并检查该节点ID是否在自身的CA黑名单中，如果存在则关闭该连接，否则则与该节点建立会话。通过网络准入后，由于节点尚未通过群组准入，此时称该节点为游离节点，游离节点不参与共识和同步，无法获得链上数据。节点可由系统管理员授权以通过节点准入，进而成为群组中的节点。群组节点只能是共识节点和观察节点两者之一，其中共识节点参与共识出块和交易/区块同步，观察节点只参与区块同步。

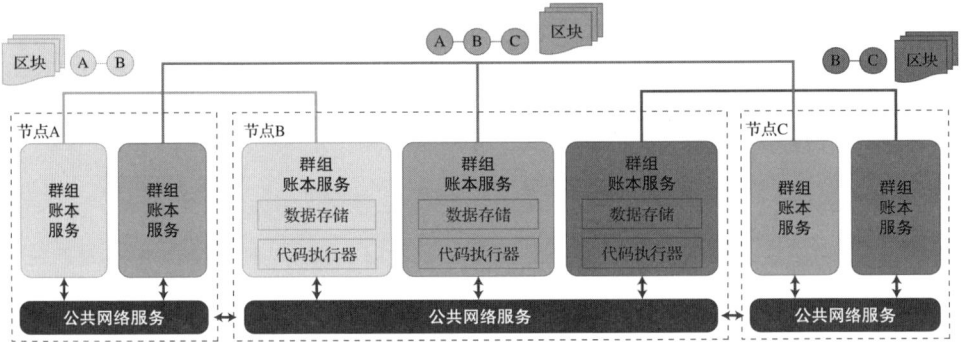

图55　群组概念

对于权限控制，FISCO BCOS平台基于分布式存储，提出分布式存储权限控制的机制，可灵活、细粒度地进行权限控制，为联盟链治理提供重要技术手

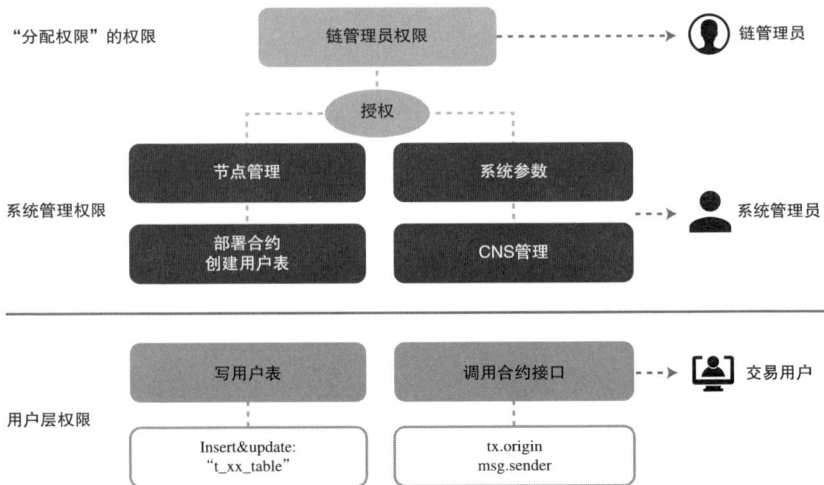

图56　权限控制

段。分布式权限控制基于外部账户的访问机制，对包括合约部署、表的创建、表的写操作（插入、更新和删除）进行权限控制，而表的读操作则不受权限控制。在实际操作中，每个账户使用独立且唯一的公私钥对，发起交易时使用其私钥进行签名，接收方可通过公钥验签交易具体由哪个账户发出，实现交易的可控及后续监管追溯。

针对联盟链中的权限管理角色，在FISCO BCOS中可以分为四种不同的主要角色。一是链管理员。通常由参与链的多方共同选出一个委员会，一个或多个机构可获得管理员权限，以进行人员管理和权限分配。链管理员拥有"分配权限"的权限，如定义账户A作为链管理员，A可以为账户B、C分配权限。可以设置多个管理员，如果不设置管理员，任何账户都可以无差别修改各种权限。二是系统管理员。系统管理员是指业务运营人员或系统运维人员，负责日常的链上管理，包括节点增删、系统参数修改等。链管理员根据所有参与方约定的治理规则分配系统管理权限，比如只允许指定账户部署合约并为其设定合约部署权限，其他账户无法随意部署合约。系统管理权限目前包括四种，分别为节点管理权限（增删共识节点或观察节点）、系统参数修改权限、修改合约命名权限、部署合约和建表权限。三是用户。用户向区块链发送业务交易请求，主要是调用合约和读写用户表，其权限可以根据业务逻辑，结合用户表权限和合约接口权限进行灵活控制。以用户表为粒度，控制某些账户能否改写某个用户表，以避免用户表被他人意外修改。若要进行数据隐私控制，则可使用FISCO BCOS提供的数据加密、零知识等技术。四是合约。一个合约可以包括多个接口，由于合约里的逻辑和业务密切相关，接口粒度的权限控制由开发者实现，且开发者可对交易发送方进行判断，以决定是否允许本次调用继续处理。客户端发起交易请求后，节点获取交易数据，从而确定外部账户和待操作的表以及操作表的方式。如果判断操作方式为写操作，则检查该外部账户针对操作的表的权限信息（权限信息从权限表中查询获取）。若检查有权限，则执行写操作，交易正常执行；若检查无权限，则拒绝写操作，返回无权限信息。若判断操作方式为读操作，则不检查权限信息，正常执行读操作，返回查询数据。

功能方面，FISCO BCOS作为区块链基础服务的提供者，从功能层面上提出了"一体两翼多引擎"架构。"一体"指群组架构，创造灵感来源于群聊模式。群的建立和运行非常灵活，且同一个人可参与到感兴趣的多个群里并行地收发信息，现有群也可继续增加成员。采用群组架构的网络中，根据业务场景不同，可存在多个不同账本，区块链节点可根据业务关系选择群组加入，参与到对应账本的数据共享和共识过程中。"两翼"分别指并行计算模型和分布式存储。其中，并行计算模型支持交易在区块链系统中被并行执行，可根据交易冲突信息自动识别依赖关系，构建DAG依赖关系图，根据依赖关系最大化并发执行。分布式存储可使得节点将数据存放在远端分布式数据库中，突破单机存储瓶颈，并通过CRUD式数据访问管理，提升开发、存储效率。"多引擎"是一系列功能特性的总括，比如预编译合约能够突破EVM的性能瓶颈，实现高性能合约；控制台可让用户快速掌握区块链使用技巧等。

性能方面，FISCO BCOS采用优化后的高效共识，交易可秒级最终确认，并满足金融交易要求。目前，FISCO BCOS单链TPS达两万以上，采用多群组架构和并行交易处理，支持海量计算。在数据处理方面，采用分布式存储方案，可支持海量容量和快速吞吐的存储需求，支持链上数据和大数据平台结合，对数据进行深度处理分析和数据挖掘。

安全保障方面，为保证通信数据的机密性，FISCO BCOS节点间统一使用SSL连接进行通信。为保障节点数据访问的安全性，引入了节点准入机制、CA黑白名单和分布式权限控制三种机制，在网络和存储层面上进行严格的安全控制。通过节点准入机制及CA黑白名单机制，可及时断开与恶意节点间的网络连接并将恶意节点从节点列表中删除，保障系统安全；通过分布式存储权限控制，可灵活、细粒度地控制外部账户部署合约和创建、插入、删除和更新用户表的权限，从而严密控制用户对敏感数据的访问。同时，FISCO BCOS支持节点在所在内网环境中加密本地硬盘数据。当节点所在机器的硬盘被带离内网环境，硬盘数据将无法解密，节点无法启动，从而无法盗取联盟链上的数据。FISCO BCOS还支持国产密码学算法，基于国产密码学标准，实现了国密加解密、签名、验签、哈希算法、国密SSL通信协议，并将其集成到平台中，实现了对国家密码局认定的商用密码的支持。其中，涉及的相关密码算法包括节点TLS握手中采用国密SSL算法、交易签名生成及验证过程采用国密SM2算法、数据摘要算法采用国密SM3算法、数据加密过程采用国密SM4算法。此外，FISCO BCOS还支持同态加密、零知识证明、环签名、群签名等密码学技术，进一步保障了链上数据的私密性。

对比国内外其他平台，FISCO BCOS主要具备以下特点。一是从中国的商业可行性与监管要求出发，结合场景理解对平台进行定制化开发，比国外平台更适合中国企业（尤其是中国的金融机构）。引入基于CA的身份认证体系对节点准入进行控制，对数据传输和数据存储进行加密保护，提供安全的密钥管理机制，支持基于角色权限的控制体系，搭建了国密算法体系以支持国密SM2、SM3、SM4等标准。二是引用并行计算的架构，通过分布式架构设计理念，引入多链并行与跨链交互的计算架构，支持区块链业务平行扩展，可提供高可用、高性能的服务。通过引入分布式存储设计，可支持金融级的海量数据存储访问。三是采用插件化共识框架，通过简单配置即可支持不同算法。引入适合于联盟链的共识算法，支持PBFT和Raft算法。其中，PBFT算法创新采用多节点并行交易验证，提高了共识效率。Raft算法也针对网络抖动、网络分区等极端情况进行了优化，可适用于复杂的联盟链环境。四是为解决金融业务及其他场景中的多方参与隐私保护问题，搭建了包括物理隔离、密码信封、隐私加密算法等在内的隐私保护机制，同时还提供同态加密、零知识证明、群签名、环签名等适用于不同场景的隐私保护加密算法。

3. 平台应用实践

目前，FISCO BCOS开源生态圈内已汇集超500家机构、逾万名社区成员参与共建共治共享，数百个应用项目基于FISCO BCOS底层平台研发，超60个已在生产环境中稳定运行。

在监管科技领域，2019年上半年，在深圳市、区两级地方金融监管部门的指导和推动下，深圳市互联网金融协会联合微众银行以区块链技术为核心，推出P2P网贷机构良性退出统一投票表决系统，缓解网贷平台良性退出过程中涉众决策难问题。据悉，该系统已在全深圳市27家网贷机构投入应用，服务出借人39万余人，覆盖待收本金214亿余元。

在版权保护领域，2019年7月，人民网与微众银行共同宣布推出人民版权平台。该平台基于FISCO BCSO搭建新闻版权联盟链，利用分布式账本及智能合约的特性，实现多方信息实时共享、版权认证、交易及维权法诉线上化，有效缓解了线上内容版权保护问题。目前，该平台已对上百家主流媒体机构的新闻进行确权并上链，累计上链原创新闻上百万条。

在智慧城市建设领域，2019年2月，微众银行与澳门科技发展基金合作，基于FISCO BCOS底层平台和WeIdentity实体身份认证和可信数据交换解决方案，实现澳门身份证明局、澳门电讯、CPTTM、澳门理工学院等多家机构的数据互通，从而帮助澳门居民将文凭、学历证书等进行电子化数码管理，节省居民政务材料办理时间。

在智慧社区领域，为解决物业管理领域的痛点，腾讯海纳基于FISCO BCOS开发的区块链业主决策系统，用于社区公共事务决策以及公共资金管理。链上节点包括银行、物业、腾讯海纳（物业系统提供商）和业委会、仲裁机构。当发生纠纷等情况时，小区业委会将可以直接在链上申请仲裁介入。

在多金融机构间对账领域，2016年8月，微众银行联合合作银行推出在生产环境运行的多金融机构间区块链应用——机构间对账平台，实现交易数据秒级同步，并快速生成准确可信的账目数据，以及T+0日准实时对账。至今，平台已接入3家合作行，累计交易记录笔数超过8000万笔。

在司法仲裁领域，2018年初，有仲裁机构基于FISCO BCOS在司法场景的应用"仲裁链"出具了裁决书。另外，微众银行联合仲裁机构、第三方存证平台合作搭建了基于FISCO BCOS底层平台的微鉴证云服务，为合作伙伴提供金融级的电子证据整体方案。目前，该应用已联合合作伙伴存证超10亿条。

在物联网领域，某实验室提出应用FISCO BCOS的跨平台互联方案，将各个设备平台、监管机构、检测机构和可信第三方组成联盟链，通过物联网护照机制，构建多中心化的核心架构，实现设备互联和数据共享，并在此基础上，通过一系列合约组合，保证设备联动过程中各环节安全可靠执行，且公平体现各方意志，保障各方权益。

在不动产登记领域，某公司基于FISCO BCOS搭建了区块链不动产登记系统，利用区块链技术存储不动产数据，保障数据安全并实时汇交，同时对入链数据和交易情况进行实时监控，支持数据共享查询。

（案例提供单位：微众银行）

（八）腾讯TrustSQL区块链底层平台

1. 背景简介

近年来，腾讯区块链持续扎根于建设自主可控区块链基础设施——TrustSQL，不断改进其架构并提升其性能，并在法务存证、游戏、医疗、公益和税务等领域深挖应用场景，探索落地安全高效的区块链应用。腾讯区块链的核心目标是建立可信赖的区块链服务平台，并在此基础上，为行业伙伴提供企业级区块链基础设施、行业解决方案以及安全、可靠、灵活的区块链云服务，最后通过高性能的区块链服务，在实现安全可靠的交易对接前提下，通过可视化数据管理手段，帮助企业机构有效降低综合成本、提高运营效率。该平台具有共识算法可切换、支持海量数据存储、支持SPV节点、提供隐私数据的加密和授权设施的设计特点。其中，共识算法可切换是指支持BFT-Raft算法和Raft算法的切换，支持海量数据存储是指支持10亿级的UTXO记录以及无限容量块文件存储，支持SPV节点是指支持节点只保存区块头和默克尔树哈希值的存储，提供隐私数据的加密和授权设施是指用户可以用加密SDK保护自身隐私数据，同时通过解密授权服务完成相关授权方案，且在方案结束后可动态收回权限。

2. 平台主要技术特征

目前，TrustSQL平台暂未开源，使用的开发语言包括Java、C/C++、Go等，其架构主要包括底层核心平台、平台产品服务层和应用服务层。

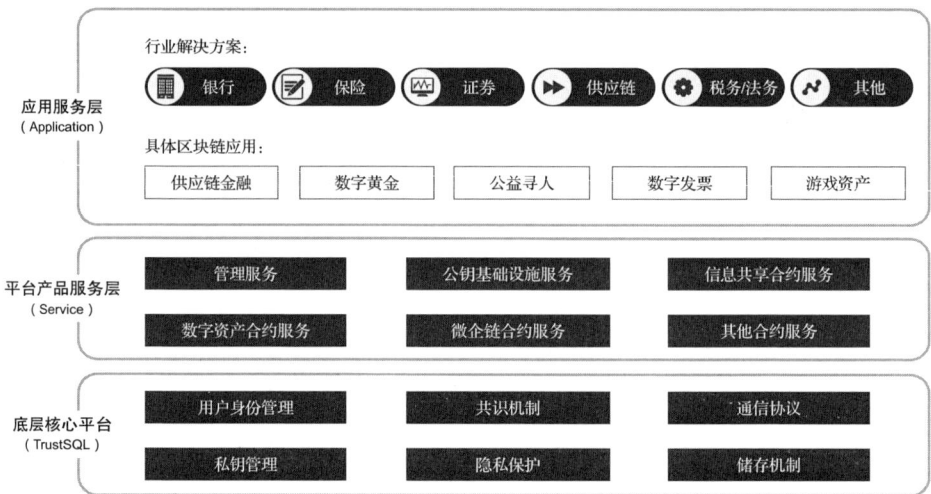

图57　TrustSQL架构

网络架构方面，TrustSQL平台采用双层链架构，由核心共识层和业务见证层两层网络组成。其中，记账共识网络包含有四个共识节点和两个观察者（备份）节点，采用BFT-Raft拜占庭共识算法，账本数据采用UTXO模型。业务见证网络由包含各个省局业务节点、大企业自建业务节点等在内的成千上万个业务节点组成，采用P2P方式组网，见证网络会将共识网络中形成的区块头信息做二次验证和保存，用于账本数据的二次校验。见证网络是一个半开放的网络，只有通过数字身份认证的节点才能接入，其与共识网络通过中间代理层进行连通和交互。

交易流程方面，TrustSQL平台一般包括：提交交易→业务节点校验→路由节点转发→核心链共识→数据节点缓存→交易数据按权限清分→交易信息返回相关业务节点→业务节点二次验证。在硬件资源充足的情况下，核心链的交易性能可达5万笔每秒。

节点管理方面，TrustSQL平台的节点主要分为七类。一是业务节点，是业务见证网络的基本组成单元，保留全量区块头数据以及自己业务相关的详细数据，可以进行数据本地查验。二是路由节点，用于记账节点负载均衡、核心链的多链路由和业务节点身份认证等功能。三是P2P种子节点，用于业务节点加入P2P见证网络的种子节点获取。四是P2P代理节点，用于将核心共识网络产生的区块头数据广播到外层P2P见证网络。五是CA节点，颁发业务节点数字证书。六是数据节点，按照业务维度对账本数据进行热数据缓存和多索引维护。七是共识节点，维护全量账本数据，组建核心共识网络，运行智能合约。

智能合约方面，TrustSQL支持Solidity语言，可兼容EVM，探索底层链内核合约，内核无须调用，可以直接由普通的交易触发自定义事件并对交易过程增加相关条件检查，能针对不同的业务场景需求对底层链的逻辑进行内核定制。

功能方面，TrustSQL底层核心平台通过SQL和JSON-RPC等接口方式为上层应用提供基础区块链服务功能，目前主要有资产发行、资产转让、区块链信息查询、交易信息查询和地址余额查询五类接口。

性能方面，TrustSQL借鉴了微信支付和微信红包的高并发和分布式账户管理经验，目前可支持每秒万级交易处理，以满足大部分场景中的高并发性能要求。

安全性方面，腾讯区块链中用户信息和区块链地址是隔离的，从各个节点的记录存储中，无法获取到相关联的用户信息。用户信息的存储有权限控制、访问认证和加密存储等多重保护。

对比Libra等其他平台，TrustSQL在性能、扩展能力、隐私等多个方面均具有一定特色。

表9　TrustSQL与Libra对比分析

对比项	腾讯	Libra	对比分析
性能	50000TPS（单链，可多链扩展）	1000TPS	—
共识机制	自研BFT-Raft	hotstuff	腾讯：性能高，同步确认，不分叉；Libra：网络交互次数少，带宽占用低。
大规模组网	委员会选举，业务节点，代理服务商节点	共识节点，业务节点	腾讯：可解决共识节点、业务节点、用户三大规模组网难题；Libra：暂未获得。
合约	内置合约及以太坊兼容合约	Move语言合约	腾讯：图灵完备，根据场景诉求选择合约方式，块内并行，配套工具齐全；Libra：对资源操作安全性高，功能简单。
存储扩展	分布式，可伸缩	暂时未单机存储	—
数据隐私	数据通过合约隔离，可匿名	匿名	
监管能力	依据不同监管机构的权限范围，定制化设计	无方案	
成熟度	有案例	开发中	—

3. 平台应用实践

在目前已经落地的腾讯区块链应用中，区块链电子发票项目"税务链"、供应链金融项目"微企链"、司法存证项目"至信链"和城商银行汇票项目均取得一定的实践效果。

在税务应用领域，"税务链"借助区块链多方见证和非对称加密等手段，助力国家解决现行财税环境下的一些实际问题，提供了一套全新的电子发票标准。结合移动支付，将支付订单和发票绑定上链，实现交易中"交易即开票"，"开票即报销"，为消费者带来便利，为企业节约成本，为监管机构带来更丰富的税收数据，有助于更好地优化税收结构，实现生态共赢。

图58　腾讯区块链电子发票业务流程

在供应链金融应用领域，"微企链"作为"供应链金融+区块链+ABS"的开放平台，结合了腾讯区块链技术、财付通支付等金融科技能力和资产审核

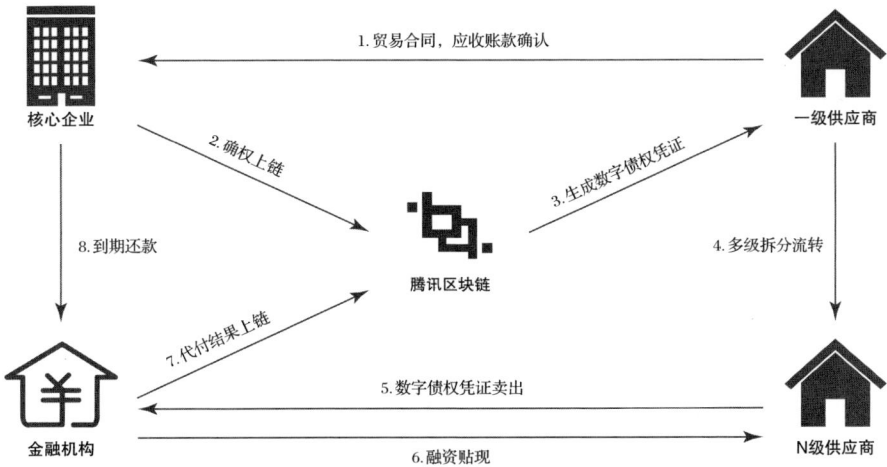

图59　腾讯区块链供应链金融逻辑

能力，通过区块链不可篡改、信息可溯的特性，实现核心企业的信用穿透覆盖至长尾供应商，提高小微企业融资可获得性，降低融资成本。同时，金融机构可通过平台批量服务小微企业，获取低风险高收益资产；核心企业可通过平台优化供应链管理，低成本实现科技创新。平台有助于缓解小微企业融资难、融资贵的问题，促进产业链健康发展，贯彻国家扶持实体经济发展的战略方针。

在司法领域，"至信链"对版权保护应用提供知识产权确权、版权登记、维权监测、一键诉讼等全流程创新解决方案。数字文化内容产业是伴随互联网发展而兴的典型产业，也是互联网社会治理的重要组成部分，针对当前数字内容产业发展过程中出现的聚合盗链、网盘分享、盗版网站等在内的侵权盗版行为，至信链可以提供良好的解决方案。

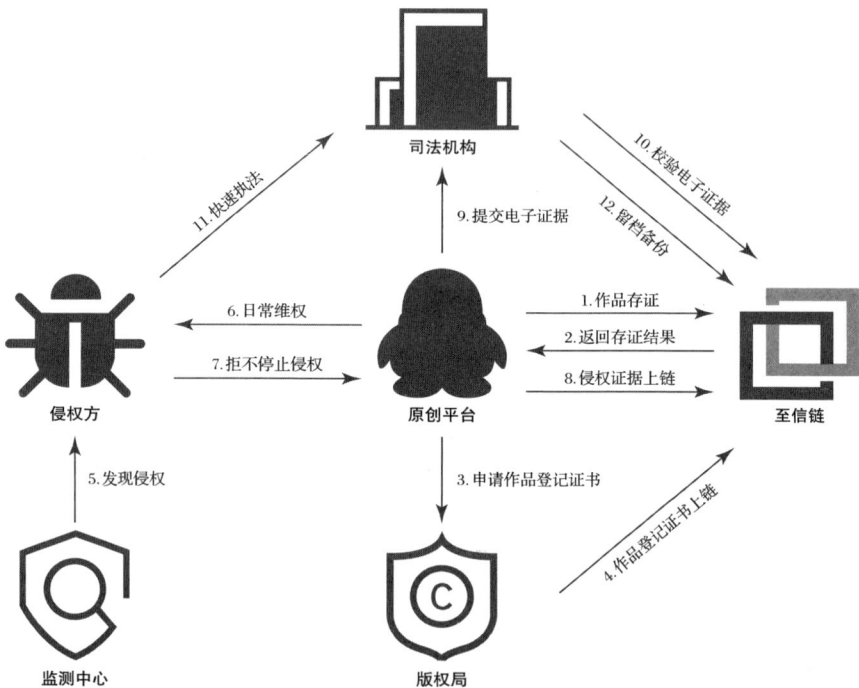

图60　数字文化内容产业保护解决方案流程

至信链司法应用场景是标准的多方协作场景，涉及包括企业、司法机构以及相应的司法辅助机构（公证处、司法鉴定中心、版权登记机构等）在内的多方主体。通过电子证据的流转管理，至信链可以组织司法生态多方协同，从而实现原创个人及企业作品数据确权、司法辅助机构协同出证、司法机构快速裁决。该方案在便利用户的同时提供可信存证服务，且用户存证和司法管理双链协调，满足多样化的司法需求。

（案例提供单位：腾讯）

（九）壹账链（FiMAX）区块链底层平台

1. 背景简介

壹账链（FiMAX）是金融壹账通研发的区块链产品，应用全加密框架和3D零知识证明算法，致力于构建分布式商业网络生态，目前已在金融、汽车、房产、医疗和智慧城市五大生态圈的多个应用场景中落地。

2. 平台主要技术特征

开源方面，FiMAX平台目前尚未开源，但预期2020年会开源部分源代码。

开发语言方面，FiMAX平台使用Golang。

平台架构方面，FiMAX平台主要包括FiMAX Cathaya加密模块、FiMAX Core高性能底层、FiMAX Concord管理系统、FiMAX Sparrow 交互组件，支持Sparrow通用API和Sparrow行业API。

FiMAX Cathaya加密模块旨在利用密码学技术解决信息共享与数据隐私间的矛盾，其主要技术有两项。一是3D零知识证明算法。对加密数据进行零知识下的全同态关系验证，包括"加""减""乘""除"及"大于""小于""等于"等关系验证及计算，加密及验证耗时小于3毫秒（单核CPU），且能够较好地缓解"安全多方计算"和"可信计算"等方案存在的效率低下和安全信任问题。二是字段级加密控制。对所有数据进行一文一密控制，实现字段级别加

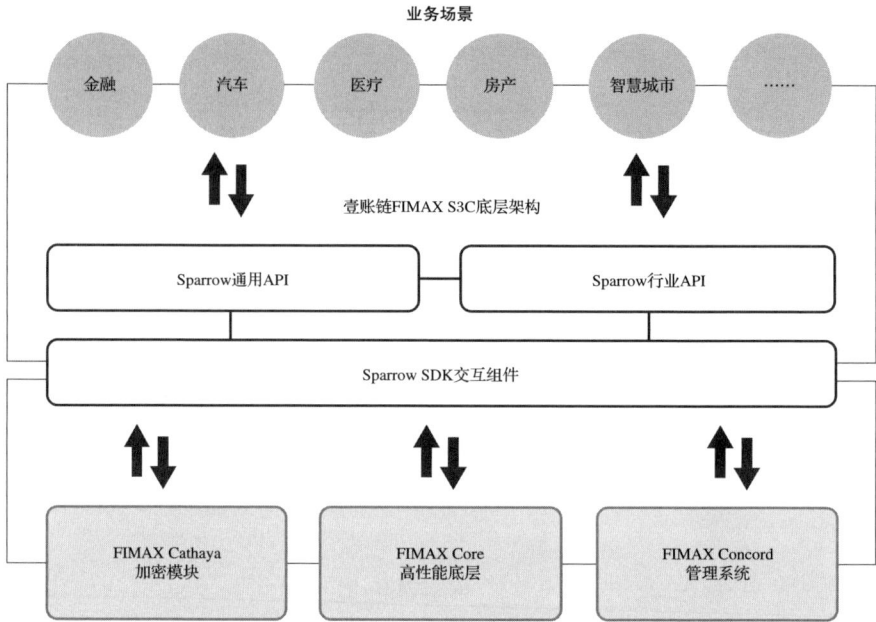

图61　FIMAX框架

密、授权、控制、计算和验证。

FiMAX Core高性能底层主要包括三个技术指标。一是吞吐量。单链只需6核普通CPU即可突破1.5万TPS，单链TPS可达5万，并可通过多链技术支持百万级别TPS。二是交易延迟。基于智能区块技术，高吞吐量下交易响应时间小于0.01秒。三是国密加速。自研国密加速技术，解决国密环境下交易降速问题。单核CPU下，SM2算法每秒可完成28000次签名验证。

FiMAX Concord管理系统旨在帮助客户实现区块链网络的快速部署和便捷管理，降低技术门槛，主要包括三个部分。一是节点管理。支持区块链环境搭建时的节点快速异地部署，并提供友好的用户操作和监控界面。二是国密标准CA认证系统。依照国家密码管理局CA标准打造了区块链CA系统，实现企业级身份认证。三是区块链浏览器。与实际业务相结合，在获得授权的情况下直观地展示链上业务相关信息。

　　FiMAX Sparrow交互组件旨在提供高效快速的区块链底层接入方案，并支持跨链、跨网络交互，推动区块链应用互联互通，具有覆盖场景丰富、支持跨链交互的特点。覆盖场景方面，提供丰富的区块链交互API，并结合ISO 20022及UN/EDIFACT标准和项目经验，梳理出多套行业标准API。跨链交互方面，支持不同区块链平台间以及区块链平台与非区块链平台间的跨链。

　　平台交易流程方面，FiMAX平台的交易流程一般分为六个部分。一是客户端向背书节点提交交易。二是背书节点根据背书策略，寻找可执行合约的其他背书节点，请求执行智能合约并进行背书。三是背书节点提交背书后的交易。四是共识节点使用共识算法完成共识，并将交易以块的形式进行全网络广播。其中，共识算法可插拔，支持BFT、Raft等。五是数据节点接收广播的交易并对交易进行验证。六是将验证合法的交易写入账本。

　　前沿技术探索方面，一是提出并实现基于底层的跨链协议。相比于一般的现有跨链方案，交易执行效率更高、响应更及时、吞吐量更优。同时，该方案对智能合约层透明，支持智能合约不经改动即可完成跨链调用。二是智能合约实现3D零知识证明的整套协议，支持智能合约嵌入式部署，合约执行更加高效。

　　功能方面，FiMAX平台提供基于无区块架构的高性能区块链底层，基于全加密框架的隐私保护解决方案，以及功能丰富的区块链网络管理工具（含国密标准的CA），并整合全部功能对外提供统一的API接口，且接口以REST形式提供，便于和现有系统集成。同时，API接口功能还可根据需要进一步扩展。

　　性能方面，底层链提供低于0.01秒的交易响应延时（不计网络延时），单链在6核CPU环境下平均TPS超过15000，3D零知识证明执行时间不超过3毫秒。

　　安全性方面，支持国际标准的ECC、AES等，且支持国密算法；提供密钥保护方案，防止密钥泄露；提供国密CA，符合国内监管要求。

表10 FiMAX与其他平台的对比

对比项		描述	环境	平安	超级账本	以太坊	Blockstream	Z-Cash
前沿密码学	密码可控授权	支持不同权限设定，自行字段加密，可设置不同解密权限	—	√（专利已授权）	×	×	×	×
	零知识证明	交易隐私保护，并对加密数据进行验证	—	强（3D ZKP）	弱（范围验证）	×	弱（范围验证）	中（zkSNARKs）
	零知识密码性能	全同态（加减乘除）	1*CPU	2ms	无能力	无能力	无能力	30000~60000ms
		单范围验证	1*CPU	0.8ms	5.33ms	无能力	无能力	175000ms（产生）
速度	强一致性	区块生成即确认所含信息一致性；确认速度快，支撑场景多	—	√	√	×	×	×
	单链平均吞吐量	平均每秒请求处理量	24*CPU	50000+（2.3GHz低配）	3560（32CPU大型机）	40	7	23
		国密环境平均吞吐量	24*CPU	45000+	<100	不支持	不支持	不支持
	交易延迟	在高吞吐量压力下延迟	24*CPU	0.0096s	2~5s	15s	600s	—

	分类	算法	环境	平安	Tjfoc Go开源	OpenSSL
国密算法密码性能	密码性能（数字签名）	SM2签名	1*CPU	36us	397us	420us
		SM2验证	1*CPU	104us	2284us	456us
	密码性能（哈希，加密）	SM3 8Bytes	1*CPU	24.12MB/s	7.11MB/s	14.81MB/s
		SM3 1kBytes	1*CPU	260.64MB/s	74.82MB/s	153.20MB/s
		SM4 1kB CBC加密	1*CPU	88.13MB/s	71.33MB/s	76.55MB/s
		SM4 1kB CBC解密	1*CPU	87.68MB/s	72.70MB/s	76.55MB/s
		SM9对运算	1*CPU	400us	无能力	无能力

对比国内外其他平台，FiMAX平台主要有四个特点。一是区块链网络采用无区块架构，降低交易延时，提高交易响应及时性，提升系统吞吐量。二是采用全加密框架，上链数据全部加密，从而更好地保护隐私。三是运用3D零知识证明算法，可完成各种数据关系（>、<、=、≥、≤）验证，也可进行全同态（+、−、×、÷）计算，且所有证明可在3毫秒内完成。四是包含统一的区块链网络管理工具Concord，提供包括节点配置管理、证书和CA管理、智能合约管理、节点监控、日志管理等功能的一站式多功能管理平台，并提供符合国密标准的CA。

3.平台应用实践

目前，平台已在贸易融资、贸易便利化、中小企业融资等方面有所应用。

在贸易融资领域，金融壹账通区块链团队设计、开发和建设的香港eTradeConnect贸易融资网络（一期）已于2018年10月发布，上线机构13家。在eTradeConnect网络中，企业可将订单、发票等相关业务凭证信息加密后上传至

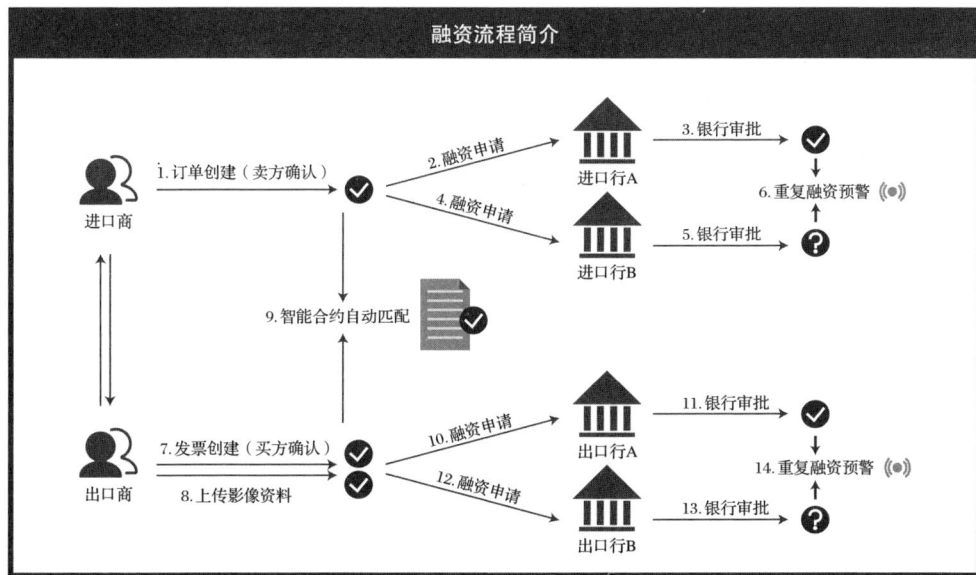

图62　eTradeConnect融资流程

网络，由系统自动完成不同参与方采购订单及发票间的对账，有助于降低人为操作出错的概率，并更好地防范贸易欺诈风险。

区块链分布式架构使参与银行可同步拥有加密后的交易信息，而通过应用FiMAX的零知识证明技术，银行可对密文信息进行验证。当使用已用于融资的加密贸易凭证再次向银行发起融资申请时，系统将自动发出重复融资预警，由银行自行决定是否就该凭证提供融资，可在保证数据隐私安全的前提下，缓解重复融资风险。同时，在贸易真实性可验证的情况下，银行可更好地为企业提供融资服务，为企业发展注入活力，从而提升整体经济效益。

此外，eTradeConnect网络已与欧洲最大的数字贸易融资平台we.trade签署谅解备忘录，致力于实现两个平台的链接。

在贸易便利化领域，2017年2月，由世界贸易组织起草的《贸易便利化协

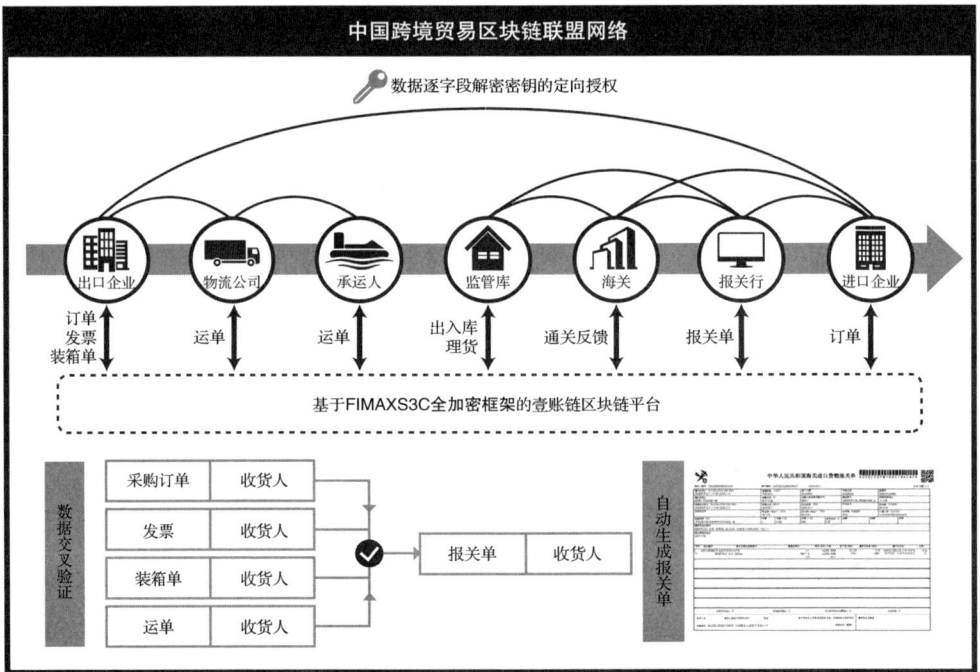

图63　天津海关区块链验证试点项目

定》正式生效，"优化营商口岸环境，推动贸易便利化"成为各国海关及政府的重要发展目标。在此背景下，金融壹账通以中国海关总署"科技兴关"战略为指导，建立了天津口岸区块链验证试点项目——基于区块链的跨境贸易服务网络，助力海关以及其他跨境贸易参与方实现"两提两控"目标。该网络已于2019年4月发布。

打通数据流是便利通关的基础。为此，天津口岸区块链验证试点项目基于区块链打造了链接各参与方的网络，应用FiMAX密码学方案，在隐私保护的前提下实现数据共享，从而打破跨境贸易中的数据孤岛；运用3D零知识证明技术，系统可交叉验证加密后的各源头数据，并根据验证后的信息生成通关中的重要单据，降低各参与方操作成本和风险，构建实现贸易便利化的基础设施。

此外，数据联通和互相验证可提升贸易真实性证明的可信度。监管机构可根据链上信息对进出口业务进行风险分层及区别化处理，从而提高监管精度和审核效率；金融机构可获得多来源的可信数据，从而更好地进行风险评估，降低金融风险；各类优质企业可在享受更好通关服务及金融服务的同时，提升全流程业务协同，实现降费增收。

在中小企业融资领域，金融壹账通区块链团队为广东省金融局牵头发起的广东省中小企业融资网络提供技术服务，旨在通过区块链技术打通银行间网络，为中小企业提供真实可靠、安全高效的互联互通网络，缓解制造业、外贸和科创三类中小企业融资痛点，助力实现金融创新。该网络已于2020年1月上线。

广东省中小企业融资网络基于FiMAX全加密框架打造链接中小银行和中小企业的生态，结合FiMAX可授权加解密技术和零知识证明技术，可在保证各参与方数据隐私的前提下，实现多方信息交叉验证及超额融资检测，有效识别贸易背景真实性，防范贸易欺诈。中小企业可享受精准的一站式融资服务，获得更好的融资体验，而银行可在风险可控的前提下提升获客率，实现

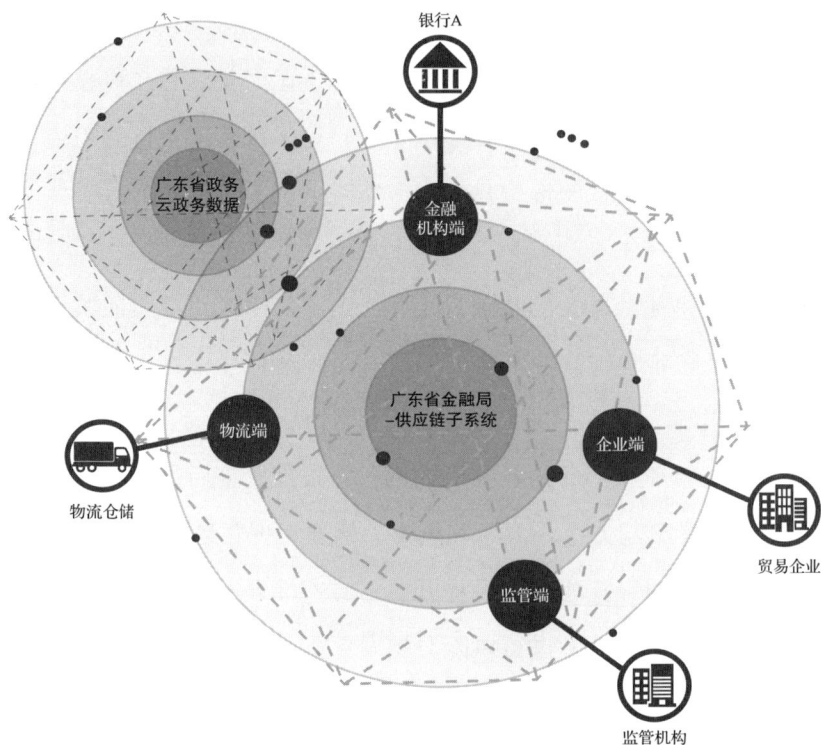

图64　广东省中小企业融资网络系统架构

金融创新。目前，中小企业融资网络已接入26个政府部门的213类政府数据，对全省1100多万家企业进行信息全面采集以及企业风险评级、画像。此外，平台已成功对接工商银行、建设银行、平安银行等省内129家金融机构，上线319款金融产品。

（案例提供单位：金融壹账通）

（十）蚂蚁区块链BaaS平台

1.背景简介

党的十九大提出，要建设网络强国、数字中国、智慧社会。习近平总书记也明确提出，加快建设数字中国，更好服务于我国经济社会发展和人民生活改善。当前，在网络购物、移动支付等数字社会与数字经济的许多领域，我国已处于全球领先地位。区块链作为数字化变革的前沿核心技术之一，其产业和技术面临重大发展契机，相关从业机构有责任也有义务抓住机遇，强化区块链关键基础研究，推动自主可控的区块链技术研发，积极参与国际区块链标准研制。在应用场景方面，应围绕数字中国、"一带一路"倡议等，紧贴实体经济发展与人们对更美好生活的需求，在金融、商业、民生等领域，利用区块链重塑信任机制的能力，改进传统业务流程与规则，保持并扩大中国在数字社会与数字经济领域的领先地位，同时推动经济全球化朝着更加包容、绿色、可持续的方向发展。

在此背景下，自2016年起，蚂蚁金服旗下区块链公司面向全球陆续招募了240多名优秀的区块链专家，组建了专业的国内技术队伍，并自主研发了蚂蚁区块链BaaS（Blockchain-as-a-Service）平台。经过多年的积淀与发展，蚂蚁区块链平台在提供基础存证能力的同时，稳步完善安全基础设施、数据授权模式、广域网部署共识算法等，在各项核心技术的支撑下，已能够满足金融企业级要求，并能够支撑10亿账户、10亿笔日交易量的超大规模场景应用，处于国际领先水平。核心技术方面，平台在共识机制、网络扩容、可验证存储、智能合约、高并发交易处理、隐私保护、链外数据交互、跨链交互、安全多方计算、区块链治理、网络和基础实现、安全机制等领域均有所突破。

目前，蚂蚁区块链已公布的全球专利申请数量超过1000项，获得国内外授权的发明专利32项、计算机软件著作权4项，发表论文3篇。蚂蚁区块链BaaS平台落地应用场景超过50个，入驻企业上千家，日均链上交易量达千万级，已探索实践了物流金融、大宗商品仓单等一系列金融创新应用。

2. 平台主要技术特征

目前，蚂蚁区块链BaaS平台支持三个技术引擎，分别是其自主研发的蚂蚁区块链技术、基于开源技术的Hyperledger Fabric和企业以太坊Quorum。其中，自研的蚂蚁区块链技术不开源，Hyperledger Fabric和企业以太坊Quorum则可以通过BaaS平台为客户定向开源。

开发语言方面，蚂蚁区块链BaaS平台支持种类丰富的开发编程语言。蚂蚁区块链技术引擎拥有多语言合约编程能力，可通过LLVM实现将多语言版本智能合约编译生成统一的执行指令集，支持的智能合约编程语言包括但不限于C++、Java、Python、Javascript以及Solidity。同时，蚂蚁区块链提供软件开发工具包（SDK）以支持开发者进行相关应用与客户端开发以及与区块链网络交互的能力，目前支持C++、Java、JavaScript等开发语言的集成。此外，蚂蚁区块链BaaS平台的Hyperledger Fabric技术引擎支持基于Node.js、Go、Java的智能合约和SDK编程，而企业以太坊Quorum技术引擎支持基于Solidity的智能合约编程。

平台架构方面，蚂蚁区块链主要由底层存储模块、世界状态（全局状态）、虚拟机、共识引擎、账户、交易、智能合约、平台API、合约API、事件发布订阅、事件、事件API、身份管理等模块构成。

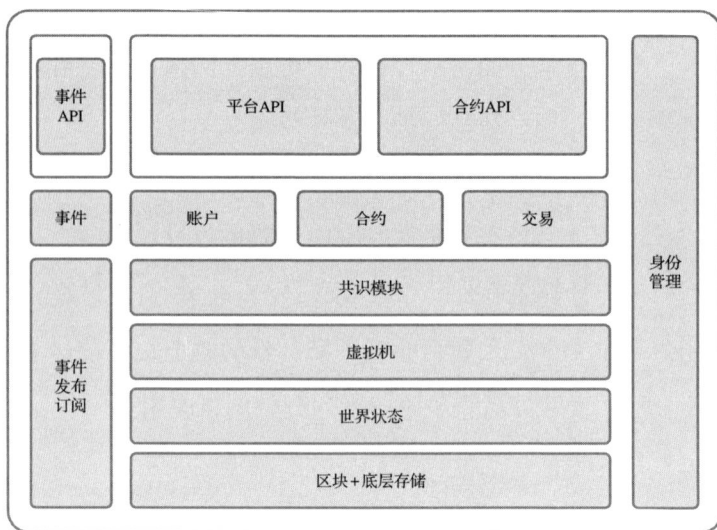

图65　蚂蚁区块链整体架构

其中，底层存储模块提供对蚂蚁区块链对象的实际存储，包括文件系统、数据库以及与之交互的中间层等。世界状态（全局状态）模块是某一特定时刻由全局账户对象组成的状态全集，组成了蚂蚁区块链状态机抽象模型中的全局状态历史集合。虚拟机模块负责解释执行用户智能合约由编译工具编译后得到的字节码，基于栈式实现。共识引擎模块可插拔、可配置，为多节点组成的分布式联盟区块链网络提供不同强度的一致性同步能力，并行共识算法可支持高效共识和秒级确认，针对性优化后的共识协议和块数据存储结构可支持100个以上节点组成的网络实现高效共识，目前已实现的共识协议组件包括PBFT和HoneyBadgerBFT。账户模块支持UTXO和Account+两种模式。智能合约模块支持基于Python3语法的智能合约编写，并提供智能合约编译、运行等基本工具集，以及安全可靠的合约审计。平台API模块是提供给用户，并供使用者调用的创建账户、创建合约、调用方法等接口。合约API模块是支持智能合约编写的接口，包括基础数据类型支持、内置函数支持、内置变量支持和区块链数据

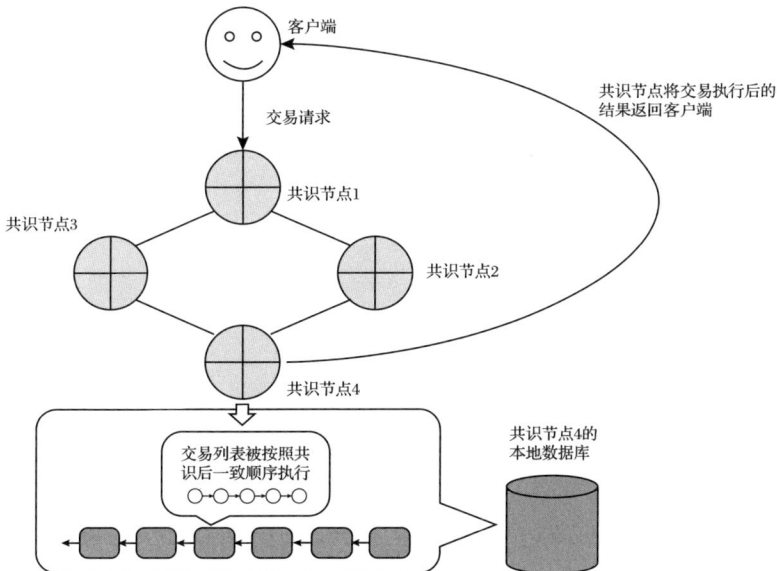

图66 蚂蚁区块链交易流程

访问等。事件发布订阅模块支持发布订阅模型，以使客户端能感知平台和合约的运行情况。事件模块使用libev异步事件支持事件处理。事件API模块支持合约内通过调用log（key1, key2, value）的形式感知平台和合约事件。身份管理模块主要功能是通过身份管理和准入机制管理联盟链成员，包括证书管理和创世合约两种机制。

此外，在架构设计与具体实现上，平台定义了清晰的插件化应用程序框架与系统协议标准，明确界定了各子系统与各组件之间的功能边界，能够在不影响系统其他模块的情况下灵活地替换或升级单一组件。

交易流程方面，蚂蚁区块链上全局状态的转换主要通过客户端的交易请求触发：交易请求经过全网共识节点的有效一致共识后在各节点上被有序执行，导致账户状态或者合约存储的数据变化进而被写入区块链节点的本地物理磁盘上，从而改变全局状态。最终，交易执行结果以数据形式返回客户端。

安全管理和隐私保护方面，蚂蚁区块链平台引入了可信计算能力，支持基于可信执行环境（Trusted Execution Environment，TEE）的节点密钥管理和可信合约执行环境，以及基于TLS协议的端到端全程加密数据传输。同时，平台还提供了基于强隐私账户模型的隐私保护能力，通过引入环签名技术实现交易账户匿名，引入同态加密、零知识证明等技术保护交易内容隐私。

主要功能方面，蚂蚁区块链BaaS平台主要具有九方面的能力。一是联盟链创建与准入管理。用户可申请创建联盟链并获得该联盟链的管理权限，包括邀请其他用户加入。被邀请的用户通过邀请链接加入，在上传证书请求并取得经过签名的证书后完成加入。二是证书与密钥。用户在本地生成证书请求和私钥后，需保管好自身的私钥文件和密码，并在申请加入联盟链时上传证书请求，其证书请求在审核通过后由CA中心签名。用户访问区块链须使用经签名的证书请求和私钥。三是自动化部署。区块链节点软件采用自动化部署方式，根据用户申请需求快速自动建立区块链平台。区块链节点软件版本更新可由后台各节点逐步升级，同时不影响区块链功能。四是区块链存证平台。用户可以选择多种方式完成数据上链存证，包括内容存证（文件内容直接存证）、哈希存证（文件内容计算后的哈希值上链存证）、链接存证（文件的哈希值和文件链接URI地址上链存证）、隐私存证（源文件通过对称加密算法加密后上链）、分享隐私存证模型（源文件通过对称加密算法加密后上链，加密密钥通过另一把私密密钥加密，加密后的明文和加密后的密钥上链保存），并支持大于1MB的大文件上链存证。五是业务数据格式配置。为维护业务数据的可操作性、可维护性，预先配置了不同业务场景下对应的数据格式规范，作为所有用户存证数据格式约定。数据格式规范由多个业务数据分类（Category）组成。用户可以对区块链的数据格式规范进行查看或协商修订，并通过识别数据分类在链上检索、过滤存证数据。六是业务数据隐私分享。基于非对称密钥体系，为联盟链各参与方提供业务数据的隐私分享，使得指定业务数据只对指定业务参与方可见。用户根据指定业务数据分享范围向平台申请加密公钥，平台根据规则分发加密公钥。同时，平台根据用户权限向其发送解密私钥（密钥分发消息使用用户的公钥加密），用于解密其可见的业务数据。七是联盟权限保护。提供双重权限信任保护，分别是联盟链的可信参与方对该联盟链可见而其他用户对该联盟链不可见，以及参与联盟链须由联盟链的管理方发出邀请，被邀请方完成CA证书提交申请通过后方可参与联盟链操作。八是跨网络部署。可根据联盟参与方需求跨云平台部署区块链节点，即参与共识的节点部分运行在金融云平台、部分运行在用户的IT环境。九是网络安全保障。多个独立的区块链节点部署在金融区的VPC网络中以保证网络安全性，同时该VPC网络可与用户在金融云上的VPC连通，从而保证用户应用在安全的网络环境中访问操作区块链。此外，平台还可提供区块链应用开发SDK（及使用手册）、区块链应用开发REST API（及使用手册）以及区块链浏览器等功能。

前沿技术探索方面，一是跨链技术领域。于2019年9月发布通用安全跨链技术产品ODATS，可实现蚂蚁区块链、Hyperledger异构跨链，具备弹性扩容、10万PPS（即每秒10万以上的跨链消息处理能力），能够在实际商用场景中落地使用。二是智能合约领域。高效智能合约引擎支持多语言WASM虚拟机，可为并行交易技术提供5000TPS以上的合约执行能力。三是预言机领域。探索了可信的链外数据交互服务（预言机），支持将链上部分计算转移到链下，从而实现更高性能的区块链应用和更复杂的隐私保护场景。四是区块链技术与安全多方计算结合领域。旨在打造基于个人隐私数据的计算及交易平台，让数据"可用不可见"，赋能未来数字服务。五是区块链技术与物联网结合领域。正在研究通过物联网技术打通数字世界中的资产形态与对应的物理实体，从而解决区块链资产在物理世界和数字世界之间的锚定问题。

对比国内外其他平台，在性能方面，蚂蚁区块链BaaS平台目前可实现单链数万TPS，高于Hyperledger Fabric（国际上应用范围最广的联盟链技术）的单链大约2000TPS的性能。同时，平台通过可拓展共识以及双层网络设计，辅以自研的高效合约引擎，可支撑每日10亿账户进行10亿笔交易量的"双十亿"级链上操作，并且能够实现百级节点的高吞吐、低延时共识协议。在密码学技术方面，在标准算法加速、零知识证明、密文访问控制、分布式密钥管理等方面都有一定创新性的研究成果，并针对国际标准的Paillier同态加密算法的底层代数结构进行了深入优化，将其加解密性能提升了6倍以上。在存储技术方面，基于全新可验证存储数据结构设计，在支持高效客户端交易验证能力中创新采用数据压缩和冷热数据分离技术，可比国际主流区块链技术降低一半账本存储成本。隐私执行环境方面，提供了基于可信硬件、具备通用高效隐私能力的生产级系统。自主研发的区块链智能合约隐私安全处理器，在提供智能合约安全隐私执行环境的同时，具有为用户提供可配置信任根的能力，且可实现Intel SGX技术的国有化替换。智能合约方面，合约执行环境性能比以太坊（Ethereum）等国际领先公链技术提升了一个数量级。跨链技术方面，提供一整套完整的UDAG数据寻址协议，以及基于新型安全硬件的跨链中继服务，具备动态扩容的可信计算集群处理能力，使跨链平台具备10万PPS（每秒打包数）的跨链数据包处理能力。相比于BTC Relay、Polkadot、Cosmos等其他跨链技术，蚂蚁区块链的跨链技术无须中继链共识，在提高安全性的前提下可做到高性能和可扩展，使得跨链网络部署更加简单。

3. 平台应用实践

BaaS服务。可提供简单易用、一键部署、快速验证、灵活可定制的区块链服务，助力各行业商业应用场景区块链落地。目前，已入驻企业上千家。

跨境汇款。通过区块链技术实现香港Alipay HK和菲律宾GCash电子钱包之间以及马来西亚Valyou与巴基斯坦Easypaisa之间的跨境汇款，3秒到账。据中金公司计算，该方案每年可节约大约1亿港元。

供应链金融。以各行业核心企业的应付账款为依托，联合供应链上各层级的多家企业共同开展业务，使得核心企业信用可在链上逐级流转，促进缓解中小企业融资难、融资贵等社会问题。目前，合作企业数量超过100家，累计流转资产近百亿元人民币。

司法存证。联合最高人民法院、高院、中院和基层法院四级多省市21家法院，搭建了全国司法区块链平台，实现司法存证全流程记录、全链路可信、链上取证和在线审理，高效解决纠纷。目前，司法存证数据近20亿条。

电子票据/电子发票。已在浙江省内连接了11家医院，并预计于近期覆盖100家以上的医院，开通基于区块链的电子医疗票据服务，提高保险理赔效率。目前，累计开出近千万张电子票据，并通过区块链技术完成超过1000笔医疗保险理赔，预计全省每年可节约票据印刷费3000万元。此外，还在广东推出基于区块链的电子发票，解决开票难题、降低成本、提升用户体验。目前，蚂蚁区块链平台上的电子发票总量超过1亿张。

此外，蚂蚁区块链技术还被应用于商品溯源（与天猫国际和菜鸟联盟合作对近4亿件商品进行溯源）、支付宝爱心捐赠（超过2亿人次）、相互宝（超过8000万用户）等场景中。

（案例提供单位：蚂蚁金服）

（十一）中钞Brochain区块链底层平台

1. 背景简介

区块链分布式、难以篡改等特性使其在许多领域具有重构生产关系和业务模式的潜力，推动相关技术及应用快速发展普及。其中，许可链在安全、性能、可信身份、链外治理等方面为企业级区块链应用需求提供了良好的基础架构，已经成为当前探索区块链应用的重要方向。

然而，企业级应用需求复杂，对底层区块链网络的安全、隐私、可用性、可拓展性、运维等要求不尽相同，采取通用设计的单链区块链架构通常难以适应多样业务的需求。同时，单链在性能提升、容量精简、隐私保护等方面也面临一些发展瓶颈。因此，多链逐步成为一种新的探索方向，侧链、子链、分片等各种技术路线不断推出。另外，伴随各行业区块链应用探索的落地，许多各自独立的许可链形成分割的网络，阻碍了更大网络效应的发挥，既无法在业务上获取更多用户和应用的网络价值，也不足以在技术上使不同许可链相互加强网络的可信度和安全性。

基于此，中钞信用卡产业发展有限公司杭州区块链技术研究院（以下简称中钞区块链技术研究院）推出了多链企业级许可链架构Brochain，用于推动开放许可链发展和区块链应用落地。Brochain是基于许可链架构的多链企业级区块链技术底层平台，为企业级应用提供灵活便捷、适应业务需求、易支持水平扩展的底层区块链架构，支持异构分区交互，允许节点以部署单节点的方式拥有独享的区块链网络并拥有与多节点网络相同的多方共识特性。

2. 平台主要技术特征

设计方面，Brochain遵循分层、分区、分权、异构四个原则。分层是指Brochain将传统单一的链表结构账本变成由树和链表共同构成的结构，形成主账本和分区账本的分层。虽然Brochain仍然由一个个区块以链表的方式链接起来，但每个块中的结构都变成了树状结构（见图67）。在每个区块中，每个分区账本的页（即分区账本中的数据）通过链表方式进行链接，以保证分区账本数据可以单独成链，进而支持特定场景和行业的区块链应用部署自身的"单链"。分区是指Brochain从业务特性出发来进行分区划分。首先，可以针对不同行业划分不同的分区，使得不同行业的数据可拥有各自的分区账本，从而达到分库的效果。其次，对于某些业务交易量较大的行业，其分区容量增长速度仍然可能过快，则可通过时间维度或者某些业务维度对分区进行再次划分，以达到分表的效果。分权是指Brochain链上的身份被分为节点账户和用户账户两大类，二者在记账权上拥有不同权限。分权设计兼顾了性能、隐私、安全与经济性，从而满足企业级多级权限管理要求。异构是指Brochain允许各账本采用不同体系架构的合约执行环境，即不同分区可部署不同类型的虚拟机，也支持分区账户操作权限管理模式的异构。

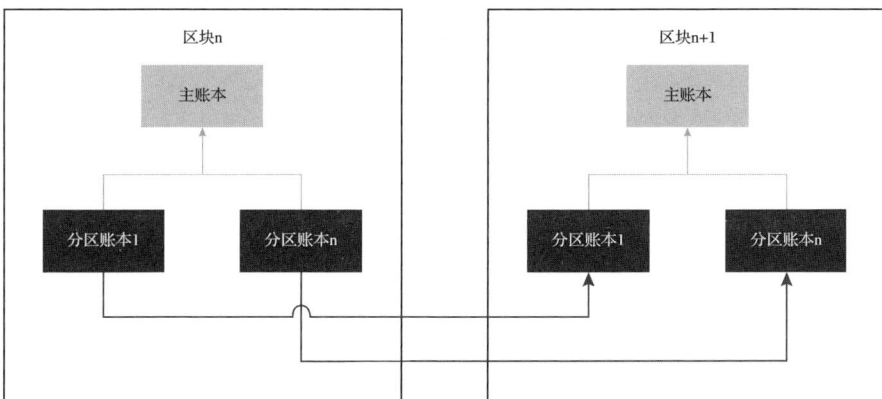

图67　Brochain的分层设计

平台架构方面，Brochain包括链模块、分区控制模块、分区模块、交易池模块、共识模块、P2P网络模块、JSONRPC模块七部分。

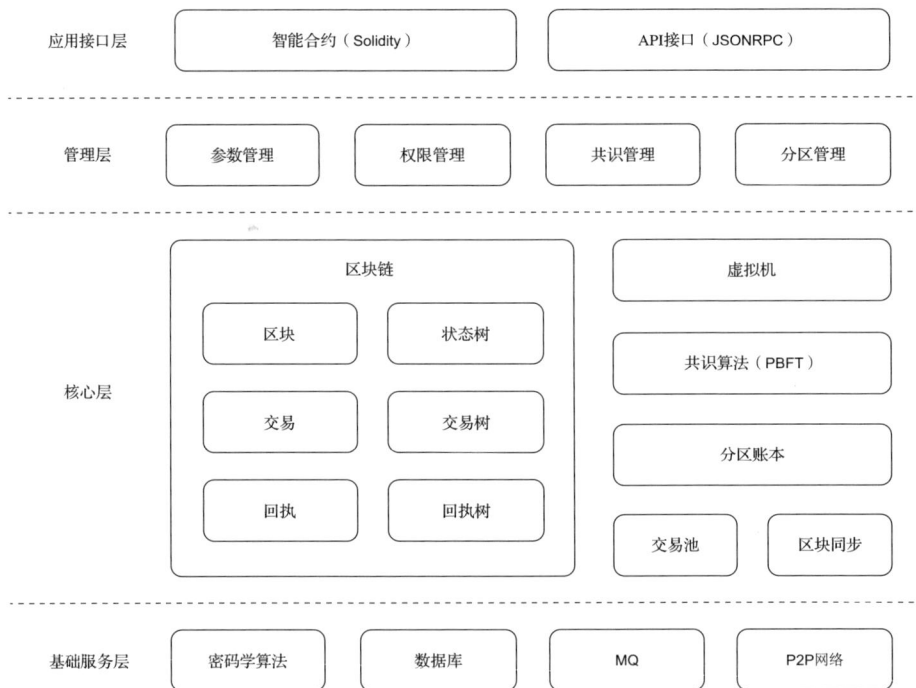

图68　Brochain总体技术架构

其中，链模块的主要功能是提供管理总账本的全部数据以及各分区账本的区块链数据，验证区块，执行总账本的交易，以及管理Brochain的全局配置、权限、共识和分区信息。分区控制模块的主要功能是提供管理各分区模块的状态以及控制各分区模块的启动和停止。分区模块的主要功能是提供管理分区账本的状态数据，执行分区账本的交易，以及管理分区的配置和权限。交易池模块的主要功能是提供管理尚未入链的交易并检验交易的合法性。此外，共识模块、P2P网络模块和JSONRPC模块主要分别负责对区块进行共识、完成节点间通信以及对外提供API接口。

交易流程方面，以见证节点接收交易上链为例，基本流程包括：用户通过API接口将交易发送至节点，节点对交易进行基本的合法性检查；节点通过P2P网络将交易传递至共识节点；共识节点将交易放入交易池中；轮到该共识节点出块时，将交易池中的交易打包为候选块；共识节点对候选块进行共识，在此过程中交易被执行；共识达成后，将候选块加入链中，并更新账本；用户可通过API接口查询到该笔交易的执行结果。

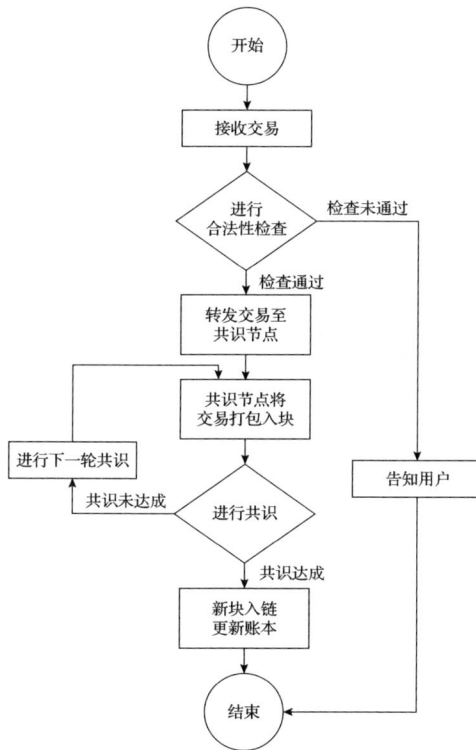

图69　Brochain交易上链流程

节点配置与管理策略方面，Brochain在节点加入需要验证身份并经过原有节点许可的基础上，将节点分为共识节点、见证节点两大类。共识节点负责Brochain的交易共识出块和所有分区管理。由于需要进行全账本验证，共识节点拥有全账本（包括所有分区账本）的数据。见证节点负责从共识节点接收链

191

数据，同时可以接收交易发送给共识节点。见证节点只能从共识节点获取主账本以及被授权的分区账本，然后验证获取到的分区账本，验证通过后才入链。非共识节点无须关心所有分区的数据。

账户管理策略方面，Brochain根据分层结构的特点，进一步将用户账户分成链管理者、分区管理者和普通用户。链管理者具有总账本的全部管理权限，并负责分区创建、启用、暂停、终止的生命周期管理，但并不执行分区内业务的管理权限，而只是在创建分区时指定分区管理员列表。分区管理者具有分区内的所有管理权限。普通用户是除了链管理者和分区管理者以外的用户账户。

合约管理策略方面，由于Brochain支持分区账户操作权限管理模式的异构，因此对分区合约部署、调用、终止的管理策略可以按分区业务场景需求进行灵活定制。比如，用户账户需要部署某个合约，可由该分区的管理员授权，也可将管理员授权的方式变更成为具有权限的多个用户共同管理，进行投票表决。

共识算法方面，由于目标用户更为关心交易的确定性，且所有共识节点的加入都需授权，所以Brochain采用了PBFT共识算法，并针对PBFT时间利用率不足的问题，结合输入共识与输出共识进行了改良。首先，从共识节点中选择一个节点并由该节点广播候选块中的交易列表到其他节点。其次，由所有共识节点同时基于上述交易列表计算出链的最终状态。最后，根据交易列表和最终状态得出候选块进行投票。在考虑网络传输损耗的前提下，该方案交易运算时间利用率能够超过90%，提升TPS。

隐私保护方面，为满足用户多样化的隐私保护需求，Brochain为用户提供了多维度的隐私保护方案。首先，提供基于分区的数据隔离。在Brochain中，当一个节点要从另一个节点同步分区数据时，被同步的节点会验证发送请求的节点是否具有相应权限，若没有权限则拒绝将数据传送给请求的节点。其次，对于某些业务中部分敏感数据只能对交易双方可见而交易无关第三方不可见的需求，Brochain则可借助密码学技术分别提供实现身份隐藏、金额隐藏、信息隐藏等隐私保护策略。

账本间协作方面，Brochain中的分区隔离与多条单链的隔离类似，均需要跨链以支持分区信息互通。由于Brochain将主账本与分区账本以树状结构进行组织，因此可通过主账本的块哈希验证对应分区账本的页哈希的有效性，然后通过SPV证明技术向其他分区提供跨区证明。跨区证明为不同分区的业务协同互通提供了基础，并展示了一种可能的跨链方式。

平台安全性方面，Brochain构建了从底层到交易数据的全方位安全保障。一是底层技术安全。Brochain是中钞区块链技术研究院研发的区块链技术底层平台，拥有自主知识产权，在密码学等关键算法上采用国密算法等安全算法，使得在关键技术上不受制于人。二是身份安全。在网络层面所有节点加入Brochain网络都需要经过公钥基础设施（PKI）证书等措施验证身份并获取接入许可，保障了相对安全可信的网络环境。在业务层面各分区可根据业务需要制定自身的用户账户身份安全策略，各类业务安全要求与身份验证安全等级相适应。三是交易的共识安全。共识安全指已上链的交易难以被回滚和篡改。Brochain分区的账本没有降低该分区交易的确定性，任何链上交易一旦达成都是难以篡改的，使得分区区块链在整体架构里具有交易安全保障。四是智能合约安全。由于智能合约的部署和调用属于业务层面的应用，底层技术平台无法识别人为编写合约的逻辑漏洞等错误。但是，基于身份安全，所有攻击合约的行为都可被追溯身份，从而有效防范攻击者进入网络，并可通过设置管理员及时暂停分区或合约交易的权限，预防攻击事件发生。五是数据安全。分区为业务应用提供了独享账本，只有受许可的节点方可接入查看分区数据，从而保证该网络环境的安全，提高隐私信息保护力度。

对比国内外其他平台，Brochain的主要特色是分区架构，既区别于所有交易汇集在一起共识的单链架构，也区别于各类交易独立共识的"分片"架构，其在功能上呈现三个主要特点。一是独享账本，支持特定场景、行业的区块链应用部署自己的单链，独享特定的区块链账本和网络，以保证该网络环境的安全，增强隐私信息保护，减少对其他业务交易的不必要记账负担。二是灵活的底层架构，支持异构区块链部署，使应用可选择不同的区块链管理模式、智能合约运行环境、隐私保护策略，以适应不同业务需要。三是稳定平滑的扩展升级，支持业务的水平扩展，并且升级拓展不影响链上已有业务，保证底层区块链的稳固可靠和向新业务扩展升级的平滑性。

3. 平台应用实践

目前，Brochain已经应用于跨境金融区块链服务平台、金融司法区块链协同平台、基于区块链的支付结算创新平台等场景，其中跨境金融区块链服务平台已取得较好的应用成效。

中小外贸企业谋求发展过程中资金使用需求迫切，但在传统贸易融资模式下，其跨境应收账款质押融资存在两方面的障碍。一是信息缺乏和信息真实性问题。一般来说，中小外贸企业规模小、资金少、管理不够规范、信用信息匮乏，尤其是个别企业资信较差，利用质押物造假或重复使用以骗取融资的行为时有发生，以致银行难以采信企业自行提供的质押物凭证等信用资料且缺少核查质押物真实性的有效、便捷渠道，从而对其外贸跨境融资业务格外谨慎。二是重复融资问题。为防范重复融资，银行通常会在事后将企业的融资情况与外汇局收付汇、海关进出口量进行比较，分析其合理性，但仍可能因为缺少银行间质押物使用情况的信息共享而难以掌握企业在同业融资的具体情况。同时，监管部门也需花费更多精力去监测和甄别虚假欺骗性融资交易。

跨境金融区块链服务平台以Brochain为底层平台，以"出口应收账款融资服务"和"企业跨境信用信息授权查证服务"为切入点，搭建监管部门、银行、企业等广泛参与的信息交换平台，聚焦中小企业跨境融资难题，着力提升跨境融资效率。2019年3月，国家外汇管理局在北京等7个省（市）启动跨境金融区块链服务平台试点。2019年10月，国家外汇管理局进一步将跨境区块链平台试点范围扩大至17个省（自治区、直辖市）。该平台基于Brochain的许可链架构，以白名单管理协作方式，建立银企间端对端的可信信息交换和有效核验、银行间贸易融资信息实时互动等机制，实现资金收付、质押物凭证、融资申请、放款等在内的多种信息共享，从而进行融资业务流程优化再造。从企业提交融资申请到融资受理、融资审核、放款登记、还款登记等整个业务流程均在该平台上进行处理，将出口贸易融资中的核心单据"出口报关单"通过区块链系统进行查验，验证该单据的真实性，并计算对应报关单的可融资余额，有效缓解了出口贸易真实性问题及一单多融的业务风险，从而减少金融机构业务风险，进而降低出口企业融资成本。此外，该平台在信息交换的过程中将各方数据最小化上链，在保障企业商业信息隐私、保护银行和企业交易业务隐私的同时，确保外汇管理局等监管部门可监管。

在此过程中，Brochain作为区块链技术底层平台为跨境金融区块链服务平台实现应用目标发挥了重要作用。一是Brochain基于许可链架构，在网络层面，所有节点加入Brochain网络都需要验证身份并获取接入许可，结合目前较为成熟的银行、企业身份验证技术，保障了链上银行、企业、监管部门身份可信以及相对安全可信的网络环境，为建立银企间端对端的可信信息交换提供了基础保障。二是企业在跨境金融区块链服务平台上发起融资申请属于商业隐私，企业提交审核的信息需要对业务无关银行不可见，同时确保监管部门可查询并对未来参与业务的银行可见。Brochain提供定制的隐私保护技术，实现了企业信息最小化上链，由企业授权银行查询自身信息，从而满足隐私保护需求。三是金融级交易需要极高的交易确定性，不允许随意撤销回滚。Brochain基于可靠共识算法，且分区中的交易可得到和其他分区同等的多方确认，确保任何链上交易一旦达成则难以篡改，使得分区区块链在整体架构里的交易安全得到保障。四是Brochain改进后的PBFT共识算法提高了时间利用率，提升了交易性能，满足了跨境金融区块链服务平台的交易性能需求。

从企业角度看，平台减少了企业打印纸质材料、手工报送的繁重工作，简化了银行手工核对、现场核查的复杂流程，缩短了融资申请周期，有效降低了企业财务成本，有助于缓解中小外贸企业跨境融资难问题。从银行角度看，平台能够提供真实可信的质押物信息，促进银行间融资信息实时互动与有效核验，有助于及时遏制重复融资风险，有效降低了银行融资业务风险，提高了银行办理该类业务的积极性。从监管角度看，跨境区块链平台坚持寓监管于服务之中的管理理念，进一步增强了事中事后监管手段，同时可通过在平台嵌入业务和监管规则进行融资业务流程优化再造。目前，自愿自主加入跨境金融区块链服务平台的法人银行达160多家，约占全部办理外汇业务银行的三分之一。截至2019年11月，平台累计完成应收账款融资放款金额折合85.53亿美元（其中人民币65.69亿元），服务企业共计1662家（其中中小外贸企业占比约75%）。在中小及民营企业较多的福建漳州地区，中小外贸企业通过跨境区块链平台融资金额占比达95%。

（案例提供单位：中钞区块链技术研究院）

重大事件篇

一、中共中央政治局就区块链技术进行集体学习

2019年10月24日，中共中央政治局就区块链技术发展现状和趋势进行集体学习。中共中央总书记习近平在主持学习时指出，区块链技术应用已延伸到数字金融、物联网、智能制造、供应链管理、数字资产交易等多个领域。目前，全球主要国家都在加快布局区块链技术发展。我国在区块链领域拥有良好基础，要加快推动区块链技术和产业创新发展，积极推进区块链和经济社会融合发展。

习近平强调，要强化基础研究，提升原始创新能力，努力让我国在区块链这个新兴领域走在理论最前沿、占据创新制高点、取得产业新优势。要推动协同攻关，加快推进核心技术突破，为区块链应用发展提供安全可控的技术支撑。要加强区块链标准化研究，提升国际话语权和规则制定权。要加快产业发展，发挥好市场优势，进一步打通创新链、应用链、价值链。要构建区块链产业生态，加快区块链和人工智能、大数据、物联网等前沿信息技术的深度融合，推动集成创新和融合应用。要加强人才队伍建设，建立完善人才培养体系，打造多种形式的高层次人才培养平台，培育一批领军人物和高水平创新团队。

习近平指出，要抓住区块链技术融合、功能拓展、产业细分的契机，发挥区块链在促进数据共享、优化业务流程、降低运营成本、提高协同效率、建设可信体系等方面的作用。要推动区块链和实体经济深度融合，解决中小企业贷款融资难、银行风控难、部门监管难等问题。要利用区块链技术探索数字经济模式创新，为打造便捷高效、公平竞争、稳定透明的营商环境提供动力，为推进供给侧结构性改革、实现各行业供需有效对接提供服务，为加快新旧动能接续转换、推动经济高质量发展提供支撑。要探索"区块链+"在民生领域的运用，积极推动区块链技术在教育、就业、养老、精准脱贫、医疗健康、商品防伪、食品安全、公益、社会救助等领域的应用，为人民群众提供更加智能、更加便捷、更加优质的公共服务。要推动区块链底层技术服务和新型智慧城市建

设相结合，探索在信息基础设施、智慧交通、能源电力等领域的推广应用，提升城市管理的智能化、精准化水平。要利用区块链技术促进城市间在信息、资金、人才、征信等方面更大规模的互联互通，保障生产要素在区域内有序高效流动。要探索利用区块链数据共享模式，实现政务数据跨部门、跨区域共同维护和利用，促进业务协同办理，深化"最多跑一次"改革，为人民群众带来更好的政务服务体验。

习近平强调，要加强对区块链技术的引导和规范，加强对区块链安全风险的研究和分析，密切跟踪发展动态，积极探索发展规律。要探索建立适应区块链技术机制的安全保障体系，引导和推动区块链开发者、平台运营者加强行业自律、落实安全责任。要把依法治网落实到区块链管理中，推动区块链安全有序发展。

习近平指出，相关部门及其负责领导同志要注意区块链技术发展现状和趋势，提高运用和管理区块链技术能力，使区块链技术在建设网络强国、发展数字经济、助力经济社会发展等方面发挥更大作用。

二、国家网信办启动区块链信息服务备案工作

2019年1月10日，国家互联网信息办公室发布《区块链信息服务管理规定》，自2019年2月15日起施行。国家互联网信息办公室有关负责人表示，出台规定旨在明确区块链信息服务提供者的信息安全管理责任，规范和促进区块链技术及相关服务健康发展，规避区块链信息服务安全风险，为区块链信息服务的提供、使用、管理等提供有效的法律依据。

2019年3月30日，国家互联网信息办公室发布第一批共197个境内区块链信息服务名称及备案编号。从主体类型看，既包括百度、腾讯、京东等科技巨头或其子公司，也包括哈希未来、布比、唯链、万向等区块链技术公司，还包

括蚂蚁金服、壹账通、微众银行等金融科技公司以及浙商银行等传统金融机构。从地域分布看，备案数量最多的4个城市分别为北京（63家）、杭州（51家）、深圳（37家）、上海（19家）。从金融场景看，供应链金融方面的备案项目有16项，资产证券化方面的备案项目有6项，贸易金融方面的备案项目有1项。国家互联网信息办公室表示，区块链信息服务提供者应在其对外提供服务的互联网网站、应用程序等显著位置标明其备案编号。备案仅是对主体区块链信息服务相关情况的登记，不代表对其机构、产品和服务的认可，任何机构和个人不得用于任何商业目的。

2019年10月18日，国家互联网信息办公室发布第二批共309个境内区块链信息服务名称及备案编号。相较于第一批仅有2家银行参与备案，此批共有4家银行参与：工商银行备案2项服务，分别为工银玺链区块链服务和基于区块链的金融服务；平安银行备案2项服务，分别为SAS区块链平台和区块链投票表决；江苏银行备案1项服务，为苏银链；苏宁银行备案1项服务，为区块链物联网动产质押融资平台。此批备案涉及的金融领域服务主要包括供应链金融、金融信息存证、汽车金融、金融技术平台服务等。其中，供应链金融服务数量最多，共有55项。

三、人民银行发布《金融分布式账本技术安全规范》和《区块链技术金融应用评估规则》等标准

2020年2月，中国人民银行正式发布《金融分布式账本技术安全规范》（JR/T 0184—2020）金融行业标准（以下简称《标准》）。《标准》规定了金融分布式账本技术的安全体系，包括基础硬件、基础软件、密码算法、节点通信、账本数据、共识协议、智能合约、身份管理、隐私保护、监管支撑、运维要求和治理机制等方面。该标准适用于在金融领域从事分布式账本系统建设或

服务运营的机构。

《标准》表示分布式账本技术是密码算法、共识机制、点对点通讯协议、分布式存储等多种核心技术体系高度融合形成的一种分布式基础架构与计算范式。在分布式账本技术形态尚具可塑性的阶段，有必要制定关键技术的安全规范，以便金融机构按照合适的安全要求进行系统部署和维护，避免出现安全短板，为分布式账本技术大规模应用提供业务保障能力和信息安全风险约束能力，对产业应用形成良性的促进作用。

2020年7月，中国人民银行印发《关于发布金融行业标准推动区块链技术规范应用的通知》（以下简称《通知》）和《区块链技术金融应用评估规则》（JR/T 0193—2020）（以下简称《规则》）。《通知》要求如下。

一是金融机构结合实际认真落实《规则》，建立健全区块链技术应用风险防控机制，定期开展外部安全评估，推动区块链技术在金融领域的规范应用。

二是金融机构结合实际在满足金融相关标准和规定基础上，按照《区块链信息服务管理规定》（国家互联网信息办公室令第3号），开展区块链技术应用备案工作。

三是行业协会根据工作需要按照《规则》加强区块链技术金融应用行业自律管理，建立健全自律检查、信息共享等机制。

《规则》适用于金融机构开展区块链技术金融应用的产品设计、软件开发、系统评估，规定了区块链技术金融应用的具体实现要求、评估方法、判定准则等，主要包括基本要求评估、性能评估、安全性评估等。

四、中国金融科技创新监管工具稳步推进，首批9个城市项目区块链技术应用数量较多

2019年12月，中国人民银行正式启动金融科技创新监管试点工作，截

至2020年8月24日已有60个项目在北京、上海、重庆、深圳、雄安新区、杭州、苏州、成都、广州9个城市有序落地。根据中国互联网金融协会统计，九成以上（56个，93.3%）项目综合应用了2种及以上技术，其中有25个项目综合应用2种技术，16个项目综合应用3种技术，综合应用4种、5种技术的项目各有6个，综合应用6种、7种、8种技术的项目各有1个。具体看，各项目的技术应用情况为大数据43个（占项目总数的71.7%，下同）、人工智能42个（70.0%）、区块链20个（33.3%）、云计算9个（15.0%）、可信执行环境7个（11.7%）、应用程序接口5个（8.3%）、物联网5个（8.3%）、多方安全计算4个（6.7%）、5G技术4个（6.7%）、数字身份4个（6.7%）、复杂网络3个（5.0%），安全芯片、零知识证明、虚拟现实、卫星遥感、边缘计算等技术也有所应用。

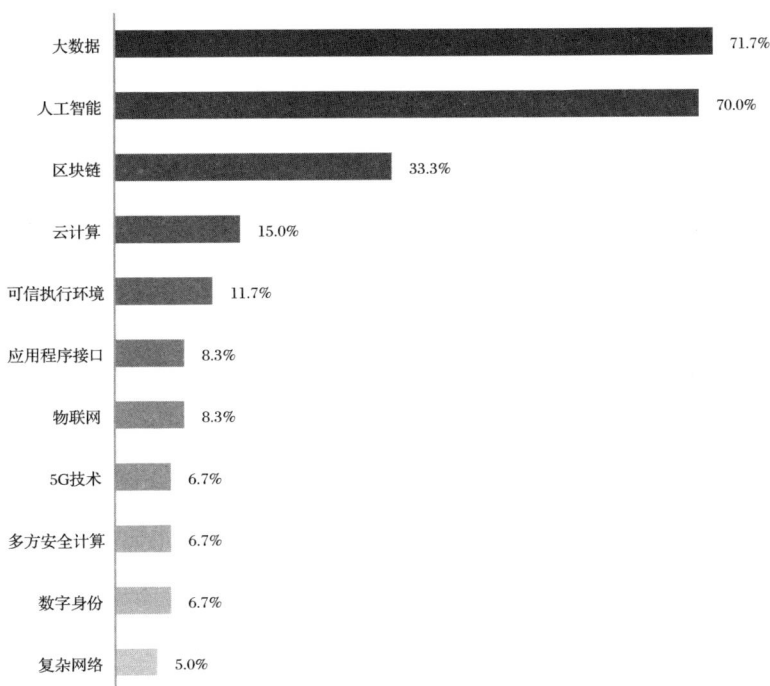

图70　中国金融科技创新监管试点项目技术使用情况

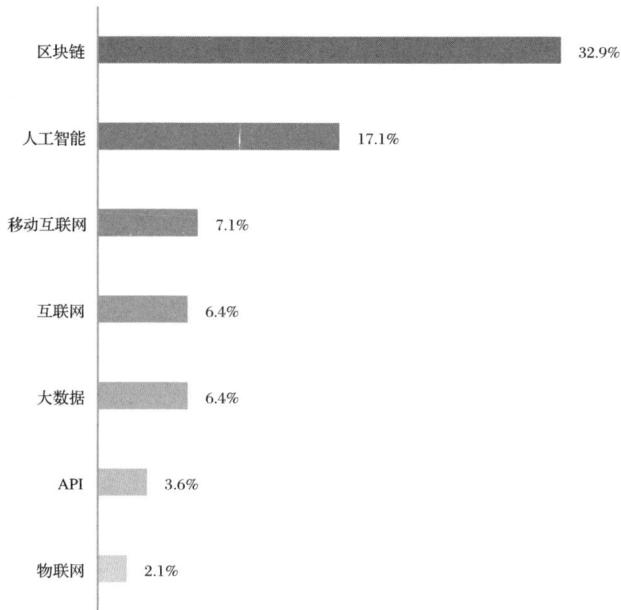

图71 英国监管沙盒项目技术使用情况

国际上，英国金融行为监管局于2015年3月率先提出监管沙盒概念，并于2015年11月正式发布监管沙盒指引文件。2017年6月至2020年7月，英国金融行为监管局审批通过6批监管沙盒名单，总计140个项目进入监管沙盒，其申请主体主要为初创金融科技公司，也包括一些银行及其他金融机构。根据中国互联网金融协会统计，英国应用排名靠前的技术分别为区块链46个（32.9%）、人工智能24个（17.1%）、移动互联网10个（7.1%）、大数据9个（6.4%）等。

五、中国、英国、新加坡、加拿大金融管理部门探索区块链应用

中国方面，2019年3月22日，中国国家外汇管理局推出跨境金融区块链服务平台。截至2020年2月3日，试点范围已扩大至22个省区市，超过170家法人银行自主加入，平台累计完成融资放款159亿美元，服务企业近2500家，其中

中小企业占比75%。

英国方面，英格兰银行（Bank of England，BoE）探索利用区块链改进数字监管报告项目。为使有关机构更容易完成监管报告并提高其所提供信息的质量，英国金融行为监管局（Financial Conduct Authority，FCA）和BoE于2018年建立了数字监管报告（DRR）项目。在项目第一阶段，BoE和FCA通过与许多其他组织合作开展为期6个月的试点，开发了一个原型报告系统，可协助完成英国国内抵押贷款报告和普通股一级（CET1）比率相关数据的计算，以及使用分布式账本技术（DTL）网络进行数据发送。在项目第二阶段，BoE对整体上使用数字方法完成监管报告的潜在成本进行了研究。

新加坡方面，2019年11月11日，新加坡金融管理局（Monetary Authority of Singapore，MAS）宣布与摩根大通等合作开发了一款用于跨境支付的区块链原型。该原型属于Ubin项目第五阶段的一部分，目前正在进行行业测试，以确定其与商业区块链应用程序进行集成的能力。Ubin项目旨在探索使用区块链和分布式账本技术进行支付及证券的清结算，帮助MAS和行业更好地了解该技术及通过实际试验可能带来的潜在利益。在项目第一阶段，MAS与R3联盟等合作对使用区块链技术进行银行间支付进行了验证。在项目第二阶段，MAS和新加坡银行协会（Association of Banks in Singapore，ABS）开发了三种不同的分布式银行间支付结算模型的软件原型。在项目第三阶段，MAS和新加坡交易所（Singapore Exchange Limited，SGX）合作开发了货物交货及付款功能，以跨不同区块链平台结算通证化的资产。在项目第四阶段，MAS和加拿大银行（Bank of Canada，BoC）、英格兰银行（BoE）联合发布了一份报告，审查了跨境支付结算的现有挑战，并考虑了可及时为用户在速度、成本和透明度方面带来改进的替代模式。随后，MAS和BoC将各自试验性的国内支付网络（即Ubin项目和Jasper项目）进行了连接，并成功进行了使用央行数字货币进行跨境及跨币种支付的试验，并联合发表了一份报告，为跨境结算系统提供不同的设计方案。

加拿大方面，2019年5月2日，加拿大央行（BoC）和新加坡金融管理局（MAS）宣布已通过使用区块链技术和央行数字货币完成跨境支付试验。项目团队通过使用哈希时间锁定合同技术，成功连接了加拿大和新加坡各自的试验性国内支付网络Jasper项目和Ubin项目（它们建立在两个不同的分布式账本技术平台上）。在项目结束后，双方联合发布了题为"Jasper-Ubin设计论文：使用分布式账本技术实现跨境高价值转移"的报告，阐述了哈希时间锁定合同的技术实施，强调了实施模型可能存在的局限性和挑战，还进一步提出了分布式账本技术互连机制和替代网络模型的研究领域。

六、部分中央银行研究推进法定数字货币相关工作

国际清算银行（Bank for International Settlements，BIS）2019年对全球66个国家的中央银行的调查显示，已有超过80%的中央银行正在研究央行数字货币（CBDC），且部分中央银行表示即将发行CBDC。有观点认为，发行CBDC有助于促进普惠金融、增强金融稳定性、提高结算效率和安全性等，但仍面临中央银行成本、运行风险等各种挑战。国际货币基金组织（International Monetary Fund，IMF）建议各国根据其实际情况权衡CBDC利弊。

欧洲方面，2019年12月，欧洲中央银行（European Central Bank，ECB）在《探索央行数字匿名性》中介绍了其数字货币设想及其概念验证项目。其中，欧洲央行数字货币计划通过分布式账本技术平台Corda开发；概念验证项目的核心是允许用户在一定程度上对小额交易保密，同时确保大额交易受到强制性的反洗钱和反恐怖融资检查。

英国方面，英格兰银行（Bank of England，BoE）是最早开展CBDC研究的中央银行之一。2015年BoE和伦敦大学学院合作开发了CBDC模型RSCoin，并

进行了初步测试。截至2019年底，英国尚无发行CBDC的计划。

加拿大方面，加拿大银行（Bank of Canada，BoC）一直在进行区块链和CBDC的相关研究。比如，与埃森哲就Corda上的Jasper项目合作，并于2019年5月与新加坡金融管理局（Monetary Authority of Singapore，MAS）成功完成CBDC跨境和跨货币支付测试。

日本方面，日本银行（Bank of Japan，BoJ）行长黑田东彦于2019年12月表示，日本现金数量仍在增加，并无对CBDC的需求，当前似乎不需要发行CBDC。尽管如此，BoJ已经对此进行了技术和法律层面的研究，从而为将来需要CBDC时做好准备。

瑞士方面，瑞士议会要求政府研究发行CBDC的潜力。2019年12月，瑞士政府得出结论认为，CBDC不能满足支付效率、有效的货币政策和更稳定的金融体系等期望，且可能带来金融稳定方面的风险。瑞士国家银行（Swiss National Bank，SNB）同样认为CBDC将对货币政策和金融稳定性带来重大挑战，但同时还与BIS瑞士创新中心合作开展基于区块链的CBDC项目研究，并计划与瑞士金融服务提供商SIX Group合作开展基于区块链的CBDC概念验证，旨在促进金融机构间代币化资产结算。

新加坡方面，新加坡金融管理局（MAS）通过Ubin项目探索使用区块链和分布式账本技术进行支付和证券的清算和结算。作为CBDC研究探索的一部分，Ubin项目已成功进行跨境和跨货币支付试验。2019年11月，MAS宣布与摩根大通及淡马锡合作，开发了基于区块链的跨境支付原型，可以允许用户在同一网络上使用不同的货币进行支付。目前，该网络正在进行行业测试，以确定其与商业区块链应用程序集成的能力。

澳大利亚方面，2019年12月，澳大利亚储备银行（Reserve Bank of Australia，RBA）在提交参议院金融科技专责委员会的文件中表示，零售CBDC的需求尚不成立，并指出CBDC可能破坏金融体系的稳定。RBA更加关注金融领域的批发CBDC，并通过其内部创新实验室进行了基于以太坊网络运行的中央银行批发CBDC概念验证，模拟向商业银行发行中央银行支持的代币、在商业银行间交换这些代币以及最终向中央银行赎回这些代币。

韩国方面，韩国央行（Bank of Korea，BoK）表示并无发行CBDC的需求，但仍成立专项工作组并加强相关研究。2019年1月，BoK称，韩国并没有在近期发行CBDC的需求。同年12月，BoK宣布，将新成立一个专项工作组，致力于CBDC的研究，以更好地了解加密资产，为未来全球数字通证浪潮作准备。此外，BoK在其《2020年货币政策》中表示，将继续在分布式账本技术、加密资产和CBDC等创新研究基础上，发挥监管机构的积极作用，以提高结算系统的安全性。

中国方面，中国人民银行副行长范一飞在2016年就曾表示，中国人民银行一直高度关注数字货币发展，并积极开展相关研究工作。从2014年起就组织专家成立了专门研究团队，并于2015年初进一步充实力量，对数字货币的发行和运行框架、数字货币关键技术、数字货币发行流通环境、数字货币面临的法律问题、数字货币对经济金融体系的影响、法定数字货币与私人类数字货币的关系、国外数字货币的发行经验等进行了深入研究，已取得阶段性成果。

七、德国、欧盟、印度发布区块链发展战略

德国方面，2019年9月18日，德国联邦政府审议通过并发布《德国国家区块链战略》。该区块链战略由德国联邦经济和能源部、财政部等机构共同起草。德国联邦政府希望利用区块链技术带来的机遇，挖掘其促进经济社会数字化转型的潜力。区块链战略明确了5大领域的44项行动措施，包括在金融领域确保稳定并刺激创新；支持技术创新项目与应用实验；制定清晰可靠的投资框架；加强数字行政服务领域的技术应用；传播普及区块链相关信息与知识，加

强有关教育培训及合作等。

欧洲方面，2019年9月，欧盟发布《欧洲区块链战略：共享、构建、部署》，将在以下方面开展工作：联合政治愿景（EU-MS），建立欧洲区块链伙伴关系（EBP）及开发用于跨界公共利益数字服务的欧洲区块链服务基础设施（EBSI）；公私合作，支持建立受信任的区块链应用程序国际协会（INATBA），促进全球层面的信任和互操作性；连接全球专家，基于欧盟区块链观察站与论坛会集全球领先专家，鉴定促进区块链普及的障碍、诱因和实用解决方案；投资欧盟的创新和初创企业，通过紧密联系的欧洲设施和H2020计划，共同投资先进数字项目和创新性欧盟初创企业；针对人工智能和区块链的新投资计划及支持计划；促进和启用DSM法律框架可互操作的标准及技能开发。

印度方面，2019年11月27日，印度政府电子和信息技术国务部长Sanjay Dhotre表示，考虑到区块链技术的潜力和不同的用例，正在制定"国家级区块链框架"。他表示，区块链是重要的研究领域之一，在治理、银行、金融和网络安全等方面具有潜在的应用。2020年2月，印度政府智库改造印度国家研究院（NITI Aayog）发布国家区块链政策草案：《区块链—印度战略》。草案分为两个部分：第一部分涉及基本概念、信任系统、智能合约和区块链的经济潜力、业务的易用性和正在进行的不同用例。第二部分主要介绍在印度使用区块链技术的不同建议。

八、多国就加密资产及相关活动进行规范或提示风险

美国方面，2019年11月15日，美联储发布《金融稳定报告》警告稳定币相关风险。报告在稳定币与金融稳定部分指出，稳定币有助于改善现有支付体系，使得交易速度更快、成本更低，更具普惠性，且其与其他加密货币相比价

格更加平稳，可充当交易媒介甚至成为"全球稳定币"，但同时也要关注其可能带来的洗钱、恐怖主义融资、隐私泄露等方面的风险与挑战。

英国方面，2019年7月31日，英国金融行为监管局（Financial Conduct Authority，FCA）发布最终版《加密资产指南》，旨在向开展加密资产相关活动的市场参与者阐明监管规则。指南指出，虽然稳定币普遍具有价值相对稳定的特点，但不同稳定币的结构和安排通常差异较大，难以进行单一的分类。最后，FCA告诫从业者，指南只是了解其是否需要取得授权的初步参考，且应与《监管边界指导手册》相互参照。FCA同时告诫金融消费者，应对金融科技保持谨慎态度，不在监管范围内的活动将同样不适用于英国《金融补偿计划》。

新加坡方面，2019年12月18日，新加坡金融管理局（Monetary Authority of Singapore，MAS）在其官网公布最新《支付服务商牌照申请指南》，并宣布将于2020年1月28日起正式实施《支付服务法案》。该法案规定，所有交易所必须于2020年2月27日前提交申请备案文件。该法案的实施意味着所有加密资产交易所、钱包以及场外交易平台都将被归入支付型代币（包括 BTC、ETH等）相关服务商，必须满足相关反洗钱规定，并申请相应牌照以合规化运营。

瑞士方面，2019年9月11日，瑞士金融市场监督管理局（Financial Supervisory Authority，FINMA）发布主要针对稳定币的《首次代币发行监管框架的补充指引》。该补充指引指出，FINMA对稳定币的监管遵循现有监管框架，关注其经济功能和目的，采用"相同的风险、相同的规则"方法，旨在保护消费者并保持技术中立。FINMA强调，稳定币并不表示其价格波动会降低，也不意味着它是安全的投资，相关债权在民法上的可转移性和可执行性存在模糊地带，同时很多稳定币可能是诈骗项目，投资者需保持谨慎。

中国方面，2019年11月22日，中国人民银行上海总部发文表示，在区块链技术推广宣传过程中，虚拟货币炒作有抬头迹象。为进一步加大防控力度，根据国家互联网金融风险专项整治工作总体要求，上海市金融稳定联席会议办公室、人民银行上海总部联合上海市区两级各相关部门，对上海地区虚拟货币相关活动开展专项整治，责令在摸排中发现的为注册在境外的虚拟货币交易平台提供宣传、引流等服务的问题企业立即整改退出。

2019年3月28日，中国香港证券及期货事务监察委员会（香港证监会）发布声明，提醒从事证券型代币发行（Security Token Offering，STO）的公司或个人有关适用的法例及监管规定，并再次提醒投资者注意与证券型代币等虚拟资产有关的风险。在证券型代币的监管方面，声明指出，在香港，证券型代币可能属于《证券及期货条例》中的"证券"，并因而受到香港证券法例的约束。若证券型代币属于证券，如无豁免，任何人要在香港或以香港投资者为对象对其进行推广及分销，必须依据有关规定获发牌照或进行注册。否则，可能触发刑事犯罪。在投资者警示方面，声明指出，包括证券型代币在内的虚拟资产面对较高的流通性不足或价格波动、定价欠透明、遭黑客入侵及欺诈等风险，投资者对其进行买卖或将蒙受重大财务损失，应谨慎决策。11月6日，香港证监会发布《立场书：监管虚拟资产交易平台》（以下简称《立场书》）和《有关虚拟资产期货合约的警告》（以下简称《警告》）。其中，《立场书》指出，香港证监会将接受部分在香港经营虚拟资产交易平台且至少提供一种证券型虚拟资产或代币交易的平台运营者所提交的牌照申请，前提是其致力于且有能力遵守香港证监会的发牌规则和持续操守规定，包括但不限于关于资产托管、了解你的客户、反洗钱和反恐怖融资、市场操纵、审计、风险管理、利益冲突等方面的要求。此外，《立场书》还指出，无论是否在受监管平台上交易，许多虚拟资产都具有高投机性甚至不具有任何实际价值，投资者在参与虚拟资产交易前应全面了解并确保有能力管理相关风险。《警告》则指出，大部分虚拟资产期货合约不受监管且高度杠杆化，具有极高风险；在香港，任何交易平台或个人在未获适当牌照或认可的情况下发售虚拟资产期货合约或为其提供交易服务，均可能违反现有法律法规；迄今为止，没有任何人获得香港证监会发牌或认可在香港销售或买卖虚拟资产期货合约，且为保障广大投资者，香港证监会不太可能就经营有关合约的业务批出牌照或认可。

九、英国、美国探索对智能合约等进行法律界定

英国方面，2019年11月，LawTech交付小组的英国司法辖区工作组（UKJT）发布有关英国法律下的加密资产和智能合约状况的法律声明。UKJT声明提供了关于加密资产和智能合约状态的法律确定性，将加密资产视为财产并认为智能合约可根据英国法律强制执行。有观点认为，这是英国明确智能合约法律确定性的重要推动力，并且可能使英国成为金融科技领域更具吸引力的司法管辖区。

美国方面，2020年1月1日，《伊利诺伊州区块链技术法案》（BTA）生效，解决了区块链和智能合约在伊利诺伊州法律地位上的一些不确定性。BTA指出，"智能合约"是指以电子记录形式储存并由区块链验证的合约，可部署在从汽车租赁到供应链管理的各种法律和非法律环境中。由于智能合约与典型的书面协议存在一定差异，法院在审查其可执行性方面面临一些挑战，而包括伊利诺伊州在内的一些立法机构正在探索其解决途径。

BTA为区块链和智能合约提供了四种许可用途。一是不能仅仅因为使用了区块链创建、存储或验证智能合约、记录或签名，就否定智能合约、记录或签名的法律效力或可执行性。二是在诉讼中，不能仅仅因为使用了区块链来创建、存储或验证智能合约、记录或签名，就排除智能合约、记录或签名作为证据。三是如果法律要求记录为书面形式，则提交包含该记录电子形式的区块链即可满足法律要求。四是如果法律要求签名，则提交包含电子签名或可验证个人提供签名意图的区块链符合法律要求。上述获许可的用途，有助于避免法院仅仅因为智能合约存储于区块链上而否定其合约或证据效力。

此外，田纳西州、亚利桑那州等州已通过有关智能合约可执行性的立法，佛蒙特州已通过关于智能合约等数字记录证据效力的法律，怀俄明州积极完善与数字资产、智能合约、区块链有关的法律。

十、摩根大通、富国银行等金融机构探索稳定币

2019年2月14日，摩根大通宣布将在摩根大通区块链平台Quorum上发行摩根币（JPM Coin），并积极推动将其扩展到其他区块链平台，旨在利用区块链技术进行即时支付。摩根币与美元1:1挂钩，并对适用客户有严格要求：在摩根大通及其合作伙伴构建的区块链解决方案中，只有摩根大通的机构客户才能使用其进行交易。工作原理方面，摩根币与其他加密货币类似：客户可将存款存入指定账户并接收等值的摩根币；摩根币可用于通过区块链网络与其他客户进行资金转移、证券交易付款等交易；持有摩根币的客户可将其兑换为等值的美元。在此过程中，转账通过区块链完成，可简化银行间复杂的清算流程，缩短结算时间。目前，摩根币仅在摩根大通的机构客户间进行测试。

在摩根币发行半年多后，富国银行（Wells Fargo）于9月17日宣布试点锚定美元的加密货币，即"富国银行数字现金"（Wells Fargo Digital Cash）。该试点计划于2020年起实施，初期主要用于美元转账，后期将视情况扩展到多种货币转账并应用于富国银行全球分支机构。该加密货币将在富国银行分布式账本技术平台上运行，用于银行内部的跨境结算，提高资金流动效率。富国银行表示，基于其分布式账本技术平台，富国银行数字现金将可实现接近实时的资金转移，且不会影响基础账户、交易记录或协调基础设施；富国银行国际办事处可在正常营业时间外进行资金转移，减轻对第三方支付中介的依赖，节约此类交易的时间和成本。

十一、Libra项目白皮书发布引发各方热议

2019年6月18日，社交媒体脸书（Facebook）正式上线加密货币天秤（Libra）官网并公布其白皮书。白皮书称，天秤的使命是建立一套简单的、无国界的货币和为数十亿人服务的金融基础设施。该数字货币底层技术被设计成非免许可的区块链网络，旨在利用"价格低波动性"特点促进跨境支付交易。

脸书天秤项目公布后，受到了美国监管部门高度关注。2019年7月3日，美国国会4名民主党议员联名向脸书创始人、CEO马克·扎克伯格等高管致函，要求立即停止天秤项目。7月16日，美国参议院银行、住房与城市事务委员会召开"审查脸书提出的数字货币及其数据隐私"听证会，Calibra①负责人大卫·马库斯出席并就有关问题作出回答。听证会问答环节主要内容包括：一是对创建天秤的动机及其合理性方面的疑问。有议员认为，脸书作为天秤项目发行主体的合理性尚存疑问，且庞大的用户量可能使其在天秤协会的地位过于强势。马库斯表示，区块链技术的发展不可避免，而脸书具有充足的资源和人才，并认为美国若不迅速行动则可能被中国领先。二是对天秤币资金监管能力方面的疑问。有议员询问，天秤协会是否会协助冻结恐怖融资等不法行为者的资产。马库斯表示，Calibra能够实现资产冻结并阻止将天秤币兑换为法币。此外，针对跨国诈骗中的用户追索权问题，马库斯没有正面回应。三是对数据及隐私安全问题方面的疑问。有议员质疑，当用户通过脸书进行数字货币交易时，脸书是否会保存用户数据。对此，马库斯未作出明确回应，但表示脸书会为用户保留信用卡或其他付费方式。四是对天秤项目是否会逃避监管方面的疑问。马库斯表示，天秤项目将遵守美国法规并接受美国金融监管。2019年7月17日，美国众议院举行天秤项目听证会。与参议院听证会上立法者普遍质疑脸书可信度不

---

① 2020年5月26日，Facebook宣布其数字钱包Calibra正式更名为Novi。

同，众议院议员立场存在较大分歧。其中，持反对态度的众议院金融服务委员会主席Waters再次要求脸书暂停天秤项目，直到和监管部门达成一致。持支持态度的议员McHenry表示加密货币是不可阻挡的历史趋势，政府正试图扼杀创新而非努力理解并监管它。

随着事件不断发展，天秤项目内部也发生了一些重大变化。2019年10月，天秤项目创始会员PayPal、EBay、Visa、Mastercard、Stripe、Mercado Pago以及Booking先后退出脸书天秤项目。

十二、高德纳发布《2019区块链技术成熟度曲线》

2019年9月12日，高德纳（Gartner Group）发布《2019区块链技术成熟度曲线》，指出实用的区块链用例正在全球范围内出现，并逐渐进入生产阶段，

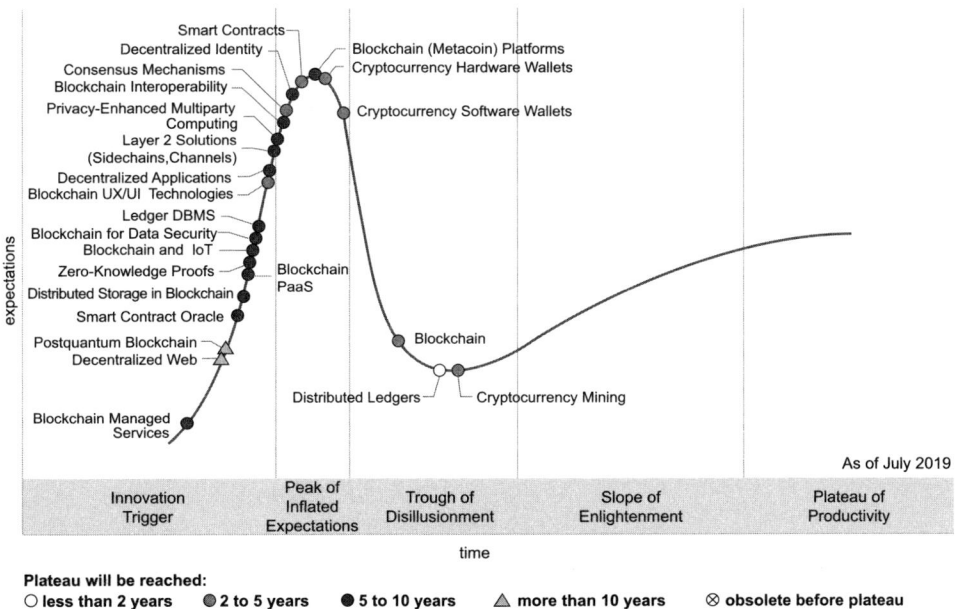

图72　2019区块链技术成熟度曲线

但技术完全成熟并支撑场景应用可能至少要到2028年。具体而言，在技术成熟度曲线上处于上升阶段的技术包括，区块链管理服务、分布式网络、后量子区块链、智能合约预言机、区块链分布式存储、区块链PaaS、零知识证明、区块链与物联网、数据安全区块链、分类账数据库管理系统、区块链UX/UI技术、分布式应用（DAPP）、第二层解决方案（侧链、通道）、隐私增强的多方计算；处于上升阶段的技术包括区块链互操作、共识机制、分散识别、智能合约、区块链（Metacoin）平台、加密货币硬件钱包、加密货币软件钱包；滑入低谷的技术包括区块链、分布式账本、加密货币挖掘。

金融领域应用方面，加密货币托管服务、法定数字货币处于创新萌芽期；区块链在供应链金融、保险等场景的应用处于期望膨胀期；区块链在银行业和投资服务业的应用以及首次代币发行、加密货币、加密货币交易所处于泡沫幻灭期。其中，银行业和投资服务业继续受到寻求改进运营和流程的创新者高度关注。但是，一项针对相关首席信息官的调研表明，约18%的受访者表示已经或将在未来12个月内采用某种形式的区块链技术，约15%的受访者计划在未来两年内采用区块链技术，仅有7.6%的受访者认为区块链是一项变革性技术。

中国互联网金融协会
National Internet Finance Association of China

附　录

区块链信息服务管理规定①

第一条 为了规范区块链信息服务活动，维护国家安全和社会公共利益，保护公民、法人和其他组织的合法权益，促进区块链技术及相关服务的健康发展，根据《中华人民共和国网络安全法》《互联网信息服务管理办法》和《国务院关于授权国家互联网信息办公室负责互联网信息内容管理工作的通知》，制定本规定。

第二条 在中华人民共和国境内从事区块链信息服务，应当遵守本规定。法律、行政法规另有规定的，遵照其规定。

本规定所称区块链信息服务，是指基于区块链技术或者系统，通过互联网站、应用程序等形式，向社会公众提供信息服务。

本规定所称区块链信息服务提供者，是指向社会公众提供区块链信息服务的主体或者节点，以及为区块链信息服务的主体提供技术支持的机构或者组织；本规定所称区块链信息服务使用者，是指使用区块链信息服务的组织或者个人。

第三条 国家互联网信息办公室依据职责负责全国区块链信息服务的监督管理执法工作。省、自治区、直辖市互联网信息办公室依据职责负责本行政区域内区块链信息服务的监督管理执法工作。

第四条 鼓励区块链行业组织加强行业自律，建立健全行业自律制度和行业准则，指导区块链信息服务提供者建立健全服务规范，推动行业信用评价体系建设，督促区块链信息服务提供者依法提供服务、接受社会监督，提高区块链信息服务从业人员的职业素养，促进行业健康有序发展。

第五条 区块链信息服务提供者应当落实信息内容安全管理责任，建立健

---

① 摘自国家互联网信息办公室令第3号。

全用户注册、信息审核、应急处置、安全防护等管理制度。

第六条　区块链信息服务提供者应当具备与其服务相适应的技术条件，对于法律、行政法规禁止的信息内容，应当具备对其发布、记录、存储、传播的即时和应急处置能力，技术方案应当符合国家相关标准规范。

第七条　区块链信息服务提供者应当制定并公开管理规则和平台公约，与区块链信息服务使用者签订服务协议，明确双方权利义务，要求其承诺遵守法律规定和平台公约。

第八条　区块链信息服务提供者应当按照《中华人民共和国网络安全法》的规定，对区块链信息服务使用者进行基于组织机构代码、身份证件号码或者移动电话号码等方式的真实身份信息认证。用户不进行真实身份信息认证的，区块链信息服务提供者不得为其提供相关服务。

第九条　区块链信息服务提供者开发上线新产品、新应用、新功能的，应当按照有关规定报国家和省、自治区、直辖市互联网信息办公室进行安全评估。

第十条　区块链信息服务提供者和使用者不得利用区块链信息服务从事危害国家安全、扰乱社会秩序、侵犯他人合法权益等法律、行政法规禁止的活动，不得利用区块链信息服务制作、复制、发布、传播法律、行政法规禁止的信息内容。

第十一条　区块链信息服务提供者应当在提供服务之日起十个工作日内通过国家互联网信息办公室区块链信息服务备案管理系统填报服务提供者的名称、服务类别、服务形式、应用领域、服务器地址等信息，履行备案手续。

区块链信息服务提供者变更服务项目、平台网址等事项的，应当在变更之日起五个工作日内办理变更手续。

区块链信息服务提供者终止服务的，应当在终止服务三十个工作日前办理注销手续，并作出妥善安排。

第十二条　国家和省、自治区、直辖市互联网信息办公室收到备案人提交的备案材料后，材料齐全的，应当在二十个工作日内予以备案，发放备案编号，并通过国家互联网信息办公室区块链信息服务备案管理系统向社会公布备案信息；材料不齐全的，不予备案，在二十个工作日内通知备案人并说明理由。

第十三条　完成备案的区块链信息服务提供者应当在其对外提供服务的互联网站、应用程序等的显著位置标明其备案编号。

第十四条　国家和省、自治区、直辖市互联网信息办公室对区块链信息服务备案信息实行定期查验，区块链信息服务提供者应当在规定时间内登录区块链信息服务备案管理系统，提供相关信息。

第十五条　区块链信息服务提供者提供的区块链信息服务存在信息安全隐患的，应当进行整改，符合法律、行政法规等相关规定和国家相关标准规范后方可继续提供信息服务。

第十六条　区块链信息服务提供者应当对违反法律、行政法规规定和服务协议的区块链信息服务使用者，依法依约采取警示、限制功能、关闭账号等处置措施，对违法信息内容及时采取相应的处理措施，防止信息扩散，保存有关记录，并向有关主管部门报告。

第十七条　区块链信息服务提供者应当记录区块链信息服务使用者发布内容和日志等信息，记录备份应当保存不少于六个月，并在相关执法部门依法查询时予以提供。

第十八条　区块链信息服务提供者应当配合网信部门依法实施的监督检查，并提供必要的技术支持和协助。

区块链信息服务提供者应当接受社会监督，设置便捷的投诉举报入口，及时处理公众投诉举报。

第十九条　区块链信息服务提供者违反本规定第五条、第六条、第七条、

第九条、第十一条第二款、第十三条、第十五条、第十七条、第十八条规定的，由国家和省、自治区、直辖市互联网信息办公室依据职责给予警告，责令限期改正，改正前应当暂停相关业务；拒不改正或者情节严重的，并处五千元以上三万元以下罚款；构成犯罪的，依法追究刑事责任。

第二十条 区块链信息服务提供者违反本规定第八条、第十六条规定的，由国家和省、自治区、直辖市互联网信息办公室依据职责，按照《中华人民共和国网络安全法》的规定予以处理。

第二十一条 区块链信息服务提供者违反本规定第十条的规定，制作、复制、发布、传播法律、行政法规禁止的信息内容的，由国家和省、自治区、直辖市互联网信息办公室依据职责给予警告，责令限期改正，改正前应当暂停相关业务；拒不改正或者情节严重的，并处二万元以上三万元以下罚款；构成犯罪的，依法追究刑事责任。

区块链信息服务使用者违反本规定第十条的规定，制作、复制、发布、传播法律、行政法规禁止的信息内容的，由国家和省、自治区、直辖市互联网信息办公室依照有关法律、行政法规的规定予以处理。

第二十二条 区块链信息服务提供者违反本规定第十一条第一款的规定，未按照本规定履行备案手续或者填报虚假备案信息的，由国家和省、自治区、直辖市互联网信息办公室依据职责责令限期改正；拒不改正或者情节严重的，给予警告，并处一万元以上三万元以下罚款。

第二十三条 在本规定公布前从事区块链信息服务的，应当自本规定生效之日起二十个工作日内依照本规定补办有关手续。

第二十四条 本规定自2019年2月15日起施行。